中国经济发展新阶段研究

王 言 著

山西出版传媒集团

山西经济出版社

图书在版编目 (CIP) 数据

中国经济发展新阶段研究 / 王言著 . -- 太原：山西经济出版社，2021.6

ISBN 978-7-5577-0882-5

Ⅰ . ①中… Ⅱ . ①王… Ⅲ . ①中国经济－经济发展－研究 Ⅳ . ① F124

中国版本图书馆 CIP 数据核字 (2021) 第 129404 号

中国经济发展新阶段研究
ZHONGGUO JINGJI FAZHAN XIN JIEDUAN YANJIU

著　　者：	王　言
责任编辑：	李春梅
助理责编：	梁灵均
装帧设计：	众　一
出 版 者：	山西出版传媒集团·山西经济出版社
社　　址：	太原市建设南路 21 号
邮　　编：	030012
电　　话：	0351-4922133（市场部）
	0351-4922085（总编室）
E－mail：	scb@sxjjcb.com（市场部）
	zbs@sxjjcb.com（总编室）
网　　址：	www.sxjjcb.com
经 销 商：	山西出版传媒集团·山西经济出版社
承 印 者：	天津雅泽印刷有限公司
开　　本：	787mm×960mm　1/16
字　　数：	200 千字
印　　数：	1-600 册
印　　张：	11.75
版　　次：	2022 年 1 月　第 1 版
印　　次：	2022 年 1 月　第 1 次印刷
书　　号：	ISBN 978-7-5577-0882-5
定　　价：	58.00 元

前　言

　　经济思想和经济理论发展演变的历史告诉我们，通过对人类经济活动史的分析研究，发现经济规律，归纳提炼新的经济理论，提出并验证新的经济理论假说，从历史的视角研究现实经济问题，从而实现经济理论本身的不断创新与发展，既是经济理论研究基本的、重要的研究方法之一，又是经济理论研究的优秀传统。

　　改革开放以来，中国的经济理论研究呈现出不断发展、日益繁荣的局面，但我们也应该清醒地看到，在这种繁荣下面还存在很多不足。中国经济史包括1949年以来新中国经济史的研究几乎成为经济史学家纯粹历史考证式的研究，与经济学家们毫不相干，与中国的现实经济问题毫不相干，与经济理论的创新和发展毫不相干。似乎经济学家们所要做的就是把西方经济学的名词、概念和理论照搬过来，去分析研究解释中国现实的经济问题，经济史研究与经济学理论研究在中国成为两条互不相干的"平行线"。

　　本书探讨了新中国经济发展演变过程的阶段性变化规律以及在这一过程的特定时期（1997—2002年）出现的通货紧缩现象。贯穿本书的三大基本理念是：一是经济发展的过程犹如人的生命生长过程；二是我们应该追求那种有益于人的生命生长的经济发展，抛弃那种有害于人的生命生长的经济发展；三是认识和理解一种发展体，就像认识和理解一个人的生命一样，只有认识和理解了它的过去，才能认识和理解它的现在，也才能更准确地预知它的未来。

　　2020年中国数字经济总量首次突破100万亿元，进一步巩固了全球第二大数字经济大国的地位。中国数字经济呈现快速增长、规模庞大、潜力巨大的特征。数字经济浪潮正在席卷全球，我国也正在向着"积极拓展网络经济空间"的目标不断前进。数字经济的研究，对于今天的中国有着非常重大、紧迫而现实的意义，本书主要讲述了我国数字经济展现出的强劲发展力。我们也将不断致力于数字经济前沿理论和现实问题的思考和探索。

　　现阶段，由于互联网技术的不断迭代，改变了人们接收信息、产生信息的方式，消费场景也从传统的店面转移到了人们的手机上。换句话说，人们的生活习惯、消费习惯开始变得更为灵活和碎片化。

碎片化的消费模式，意味着每个人的选择都会多种多样。在这个个性化的时代，基于中心化传播所建立起来的传统信息推广渠道，将会面临巨大的挑战。而那些接地气、用心服务于细分市场的网红们，则会在这个崭新的时代顺势而起。网红从一种个人现象，发展成为一种经济模式，有着时代发展的必然性。

　　由于网红经济是新的经济概念，其规模和影响力也是空前的巨大，在本书中不得不重点讲述。

　　因作者水平有限以及数据缺失等原因，本书还有许多不足之处有待提升，欢迎广大读者和研究人员提出宝贵意见。

作　者

2021 年 3 月

目　录

第一章 导论

历史证明，改革是中国推进现代化的唯一出路。40多年来，中国经济有四次大波动。第一次是20世纪80年代，出现了家庭联产承包责任制和城市企业责任制，这个我们都经历过。第二次是1989年，遇到一场非常大的政治风波，当时世界给我们的压力比现在大得多。但我们用全面深化改革，用市场化取向的改革的全面推进，比较顺利地渡过了难关。第三次是1998年亚洲金融危机，我们通过深化国企改革、住房改革、加入世贸组织渡过了危机。现在又遇到了新问题。

时和势都在我们这边，但仍然需要有定力，需要认清形势。我们做研究的，需要针对这些形势做出分析和判断，给出好的政策建议，为中国的经济做出贡献，为中国的经济理论做出贡献。

第一节 中国经济发展新阶段问题的提出

一、金融危机以来中国经济发生的重大变化 [①]

（一）中国经济在世界范围内地位的上升

2008年以来世界的经济总量中，中国的占比越来越高。2007年，我们国家的经济总量为3.37万亿美元，只有美国的1/4，是日本的2/3。到了2018年，我国

的经济总量超过 13 万亿美元，已经达到美国的 2/3，是日本的 2.4 倍。10 年间我们的经济总量从占日本的 2/3 变成了它的 2.4 倍，这是一个非常了不起的成就。世界企业 500 强排行榜中，2008 年包括香港在内我国只有 37 家上榜，而在 2018 年包括香港在内我国有 119 家上榜，美国有 121 家，日本只有 52 家。中国人勤劳，并愿意奋斗，爱找自己的差距。2008 年我们追问中国的企业在世界 500 强里的数量什么时候才能赶上日本，超过日本后又问能不能赶上美国，现在我们基本赶上了美国，又说自己大而不强。有人指出，中国在世界企业 500 强里的 100 多家企业，利润一半都是银行贡献的。

　　这里重点说明了，中国取得这么大的成就是逆世界形势而动的。在 2008 年金融危机之后，整个世界经济都在下行。2009 年全世界很多国家的经济是负增长的，而中国是正增长。这是因为反周期措施到位。我国放出了 4 万亿元计划。有很多人不喜欢 4 万亿元计划。4 万亿元计划确实有很多问题，但是它管用。我国很多企业的发展都倚仗这个 4 万亿元计划。山东潍柴动力在 2008 年的时候还是一家不太大的企业，就这 10 年时间它也进入了世界企业 500 强。华为也是一样，没有这 10 年的发展，华为就不可能有今天。

　　财富在向中国转移。美国有大量的贸易赤字，中国有较高的贸易盈余。赤字国的财富向盈余国转移。图 1-1 是中国贸易盈余总量和美国在其中的贡献比例。看左轴，中国的贸易盈余在 2015 年达到顶峰，然后降下来了，但到 2018 年仍然有 3500 多亿美元。这其中美国的长期贡献超过 100%，最高峰接近 500%，这意味着中国对世界其他国家都是有赤字的，所有的贸易盈余来自美国。2015 年之前，美国的贡献比例略有下降，2015 年之后又有所上升，回到 100% 以上。因此，可以说中国的贸易盈余来自一个国家。贸易赤字意味着必须借款，向盈余国借。美国有美元优势，我们叫它美元霸权，因此美国可以印钞票。短期来说这样对我们不利，会稀释我们的美元资产。黄海洲和他的合作者帕特里克·博顿提出了一个货币的股权理论，认为货币就像股权，企业增发股票，原来股东的股份就会被稀释掉。但是，发钞票就意味着向股东们发股票，未来付息还本的代价就会提高，长期而言就是美国财富向中国转移，美国的子孙后代欠中国越来越多的钱，除非有一天美国人赖账。当一个国家有贸易赤字的时候，就是在消耗自己的国力。就像一个家庭，一家人天天在借贷生活，指望子孙后代帮忙还款，这不就是在消耗家庭力量吗？作为一个国家，就是在消耗国力。

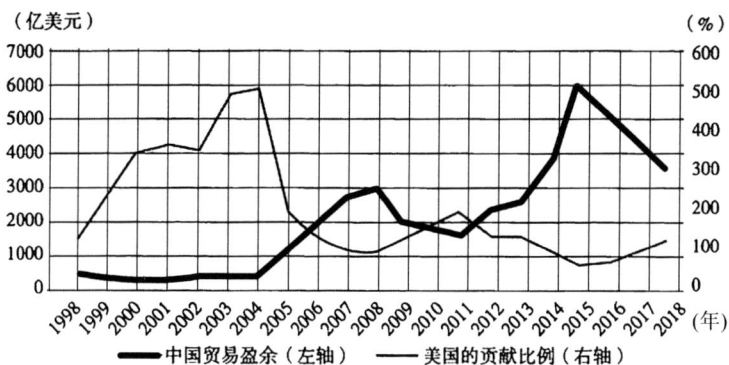

图 1-1　中国贸易盈余与美国贡献份额

资料来源：美国商务部 http：//www.census.gov/fbreign-trade/balance/c5700.html。

中国是制造业第一大国，现在制造业增加值占全世界的1/4。从我们的出口产品来看，中国进步非常大。有些人的印象还停留在中国出口服装鞋帽的阶段，但20年前，我们就开始以出口电子产品为主了，现在出口规模最大的是机械产品，而且带有一定的高科技含量。可以看到40年间有一个轮回，现在出口的优势产品又回到计划经济时代搞的机械行业、重工业上了。虽然我们又回去了，但它插上了新技术的翅膀。举个例子，济南有一个第二机床厂，有意思的是这个厂到今天连董事会都没有，还是厂长在管理事务。其他国企都已经公司化改造了，但它连公司化改造都没有。这家工厂在济南市区里占地面积很大，济南市总想把这块地收回来，但是它的厂长给顶住了。这家工厂的产值也不高，就几百亿元，只生产一种东西——汽车冲压机床。在国内这家工厂占有的市场份额是80%，在国际上能打败德国、日本的企业。引以为豪的是这家工厂把机器卖给美国通用汽车，并且派工人去指导美国工人安装、调试和使用这台机器。这家工厂的工人在济南通过互联网能日夜不停地监视那台机器，有小毛病可以直接用计算机调试，出了大毛病就派技术工人帮对方修理，根本不用美国人动脑筋。这家工厂的工人绝大多数都拥有大专文凭，它已经不是我们所想象的那种传统工业企业了。

中国正在成为创新和金融大国，中国的创新能力大幅度提高。2008年我们的研发投入不到500亿美元，2018年我们的研发投入达到2890亿美元。这是我们官方的数字，经济合作与发展组织的数字是5000多亿美元，这个数字快要跟美国平起平坐了。即便是按我们官方的数字算，我们的研发投入也占GDP（国内生产总值）的2.2%，已经超过了很多发达国家。美国、日本、韩国比我们略高一些，但我们把经济合作与发展组织的平均水平以下的国家都甩掉了。虽然我们的人均收入水平比不过一些国家，但是我们的科研投入强度已经超过了它们。

"一带一路"提升了中国在世界金融领域的地位，中国牵头设立亚洲基础设施投资银行、金砖国家新开发银行，还有国内的丝路基金、国家开发银行、中国进出口银行，这都是地位的体现。国开行是真正的"宇宙大行"，它的全部资产是4万多亿美元，全世界所有的发展性银行资产加起来才是它的零头。2017年，国开行在"一带一路"上的放贷额超过世界银行在全球的放贷额。因此，在国际上，各国感受到的中国压力是非常强烈的。

（二）中国经济的结构性变化

我国经济结构的最大变化就是我们告别了出口导向的发展模式。出口导向有一个好处，就是需求不是内生的，而是别人给的。事实上在2008年金融危机之前，我们的出口占GDP的比例在2006年就已经达到顶峰，将近35%，之后一直在下降，2016年以来是17%～18%（见图1-2）。这个对一个大国来说仍然有点高，美国只有10%，日本也是17%～18%。这是一个非常大的变化，出口不再是推动经济增长的主要动力，这几年我们的出口对GDP增长的贡献微乎其微。

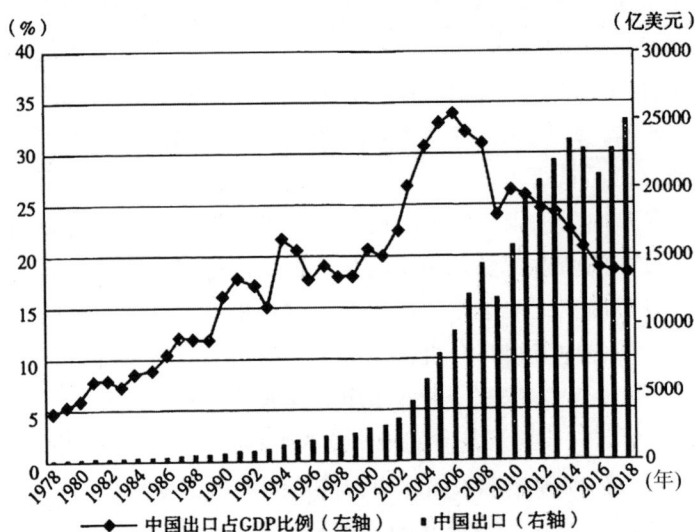

图1-2　中国出口和出口占GDP比例

资料来源：国家统计局网站。

另外一个变化是工业化和去工业化。图1-3显示的是三大产业的就业份额的变化。第一产业农业就业份额下降,第三产业服务业就业份额上升,服务业成为最大的就业部门已经很多年了。最有意思的是第二产业工业就业的变化。从这张图上我们能看到中国的工业化进程有两个高峰期,一个是计划经济时代,另一个是加入世贸组织之后的 10 年,这两个时期我们的工业就业各增长了 10 个百分点。事实上,20 世纪 80 年代、90 年代中国的工业化没什么进步。从就业比例来看基本上是在波动,而当时在准备加入世贸组织的最后冲刺。加入世贸组织头 10年完成的工业化进程,相当于 2000 年之前 40 年走过的路,所以加入世贸组织是非常重要的。应该说,中国现在看到的大部分财富都是加入世贸组织之后积累起来的。

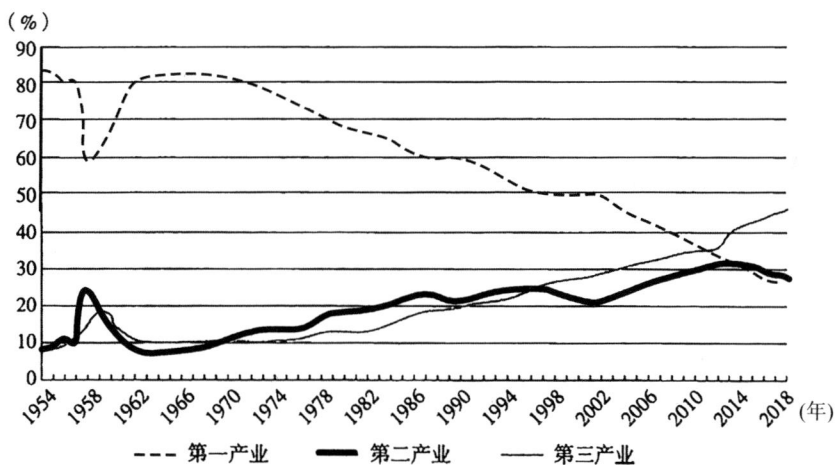

图 1-3 三大产业就业比例的变化

资料来源:国家统计局网站。

但是 2012 年之后,工业就业达到顶峰之后开始下降。接着我国又往上冲了几年,达到了工业化顶峰。一个国家的产业转型大都跟外部冲击有关,日本就是如此;韩国比较平稳一些,20 世纪 80 年代末开始去工业化,但是经济转型要等到亚洲金融危机之后。我们国家受金融危机冲击较大,估算去工业化大概提前了五六年时间;如果没有金融危机,可能工业化还可以持续到 2017 年、2018 年。接下来是人口结构的变化。图 1-4 是劳动年龄人口占全部人口的比例,有两拨大的增长 .20 世纪 70 年代中期到 80 年代末和 21 世纪的头 10 年。有时候我们回头看历史,会发现中国真的非常幸运。1978 年邓小平在做改革开放决定的时候,也并不知道会发生什么。但是很幸运,中国过去 40 年里在两次重要的时间节点上都踩对了拍子,第一次是改革开放，第二次是加入世贸组织。从 20 世纪 70 年代中后期开始，我们的人口结构开始走向优化，劳动人口占比一下子上升了 10 个百分点，这一拨人口红利被农村改革赶上了。到 20 世纪 90 年代人口结构没有太大变化，加入世贸组织后我们又"冲锋"了一次，第二拨人口红利到来。到 2010 年，金融危机来了，我们退出出口导向发展战略，而我们的人口结构也开始下行。

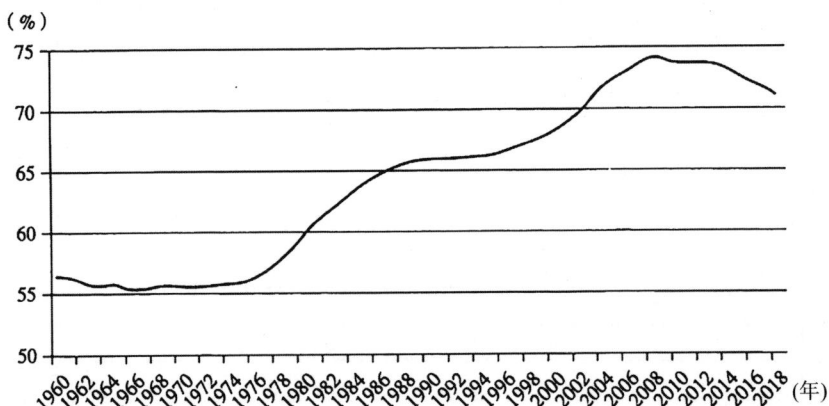

图 1-4 劳动年龄人口比例（15-64 岁人口占总人口比例）：1960—2018 年

资料来源：Wind（金融数据和分析工具服务商）。

从 2012 年起，我们开始搞结构调整，后来总结为"三去一降一补"。这些年我们的去库存做得相当不错。但这纯粹是一个偶然因素决定的。2016 年，政府实施一轮强刺激，使得三四线城市 7 亿平方米的房地产库存全部消化掉了。而后政府开始做货币化棚改，原来是给现房，后来改成货币化。一搞货币化棚改，房价就上去了。老百姓都是"追涨杀跌"，所以房地产库存也就消化掉了。去产能，靠的是行政命令，比如北京周边很多钢厂和小煤窑都关掉了。结果，2016 年、2017年经济转好的时候，我们还要进口钢材和煤炭。现在看来，去产能比较彻底的行业，目前的利润情况都比较好。"降成本"做得比较好，降税、降费非常显著。这几年我国不停地降税。"补短板"是个慢活儿，我们也做了很多，"放、管、服"改革等都是补短板的，但这是一个长期工作。

新常态下的中国经济增长在减速。现在服务业是最大的就业部门，增长主要靠内需，内需增长占增长的 75%。但靠内生增长，速度必定会降下来。企业进入了一个比较长的优胜劣汰时期。2017 年和 2018 年的"去杠杆"和"环保风暴"，让一些本来不应该死的企业死掉了，有些过了。劳动密集型行业向国外转移正在发生，但是转移速度没有我们想象的快。国内企业转型和技术升级做得相当好，只要是有一些技术含量的企业，车间里面基本上看不到人，全都是自动化的。好的方面是劳动收入占比上升，收入分配格局改善；国内消费比例上升，储蓄率下降。

根据日本贸易振兴机构发布的报告，2018 年中国大陆产业工人一年的全成本是 10500 美元，在亚太地区仅低于中国台湾地区，台湾地区是 18500 元。中国大陆的成本已经超过了亚太地区的所有发展中经济体。两年前我们比马来西亚和泰国便宜，现在我们已经超过它们了。所以中国肯定不再是一个便宜的地方，有些劳动力密集型的行业转移出去也是很能理解的。

图 1-5 是支出法 GDP 构成，显示的是所谓"三驾马车"。细线是消费，粗线是资本形成，最下面的虚线是净出口。这几年的净出口占比已经很低（2017 年的数据有问题，跳动非常大）。国内消费占比在 2010 年触底，最低的时候是 48%。过去七八年间，所谓的再平衡速度非常快，基本上和前期的失衡速度一样快，消费占比每年要提高将近一个百分点，这是非常快的再平衡过程，相应地投资占比就会降下来。所以，再平衡已经发生。

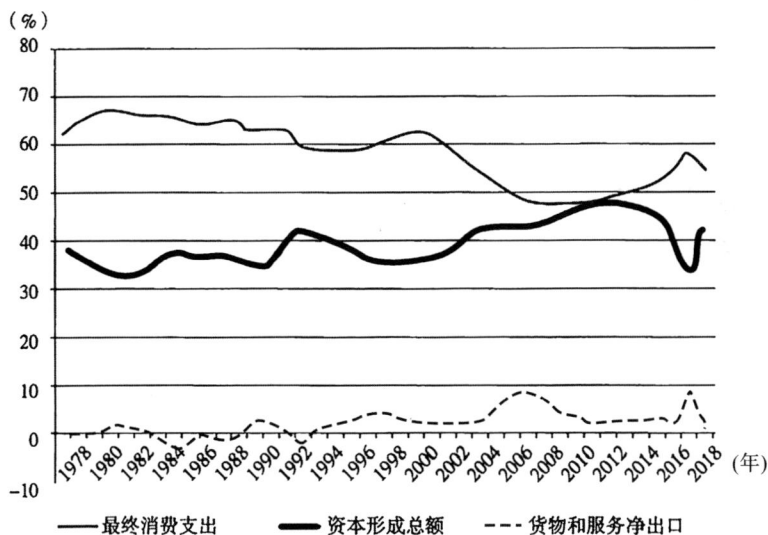

图 1-5　支出法 GDP 构成

资料来源：国家统计局网站。

中国经济增长减速不是很大的问题，所有的国家都经历过经济增长减速。比如日本，它在 20 世纪 70 年代初之前也搞出口导向，20 世纪 60 年代的平均增长速度是 10.5%，如果把 20 世纪 50 年代加上就是 9.2%，跟中国差不多，甚至比中国还快一些。但是 1971 年布雷顿森林体系瓦解，日元升值了 30% 多，再加上 1973 年的石油危机，出口导向的模式就不能维持了，所以日本进入了创新时代。20 世纪 70 年代、80 年代日本的平均增长速度在 3% 左右，但却是日本真正的黄金时代。在那 20 年里，世界上几乎所有新的电器产品都来自日本，日本的产品有质量保障，而且价格也还算合理。

中国的人口老龄化也很快会到来，但较快增长的时间可能会比日本的长。中国是一个更大的国家，我们的人口是日本的 10 多倍，地域差异也比日本大得多，所以我们可以维持比较长的增长时间。

二、全球性阶段问题[①]

（一）全球经济衰退呈现长期化趋势

2007—2008 年开始了本轮金融危机，时至今日，这场危机还没有完全过去。显然，全球经济衰退呈现出长期化趋势。

图 1-6 中有三条线。一条刻画的是中国的经济增长，一条是美国的经济增长，一条是全球的经济增长，都在比较低的水平上。而且，最大的问题是，我们非常熟悉的宏观调控工具，即需求管理不奏效了。面对这一大变局，世界各国不约而同地把自己的政策重点移到了供应侧。只要学过经济学的人都知道，政策重点放到供应侧，说明经济面临的问题主要在实体层面，是长期的问题。

图 1-7 告诉我们，20 世纪 60 年代以来，全球的经济增长趋势是向下的。为何从 1961 年开始显示呢？那是因为，我们如今熟知的国民收入统计体系，在 1961 年之前并不存在。

观察图 1-6，我们可以有根据地说，在统计意义上，全球经济确实存在一个年代跨越很长的经济周期。这印证了习近平总书记的论断，我们正经历"百年未有之大变局"。

---

① 李扬，国家金融与发展实验室理事长，于 2019 年 5 月 8 日在清华大学举办的长安论坛发表了演讲——《面对百年未有之大变局》。本篇是根据该演讲整理而成的文字稿。

（%）

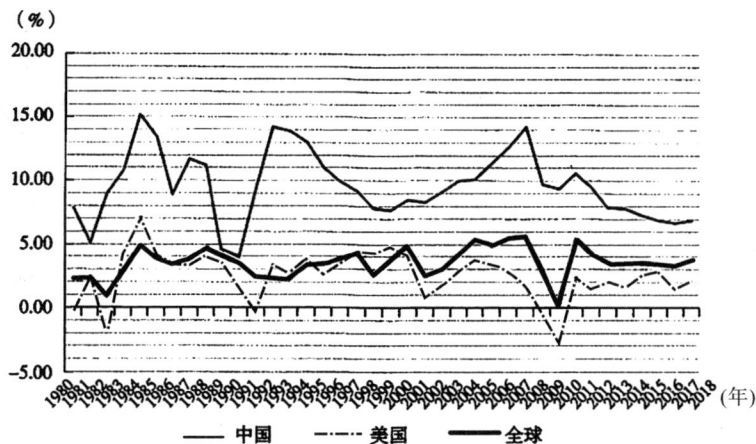

图 1-6 中国、美国及全球经济增长（1980—2018 年）

资料来源：美国国家经济研究局，国家金融与发展实验室（中国）。

（%）

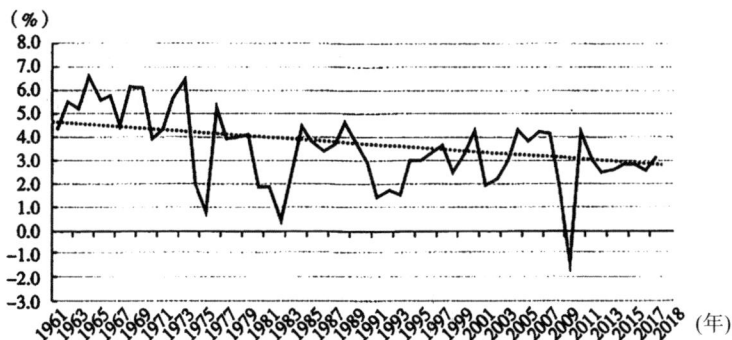

图 1-7 全球经济 GDP 增速（1960—2018 年）

资料来源：美国国家经济研究局，国家金融与发展实验室（中国）。

我们注意到，在经济学界，对于经济运行的长周期问题，早有大量研究，其中，长度为 40 ～ 60 年的"康德拉季耶夫周期"支持了习近平总书记的论断。

"百年未有之大变局"的存在，凸显了创新发展的极端重要性。这是因为，经济发展的长周期，以科技发展为物质基础。当今全球经济之所以低迷，是因为人类社会尚未出现大规模的颠覆性科学创新并进而改变世界的生产方式。

对于这个问题，经济学界很早就有觉察。例如，早在 20 世纪末，美国经济学家兼战略投资家加里·西林就曾著书《通货紧缩》，对已经开始的长周期的下行阶段进行了探索。

我们不妨引用几句该书的论述："对新技术的投资已经开始，但还没有强大到足以支持工商业全面快速增长的程度。其结果是形成周期的下降波段。这一阶段，实际上就是旧技术的全面使用与新技术投资大规模兴起之间的间距。"在这个间距中，"推动先前经济上升的旧技术已过度利用，潜力耗尽。推动下一轮经济增长的技术虽已知悉，但还没有完全进入商业化开发利用阶段"。

加里·西林在20年前讨论的事情，基本适用于当下。

（二）全球债务浪潮

与经济长期下行密切相关的是债务问题。谈到中国经济，人们都会说是一种典型的债务主导型、债务驱动型经济，是货币驱动型经济或者信贷驱动型经济。这一系列意思相近的概念是说，我们的经济增长是靠增加债务实现的。其实，债务驱动这个命题，在全世界普遍适用，各国只是存在程度之别。我国的国家金融与发展实验室的研究人员最近发表了题为《150年以来的信贷和经济增长》的研究报告，他们分析了150年以来几个主要国家的情况，证实了这个论断。

然而，在经济增长十分疲软的情况下，如果债务还在增长，那就成为大问题了。众所周知，本轮危机是债务危机，减债和去杠杆显然就是经济恢复的必要条件。但是，资料显示，全球的债务以及相应的杠杆率的状况却恶化了。经济还在下行，但债务却在增长。各国当局都知道，债务是魔鬼，也都知道当前的主要问题是债务太多，都信誓旦旦地说要去杠杆。但是资料显示，全球去杠杆的情况非常不理想。

国际金融协会公布的一份关于全球债务的报告显示，2019年上半年，全球债务增长了7.5万亿美元，总额超过250万亿美元。预计，2019年全年全球债务或创下逾255万亿美元的新纪录。这意味着，按照全球77亿人口来算，人均负债竟达3.25万美元！更值得注意的是，金融业以外的债务总额已高达190万亿美元，相当于全球GDP的逾240%，其增长速度超过了经济增速。全球债券市场规模也已从2009年的87万亿美元增加至2019年的逾115万亿美元。其中，政府债券占比从2009年的40%上升至2019年的47%，银行债券则从2009年的逾50%降至不到40%。我们可以由此得出一个判断：金融与实体经济的关系发生了显著变化，变化的方向就是两者日渐疏远。这种现象同时还表明，货币政策在稳定经济和促进经济增长方面的效力递减，未来我们只能更多地依靠财政政策。

这里面有一个要点，我们观察150年来的债务变化发现，在发达经济体是政府债务增长快，而在新兴经济体则是企业债务增长快。这不仅体现出我们所处的经济发展阶段不同，而且体现出整个国家的治理理念不同。

在发达经济体内，只要经济有了问题，政府就会把企业的债务背下来。政府债务增多，恰好是替代企业债务的结果。这个理念很清楚。在发达经济体内，经济是由企业驱动的，企业出问题，自行解决不了，则由政府买单，甚至不惜采取国有化等措施，也要把企业的不良债务和一些权益买过来，借此稳定国民经济。至于政府债务，由于其腾挪空间甚大，可容徐徐处理。

新兴经济体则不同。一旦经济有些问题，通常的做法是把问题推到企业头上，让企业承担，并且政府会把自己摘出来。毫无疑问，这两种处理政府和企业关系的模式，差异巨大，究竟何者为优，恐怕难以一言以蔽之。总之，在整个社会经济系统中，企业、政府、居民、金融机构各是什么角色，如何把这个角色摆正，遇到问题时怎样互动这些问题此消彼长。这背后有很多的理念问题，也有很多理论问题，更有很多政策问题。

我们进一步分析债务问题。图 1-8 是国家金融与发展实验室（中国）研究人员做的统计。这个统计结果告诉我们，经济增长的债务密集度在上升。

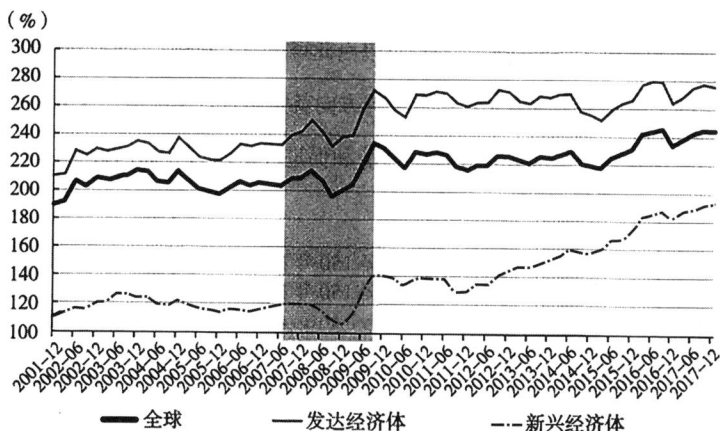

图 1-8 2008 年金融危机以来全球债务密集度上升

资料来源：美国国家经济研究局，国家金融与发展实验室（中国）。

当今世界，各国经济增长都是债务驱动型的，只不过程度不同。我们可以就此提出一个概念，即债务密集度，这指的是，为了达成一个确定目标的 GDP 增长，我们需要多少金融资源予以支撑。债务密集度上升则指的是，为了达成一个确定目标的 GDP 增长，如今比过去需要更多的债务予以支撑。显然，债务密集度上升，表明经济的效率在降低，图 1-8 揭示的正是这样一种现象。由此我们可以得到一个结论，即金融对于实体经济日渐疏远。这里的"疏远"是 1991 年美国联邦储备委员会主席格林斯潘在美国国会参议院银行委员会作证时首次使用的一个概念，他用这个概念揭示的事实是：随着经济的金融化，金融上层建筑越垒越高，金融与实体经济渐行渐远，对应的，美国的货币政策的效力也越来越低。正是在那次作证之后，美联储的货币政策才逐渐摒弃了以货币供给量作为中介目标的传统范式，转而越来越多地使用利率手段，货币当局主要在融资成本层面影响企业和市场的运行。美国的货币政策，除了2008年金融危机，根本就不动货币存量，基本上就是只管利率。只有在危机时，利率也不顶用的时候，才重新计起数量。不管怎样，现在是越来越远了，金融不服务于实体经济也是一个全球现象。

货币政策的效率递减和前面金融密集度上升一样。为了使实体经济产生某一个确定量的反应，货币当局付出的资源越来越多，调控力度越来越大，但效果并不明显。这是很大的问题。人们开始想到，是不是财政政策的作用更大呢？于是，全世界逐渐将目光转向财政。当然，财政的变量和金融的变量相比，存在巨大差异。财政支出直接形成需求，财政收入则直接扣减纳税人的收入，并直接减少需求。金融则不同，它只能间接影响实体经济，整个金融系统固然可以将资金"花"出去，但是只能说先花出去，钱到底流向哪里并不知道。而且，我们的金融上层建筑还在不断向上累积，会不断推出一些新产品，还会不断创新金融产品。然而，产品越来越多，规模越来越大，资金却很少流向实体经济。这就是这些年来，金融不断脱实向虚的过程。

2019年，由国家金融与发展实验室（中国）牵头，会同财政部研究院和人民银行研究所，就财政政策、货币政策协调配合问题召开了一次全国性研讨会。我们共同认为，这种类型的研讨会以后每年都要开，这是因为，如果货币政策和财政政策不能协调配合，不仅不能形成合力，而且各自的政策效力也要打折扣。

虽然全球经济增长率在下降，但是与GDP增长对应的债务在增多。债务增多的主要问题是利息支付增加。因此，债务增加、杠杆率提高有一个阈值和临界点，当整个经济为债务支付的利息超过当年的GDP新增额和新增储蓄额时，这个债务就变成魔鬼了。遗憾的是，中国自2014年开始，就已出现这个问题，这意味着，我们现在天天都在吃老本。观察一下中国国家资产负债表连续20年的数字，我们发现，数字年年都在变。我们最怕看到的变化，就是国家的净财富在不断减少。在整个流量层面，大量的利息支付给了金融系统。这些钱是从哪里来的呢？在新增GDP和新增国民储蓄的规模不及利息支付规模的情况下，那些不足的部分，靠的只能是吃老本、吃外汇储备、吃黄金储备、吃海外上市公司的利润。当我们在全球范围内讨论国家和国家之间的财产关系时，就只有上述几类财富是有意义的，其他不能在国际上进行交易的财富，都只能归零。

（三）劳动生产率的增长率下降

第三个典型事实就是，全球的劳动生产率的增长率一直呈下降趋势。我们以美国为例，从图 1-9 可见，美国劳动生产率的增长率，自 20 世纪 50 年代以来，就呈微微下降的趋势。

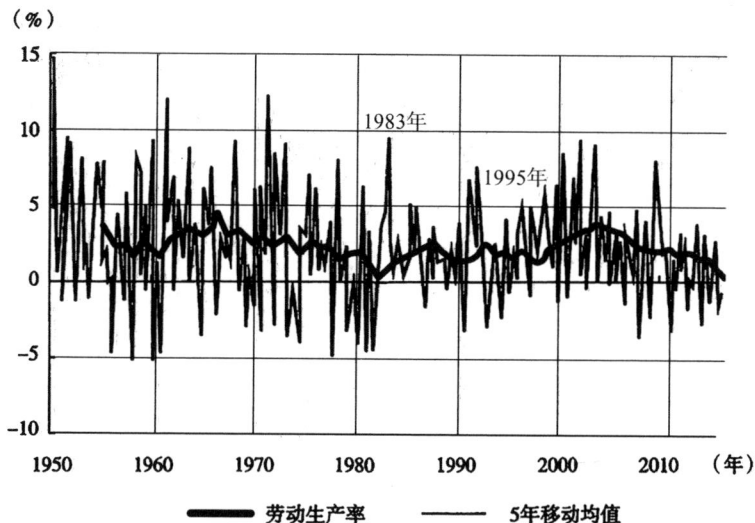

图 1-9 美国劳动生产率的增长率呈长期下降趋势

资料来源：美国国家经济研究局，国家金融与发展实验室（中国）。

劳动生产率的增长率在下降，反映出经济的创新能力不足。虽然，在我们的经济社会中，创新一直没有停步，但迄今为止，我们还没有见到革命性的、具有颠覆性的、能够整体提升经济运行效率的创新出现。即便有，也不够大。从全要素生产率的增长看，也不太理想。我们知道，全要素生产率是柯布·道格拉斯生产函数的残值，它包含了很多不能由劳动和资本的变化来解释的因素。在这些因素中，最值得关注的有两项，一是管理水平的变化或治理水平的变化，二是科技进步。很多实证研究显示，科技进步构成柯布·道格拉斯生产函数残值的主体。

2013 年，美国《自然》杂志发表了一篇文章，名叫《爱因斯坦之后，科学天才灭绝》。文章配发的照片上有爱因斯坦、居里夫人、薛定谔、玻恩、玻尔、狄拉克等划时代的天才科学家。这篇文章的主旨是，自 20 世纪这些天才科学家去世之后，这个世界就再没有人超过他们了。所以，他们构建的理论体系至今没有被超越。也就是说，我们目前的经济赖以发展的科学技术基础，还都是 20 世纪的科学家们奠定的，迄今为止，我们并未超越前人。我们知道，当今存在着这样一个逻辑链条：

经济效率的提高依靠创新，创新依靠技术，技术的基础是科学。如果科学没有颠覆性的变化，技术创新就只能是小打小闹。根据这个逻辑，如今经济增长缓慢下降的原因是，现在的科学水平并未超过爱因斯坦时代。2016年，美国经济学教授罗伯特·戈登也曾著书断言：始于20世纪70年代的第三次工业革命，到2005年已经接近尾声。所以，走在世界前列的国家正在满怀激情地迎接第四次工业革命。但是，我们"只听楼梯响，不见人下来"，现在，我们还没有看到一些重大变化的端倪。经济增长取决于技术进步，技术进步取决于科学创造，科学发展的缓慢，在根本上决定了劳动生产率增长的缓慢。这就是百年的一个大变化。

（四）人口结构恶化

第四个典型事实是人口结构恶化。图1-10和图1-11分别刻画了全球各大洲劳动人口及人口抚养比的变化。

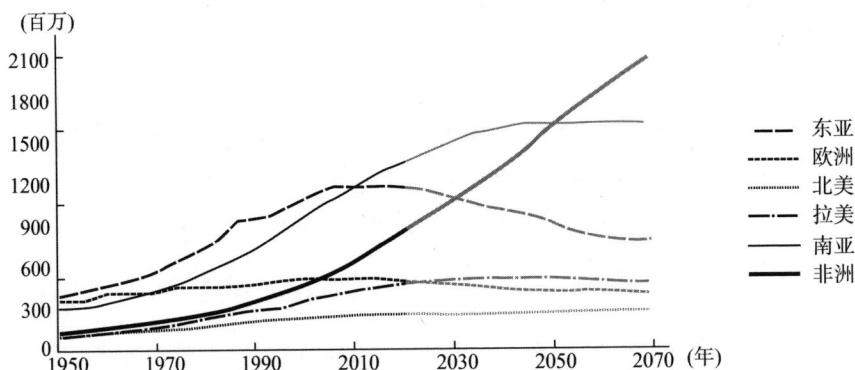

图1-10 各大洲劳动人口（1940—2070年）

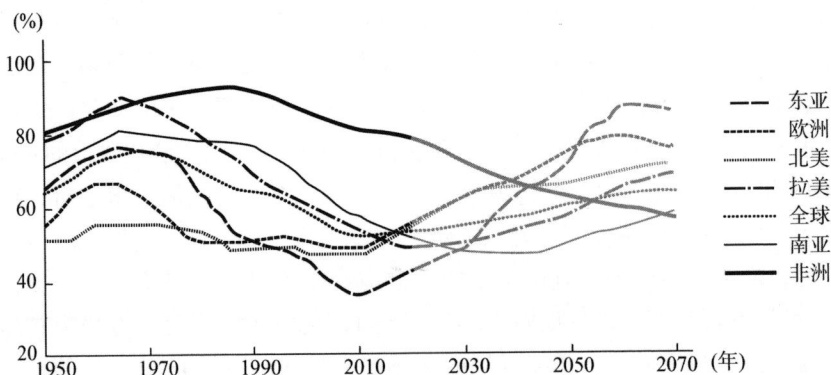

图1-11 各大洲人口抚养比（1940—2070年）

如果说，在历史上人口过快增长、食物短缺、营养不良等是人类社会面临的头号问题，并由此催生了以马尔萨斯为代表的消极、悲观的人口经济学，那么进入 20 世纪，劳动人口减少以及相应的抚养比上升，加之老龄化在全球蔓延，则是人类社会面临的新困境。

图 1-10 显示，到 2010 年，全球各大洲中，非洲、东亚、南亚、拉美的劳动人口仍在增长，其他各洲已经陷入增长停滞或负增长。越过 2010 年，东亚加入了劳动人口减少的行列，全世界唯有南亚和非洲的劳动人口还在增长，拉美则仍然陷入低增长。过了 2040 年，全世界除了非洲，全部陷入劳动人口负增长的境地。

显然，如果照此趋势走下去，我们将看到一幅令人沮丧的图景。

图 1-11 刻画的各洲人口抚养比的发展趋势，从本质上说，是图 1-10 的另一侧面，从经济分析的意义上说，图 1-10 和图 1-11 结合在一起，为我们提供了一幅讨论人口因素如何影响经济的全面图景。图 1-11 刻画的是总人口中就业人口和被抚养人口的比及其变化。其中，16 ～ 65 岁的人口，我们称为就业人口；16 岁之前和 65 岁之后的人口，我们称为被抚养人口。抚养比指的是被抚养人口对就业人口之比。显然，抚养比上升，说明总人口中就业人口占比下降，相对越来越多的人口是被抚养的；反之，抚养比下降则表明总人口中有更多的人口在创造财富。图 1-11 显示，抚养比上升是全球趋势。在 2040 年之前，唯有南亚和非洲的抚养比还在下降，过了 2040 年，直至 2070 年，全世界只有非洲的抚养比还在下降。这就是我们面对的冷峻的人口事实。

图 1-12 是中国的情况。这张图是中国社科院劳动经济及就业研究所的研究人员做出来的。大家知道，由于多种原因，中国从事劳动与就业研究的机构很少，合格的研究人员更匮乏，而且人口问题，特别是计划生育问题，在很长时间内是研究禁区。早在 20 世纪末，我们的研究人员就指出，现行的人口政策有问题，必须调整"独生子女"政策。但是，在当时的情况下，这种类型的研究常常被扣上"反对基本国策"的帽子。于是，所有人都听任独生子女政策，如今中国的人口结构恶化了。

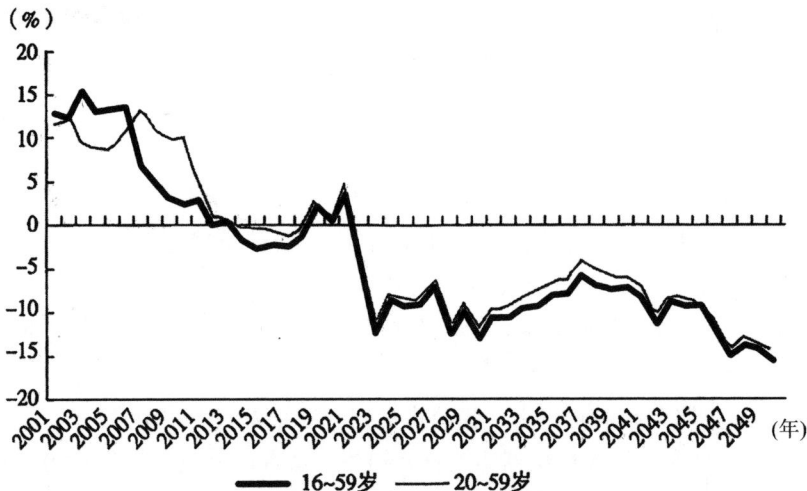

图 1-12 中国劳动人口已经负增长

资料来源：中国社科院劳动经济及就业研究所。

面对劳动人口减少和抚养比上升的冷酷事实，移民等自然就成为很多国家关注的大问题。现在大家都说德国愿意接受移民，施行人道主义，这当然是对的。但是，也应看到，德国的人口早就是负增长了，其劳动人口早就减少了。因此，不断地接受移民，是应对人口总量和结构双恶化的良策。但是，德国的如意算盘是，只接受其他国家受到良好教育的移民。若干年来，这一如意算盘基本上是实现了的，但是美国在中东一发起战争，就搅乱了德国的如意算盘，把那些受教育程度较低的人口也赶到欧洲来了，于是德国就受不了了。其他一些欧洲国家，本身人口只有几百万，最多上千万，当然也受不了。于是，移民问题一下子就尖锐起来了。

人口结构变化对经济发展的影响，可以通过对人口红利的分析清楚地展示。所谓人口红利，是指一个国家的劳动年龄人口占总人口比重较大，同时，劳动年龄人口快速增长，将使这个国家的抚养比降低。所有这些，都将为经济发展创造出有利的人口条件。

概括而言，人口红利为经济的增长提供了如下有利条件：

其一，有利于在低工资水平上增加劳动力供给。中国近30年的工资水平都是2000多元。GDP翻了好几番，但工资水平还是不高，使得中国的企业、产品在国际市场上极有竞争力。

其二，不断降低的人口抚养比，有利于加速资本积累。长期保持接近50%的储蓄率，是中国经济高速发展的基础。这是因为，储蓄的另外一面是投资，没有储蓄就没有投资。中国长达30余年，一直面临的是储蓄大于投资的局面，其差额就是我们的国际储备。而美国的主要问题是储蓄率低，所以要用美元的霸权来吸收包括中国在内的高储蓄，支撑其国内投资。

其三，由于有人口红利，高储蓄、高投资、高增长同时出现。金融的核心问题是储蓄和投资。储蓄率是自变量，不是因变量，不是政策变量，它的变化是实体经济因素造成的。过去几十年中，我们在讨论经济运行存在的问题时，大家很容易将之归结于高储蓄。人们不应当指责高储蓄，因为它支撑了中国长达数十年低通货膨胀的高增长。然而，储蓄率一定有下降的时候。

人口红利的反面就是人口负债。人口负债出现，经济通常会在两个方向失去增长势头：一个是生产力下降，社会负担加重，工资率上升；另一个是潜在生产率下降，出现老龄化，并带来社会支出提升，资本积累减少，使得经济增长失去动力。如果这是全世界的普遍现象，那么世界经济增长速度就会缓慢下行。我们是金融驱动性的经济，在金融里面可以创造财富，但是金融到最后创造的都是泡沫，所以债务就起来了。生产率下降了，老龄化、社会支出在增长，资本积累在减少等等，这些都是实体经济遇到的问题。

（五）收入分配不公的问题

我们首先引述习近平总书记的两段讲话。一段摘自《习近平关于社会主义社会建设论述摘编》："物质丰富了，但发展极不平衡，贫富悬殊很大，社会不公平，两极分化了，能得人心吗？"另一段是他在世界经济论坛上的演讲，针对与会者都急切地盼望第四次工业革命的到来并将全球重新拉回高增长路径之上的讨论，习近平总书记在充分肯定第四次工业革命将产生极其广泛而深远的影响，包括带来的经济增长的基础上，特别强调了它可能带来的副作用："第四次工业革命将产生极其广泛而深远的影响，包括会加剧不平等，特别是有可能扩大资本回报和劳动力回报的差距。"大家都觉得现在的经济增长不行，盼望着第四次工业革命。第四次工业革命有可能会使经济增长的下滑趋势有所缓解，但是在带来这样一个好处的同时，千万不要忘记，它也会使资本和劳动的矛盾凸显。大家知道，马克思写《资本论》，讲了资本和劳动的关系，资本的收入高，劳动的收入就低，利润侵蚀工资。这个问题不因社会制度不同而不同，私人资本、国有资本都有资本的共同属性。

关于这个问题，美国前总统特朗普也意识到了。特朗普在进行就职演说时讲了一段话："长久以来，华盛顿的一小撮人攫取了政府的利益果实，代价却要由人民来承受。华盛顿欣欣向荣，人们却没有分享到财富。政客们赚得盆满钵满，但工作机会越来越少，工厂纷纷倒闭……他们的胜利不等于你们的胜利。当他们在我们的首都欢呼庆祝时，无数挣扎在这片土地上的家庭却没有什么可以庆祝的。"

无独有偶，2014年有一项研究成果震动世界。法国一位年轻的学者叫皮凯蒂，他写了一本书——《21世纪资本论》。他手头掌握着大量的研究经费，有二三十个国家给他出资，有100多个训练有素的经济学家帮他做各国的数据和分析。皮凯蒂也有中国的数据，但当时没有公布，直到最近才公布了中国的数据。他的分析思路和马克思完全一样，就是沿着资本和劳动的关系展开。皮凯蒂说，资本回报率总是倾向于高过经济增长率，而劳动力报酬的增长率总是倾向于低于经济增长率。比如GDP增长8%，资本回报率为9%、10%、15%，在中国很长一段时间都是这样的。而劳动力报酬——工资平均2000多元的标准持续了几十年，增长率很低。这样此高彼低，贫富差距当然就会越来越大。

《21世纪资本论》的出版有多方面的意义。一方面，有一个资本主义阵营中的经济学家站出来狠批资本主义，当然是好事。但是，另一方面，如果你仔细阅读这部著作，就会感到意味深长。皮凯蒂讲道，他的研究和马克思的研究是一脉相承的，无非是他比马克思多了150年的历史经验来证实了当时的结论。马克思指出，资本主义是自己的掘墓人，但他没有告诉我们废除资本主义以后，如何在政治和经济上组织社会。法国、英国、德国等资本主义国家，基本上都是资本主义社会历史的延续，只有中国消灭了私有制，但还保留着资本。如何在政治上和经济上组织社会，这是一个问题。皮凯蒂认为，私有制要有健全的民主机制来支撑，以减少不公平现象。同时，一个社会除了私有制之外，还应该存在其他形式的所有制。

《21世纪资本论》指出，不公平的现象令人震惊。首先是现有财富和资本的分配，其次是国民收入的分配。先说存量，然后说流量，这就把整个问题说清楚了，说全面了。所有这些国家里，最贫穷的50%的人口占有的国民财富无一例外都低于10%。他们的这项研究，虽然很多主流经济学不认可，说无非只是一些统计数据，没有理论支撑，没有什么像样的模型。但是，这项研究已经对西方主流经济理论体系产生了冲击。在《资本论》中，马克思指出，资本主义制度可以允许生产力无限制发展，但财富的积累和贫困的积累，最终会产生冲突，两者的冲突将周期性地打断生产发展的进程。这就是马克思的结论，这个制度现在荒谬到这种程度，在创造财富的时候创造出了自己的敌对力量，这个力量是体系内生的，因而危机不可避免，所以革命结论是顺理成章的。

斯蒂格利茨等人逐渐认同这些看法，而且用非常学术的眼光对现在的主流经济学和西方社会进行批判。皮凯蒂把中国的数据公布出来时，这些数据看起来还挺可怕的。数据指出，2015年，中国最富有的10%的人群占全部财产比重的67%；最富有的1%的人群占全部财产比重的30%；最底层的50%的人群，只占全部财产的6.4%。在他的分析框架里，整个资本主义世界最不公平的是美国，但中国的不公平程度已经接近美国，并且超过了法国、德国。可以说，中国社会中的收入分配和财富占有的不公平问题，已经相当严重。

中国的情况很复杂。我们当然没有通过压榨劳动来加强资本，但是我们追求高增长。在相当长的时期中，我们片面追求增长速度，高度依赖投资。于是，谁掌握资本，谁就在经济中长期占据主导地位。利润占国民收入比重过高，对应劳动收入占比就过低了。因为，初次分配主要是资本和劳动分配，政府插一杠子，用生产税的方式会占一些，但不会太多。简言之，在初次分配当中就是资本和劳动的分配，到现在为止，在中国，掌握资本的人的地位，显然比所有其他人的地位都高。

中国的GDP增长，归根到底都是为了满足广大人民群众的物质文化需要，为了保证人的全面发展。从人民出发，以人民为归属，一切为了人民，让改革和发展成果惠及全体人民，让人民有获得感，这是我党治国理政的基石。获得感中最重要的就是获得金融资源，所谓贷款难就是无法接近金融资源。金融资源掌握在少数人手里，他们坐吃体制的盛宴。现在大家都在想方设法搞金融，利用最先进的互联网、移动互联技术去搞传统金融，结果又出现了很多泡沫。金融不平等是经济不公平的最重要因素。在这个意义上，普惠金融的提出，非常重要。

（六）全球治理"礼崩乐坏"

第二次世界大战之后，以美国为代表的发达经济体，建立了一套几乎无所不包的全球治理体系。这个治理体系有三部分内容：一是建立了很多国际组织，大概有70多个。二是所有的国际组织都有规则。比如世贸组织如何加入、怎么退出，这些都有详密的规则。三是建立国际仲裁机制，出了问题，违反了规则，总会有人来调解、处罚。这是一套非常严密的网络。但是这种情况现在被打破了。

习近平总书记2016年在达沃斯论坛上的演讲，详细分析了造成这种状况的深刻原因。在他看来，有三方面原因使得这套机制不能运行了，这也是"百年未有之大变局"。

一是国家经济力量对比发生了深刻演变，但全球治理体系未能对新格局做出反应。所谓国际经济力量对比，就是说原来发达经济体在全球GDP中占比很高，很长时间以来它们以 30% 的人口贡献了 70% 的全球 GDP。但现在已经变了，现在新兴经济体对全球经济增长的贡献超过了发达经济体。此时新兴经济体当然有话要说，但发达经济体不让新兴经济体说话，所以导致了冲突，百年未有的变局就出现了。

二是全球产业布局在不断调整，但贸易和投资规则未能跟上形势。如今全球产业布局已经从国家之间的分工、产业的分工、地区的分工、产品间的分工，发展至产品内分工。如今世界上，没有任何一个产品是由一个国家单独完成的，也就是说，在这个产品生产的过程中，生产要素或者要件要反复不断出入国境。在这种情况下，怎么扣税，怎么识别，什么叫作原产地，这些问题都出现了。但现在美国还是要针对中国的出口产品再加税，从经济学角度分析，这些加税都没有道理。把这一层关税加在中国企业头上，往下一层就有可能是由美国企业和美国消费者负担。投资贸易规则要重新制定，就是投资与贸易便利化。

三是全球金融市场需要增强抗风险能力，但全球金融治理机制需要适应新需求。

21 世纪全球风险的治理体系不适应性日益体现，它既应对不了传统挑战，更难以对付暴力、恐怖袭击等非传统挑战。近年来，在全球到处举行峰会，但什么问题都没解决，这就是治理体系"礼崩乐坏"的典型表现。美国不断地"退群"，中国不断地"建群"，变革全球治理体系已成趋势，世界上的国家都要变革全球治理体系的内容，这个变化任重而道远。

中国仍然处于重要的战略机遇期。党的十九大明确指出，国内外形势正在发生深刻而复杂的变化，我国发展仍然处于重要的战略机遇期。

做出这个判断的主要根据有五个：一是大家还是愿意和平发展。二是各种世界性难题，比如气候变化、重大污染、传染性疾病、地区热点等，都离不开中国的参与治理。三是求合作、谋发展仍然是各国共同的愿望。全球产业已经形成你中有我、我中有你的分工格局。四是全球新一轮科技革命和产业革命正在迅速发展。五是中国占有重要的一席之地。我们的传统优势是人口多，而且收入水平增长很快，有人有钱，自然能形成很大的市场，这个市场谁都不愿意丢。时和势都在我们这边。

要做的工作千头万绪，最重要的是推进改革。2019 年 1 月 23 日，中央全面深化改革委员会第六次会议再次给出了明确答案。会议指出，党的十一届三中全会是划时代的，开启了改革开放；党的十八届三中全会也是划时代的，开启了全面深化改革。在系统整体设计推动改革的新时代，我们要按照党的十八届三中全会的决定来推进改革。

第二节　中国经济与中国经济学的发展新阶段

一、经济学的话语霸权：一种教条对另一种教条的替代

中国改革开放 40 多年由计划经济向市场经济转轨的过程，也是现代西方经济学理论传入中国、广泛传播、影响不断扩大的过程。产生于西方市场经济体制和市场经济文化的现代西方经济学理论在中国的广泛传播和发展，对致力于建立社会主义市场经济体制的中国社会加深对市场经济的认识，对中国社会主义市场经济理论的建立和发展，无疑起到了有益的重要作用。正如吴敬琏所说："纵观中国：改革的整个历程，每一次重大的推进都是与我们对现代经济科学的认识深化相关的。"[①]

西方现代经济学理论在当代中国产生巨大影响，有其必然性与合理性。然而，西方现代经济学理论在当代中国的发展却走向了另一个极端——学术霸权和话语霸权的形成，马克思主义经济学却沦为了中国经济学研究的"弱势群体"。钱颖一的《理解现代经济学》一文可以说是这种"主流经济学"的"霸权宣言"。钱颖一认为，现代经济学是"在当今世界上被认可为主流的经济学"，它的标准范式由三个部分组成：一是由经济人偏好、生产技术和制度约束、可供使用的资源禀赋三个基本假设构成的研究视角；二是多种经济学原理构成的理论参照系；三是由许多图形模型、数学模型构成的一系列有力的分析工具。钱文宣称，上述现代经济学范式是"当代在世界范围内唯一被经济学家们广泛接受的经济学范式"。现代经济学的这种"唯一性"自然而然奠定了其在经济学领域里的"独尊"地位。[②]

然而，前文所说的现代经济学的这种"唯一性"是值得怀疑的。

包括哈耶克在内的一些现代经济学最重要的经济学家对现代经济学的发展提出过质疑和批判。1979 年诺贝尔经济学奖获得者、美国经济学家西奥多·舒尔茨就因不满"经济学研究的扭曲"现象提出"对学院派经济学的批判"。西奥多·舒尔茨认为，"应当把对社会制度经济学的批判置于很高的优先地位"，"学院派经济

[①]　吴敬琏.改革成就与经济学进展.发展，2002（9）：4.

[②]　钱颖一.理解现代经济学.经济社会制度比较研究，2002（2）：1—12.

学家的主要职能之一，是向社会制度提出质疑"①。然而，现实的情况是，"经济学家对社会制度的学术性批判正在衰落"，"而令人感到忧虑的事情还在于，无法有效地激励未来一代经济学家去努力获取对各种经济学信条和社会制度进行学术性批判的能力"。②

在中国经济学研究中，现代西方经济学的学术霸权和话语霸权现象，实际上是一种教条对另一种教条的替代，即新自由主义的"市场至上"教条对传统社会主义的"计划至上"教条的替代。这种霸权现象的存在，无论是对经济学理论的发展还是对社会主义市场经济的发展，都是有害的。经济学按照"唯一"的标准范式发展，肯定会使得经济学的"专业性"大大增强，经济学肯定会越来越像经济学，但无疑将导致经济学研究的"专业化的两难处境"（哈耶克语）的问题更加严重。正如哈耶克所说的那样，"没有一个仅仅是经济学家的经济学家能成为伟大的经济学家"，"一个只是经济学家的经济学家，即使不是一个切实危险的人物，也可能变成一个令人讨厌的家伙"。③尤其需要人们注意的是，在经济、政治、文化一体化不断加深的今天，当经济学变得越来越像经济学的时候，它反而有可能离实践、事实、真相和真理越来越远了。学术霸权的实质是一种学术垄断。在中国经济学的研究和发展中，那些极力维护所谓主流经济学霸主地位和学术垄断的主流经济学家，其做法显然是与主流经济学自身所遵从的崇尚竞争、反对垄断的基本学术信条格格不入和自相矛盾的，它将会对中国经济学的研究、发展和繁荣产生非常有害的影响。

二、金融改革的中国经济学④

关于中国金融改革的经济学分析，有以下六个问题：

第一个问题，为什么中国政府在改革期间保持了对金融体系的高度干预？

第二个问题，为什么这样的抑制性金融政策没有阻碍经济实现高速增长和金融保持相对稳定？

第三个问题，为什么最近几年关于"金融不支持实体经济"和"小微企业融资难、融资贵"等问题的抱怨越来越多？

① [美]西奥多·舒尔茨.对人进行投资，中文版.北京：首都经济贸易大学出版社，2002，138页.
② 吴敬琏.改革成就与经济学进展.发展，2002（9）：134.
③ 钱颖一.理解现代经济学.经济社会制度比较研究，2002（2）：1—12.
④ 黄益平，北京大学国家发展研究院副院长，于2019年4月11日在清华大学举办的长安论坛发表了演讲，本篇是根据该演讲整理而成的文字稿.

第四个问题，我们国家的数字金融是如何领先全球的？

第五个问题，中国这几年的系统性金融风险是怎么积聚起来的？

第六个问题，未来中国的金融体系会是什么样子？

先看第一个问题，关于中国政府在改革期间的金融策略。中国实行经济改革和开放政策已有 40 年，令人困惑的是在金融体系当中抑制性金融政策仍然比较普遍。为什么会采取这样的金融改革策略？

2018 年 12 月，我们庆祝了中国经济改革开放 40 周年。这是因为我们认为 1978 年党的十一届三中全会是经济改革政策的起点，当然也是金融改革政策的起点。但在当时，中国的金融体系基本上就是一家机构，叫中国人民银行。这家金融机构大到什么程度呢？它当时占全国金融总资产的 93%，既是一家商业银行，同时也是一家中央银行。直到 1984 年 1 月 1 日，中国人民银行才一分为二，一半变成了今天的工商银行，一半变成了今天的中国人民银行，把商业运行和政策决策这两个功能给分开了。

1978 年的时候金融交易不多，一般的资金调配都是由国家计划委员会统一部署的。社会对金融中介的需求很少，所以当时只有一家金融机构也没有问题。但是党的十一届三中全会决定把工作的重心从原来的阶级斗争转向经济建设，这就意味着未来我国对金融交易、金融中介的需求将会大大增加，因此开始了重建、发展金融体系的历程，最初是恢复中国银行、农业银行和建设银行。

现在 40 年过去了，再看中国的金融体系，我们可以用三个词来归纳其特征：规模大，管制多，监管弱。

规模大，可以从两方面来看：机构和资产。从机构角度看，1978 年只有一家金融机构，而现如今金融机构的数量和种类都已经非常完备了，包括"一行两会"的监管部门，三大政策性银行，六大国有商业银行，还有十几家股份制商业银行，如果再加上城商行、农商行和村镇银行，加起来大概有 4000 多家银行。此外还有保险公司、证券公司、资产管理公司等。可以说，我们几乎也全有了市场经济国家所拥有的金融机构，而且数量非常庞大。商业银行领域的"工、农、中、建"四大国有商业银行在全世界排名都非常靠前。最近一次的世界排名前五的商业银行当中，中国占了四位，也就是说我们的金融机构不但数量多，规模也非常大。

从资产角度来看也是相当惊人的。中国的金融体系是典型的银行主导，也就是说，在金融体系当中银行的比重非常高，相对而言，资本市场不够发达。但即便是不发达的资本市场，在国际上也已经很大了，按市值看，股票和债券两个市场在全世界都能排在前三位。资产规模也可以参照一个宏观指标：广义货币供应量与 GDP 的比例。广义货币就是在银行部门和社会上流转的现金加上活期存款或者加上定期存款。这个广义货币供应量与 GDP 的比例可以反映银行部门的规模，也是反映相对金融资产规模的一个指标。目前中国这个比例大概是 210%，在全世界可以排到第三位。排名最高的是黎巴嫩，第二是日本。所以，中国的金融资产规模确实很大。当然，这个指标的另一面，就是中国的负债率或者杠杆率也很高。在中国所有的金融市场中，最不发达的一个领域应该是金融衍生品市场。这可能和它存在的潜在风险相关。

管制多，表明政府对金融体系的干预还比较普遍。经济学有一个"金融抑制"的概念，是斯坦福大学前教授麦金农提出来的，他是发展中国家金融改革和金融自由化问题的国际权威。他提炼出的"金融抑制"概念，主要是指政府对利率、汇率、资金配置、大型金融机构和跨境资本流动有各种形式的干预。我们利用他的定义和世界银行的数据构建了一组金融抑制指数，这个指数在 0 到 1 之间：1 意味着没有市场化，完全由政府控制；而 0 则意味着完全市场化。我们大概找到了100 多个国家的数据，具体测算了 1980—2015 年的金融抑制指数。

图 1-13 简单地报告了我们的主要结论。中国的金融抑制指数在 1980 年为 1，那时候金融改革刚刚开始，基本上是政府在干预金融运行的各个方面。之后这个指数就开始持续下降，到 2015 年为 0.6。把中国的这个数字和国际经验做一个比较，有三点有意思的发现。

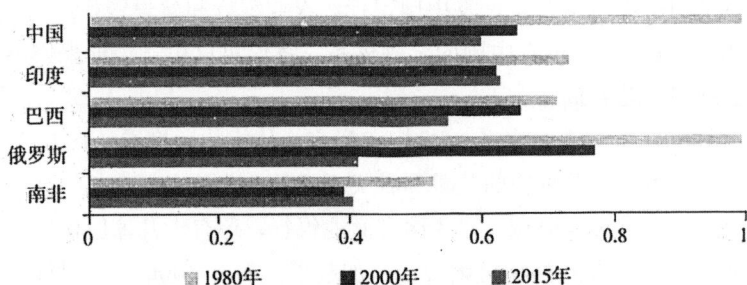

图 1-13　金融抑制指数：中国与国际比较，1980 年、2000 年和 2015 年

第一，过去 40 年间，中国的市场化金融改革在不断推进，金融抑制指数下降了 0.4，反映了市场化的程度在不断提高。

第二，金融抑制指数往下走的速度相对较慢。这可以从和其他转型国家的比较中看出来。俄罗斯的改革比中国晚起步 10 年左右，但其金融抑制指数在 2015 年已经到了 0.4，时间跨度更短，下降速度更快。

这也佐证了中国的金融改革确实是渐进式的。

第三，如今，中国的金融抑制水平仍然很高。2015 年我国金融抑制指数为

0.6，在有数据的 130 个国家当中，排在第 14 位。也就是说，中国政府对金融体系干预的程度在全世界中仍然是非常高的，这就是管制多的证据。

监管弱，主要是指当前的监管体系防范与处置金融风险的能力不强。这个问题在后面讨论系统性金融风险的时候再做展开。

做一个简单的总结：40 年间，中国从改革初期的一家金融机构开始，改革和发展出一个全新的金融体系，这个金融体系的重要特征是规模很大、监管较弱、管制较多。

从另一个角度看中国金融体系的特点，图 1-14 把中国和其他国家的金融体系放在一个坐标当中，反映的是 2015 年的数据。其中横轴是银行在总金融资产中的比重，越往右走银行占比越高。可以看到，日本和德国处在美国的右边，这符合日本和德国是银行主导的金融体系、美国和英国是市场主导的金融体系的一般看法。纵轴是金融抑制指数，越往上走政府干预的程度越高。新加坡金融抑制程度最低，巴西和印度等新兴市场经济体的金融抑制程度则比较高。在这个坐标中，中国处在右上角的位置，这表明，与其他国家的金融体系比较，中国的金融体系中不仅银行占比高，而且金融抑制程度也很高。

这就引出了第一个需要回答的问题：既然中国是走市场化改革的道路，政府为何还要这么普遍而严重地干预金融体系？为什么金融部门没有更快地市场化？一个合理的解释可能是，中国政府实施的是双轨制改革策略。这和当时苏联、东欧的做法不太一样，它们的策略叫"休克疗法、一步到位"。从理论上说，休克疗法可能简单、高效，但在实践中遇到的困难则比较多。

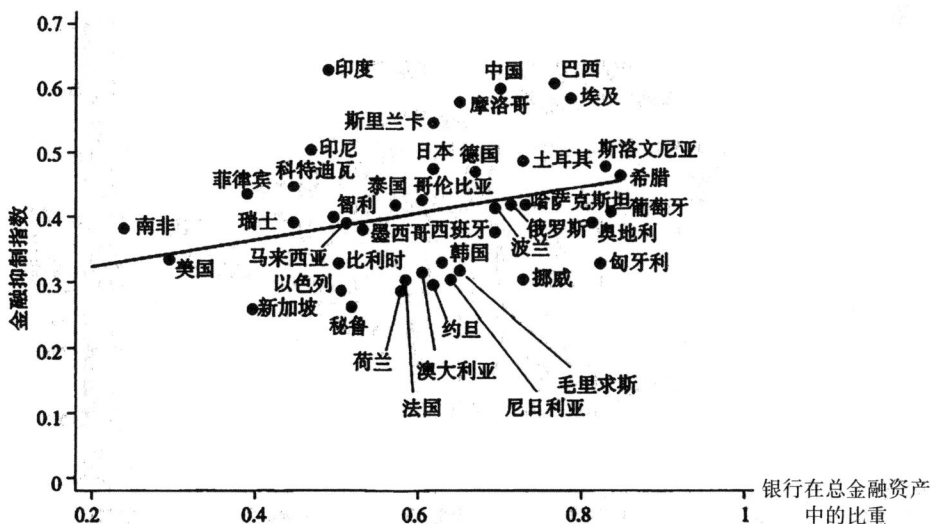

图 1-14　中国金融体系和其他国家的比较（2015 年）

　　一方面，休克疗法不可避免地导致改革初期经济出现显著滑坡。休克疗法意味着立刻把当时的计划体制全部取消，把所有的国有企业私有化。这样就会出现很多失业人口，很多工厂不再生产，所以改革初期经济很容易崩盘。

　　另一方面，休克疗法有一个很重要的假设，就是今天把计划体制取消掉，明天早上市场机制就开始有效工作了。实际并非如此。市场机制的培育和发展，需要经过相当长的时间。市场经济相对成熟的国家的市场机制，其实是经过几十年甚至几百年发展形成的。中国的市场化改革搞了40年，至今还经常能听到某些地方的工厂或者农民生产的东西卖不出去。这实际就是信息不对称的问题。解决信息不对称，动态匹配供求双方的机制，需要一个时期的逐步发展，不是晚上睡一觉就能解决的。

　　与此相对应，中国采取的是"渐进式改革"，其中一个重要的策略就是双轨制改革的策略，计划与市场、国企和民企双轨同时并存。在改革开放初期，国企在经济中占主导地位，改革期间政府继续支持国企的发展。与此同时，政府又努力为民企发展提供更好的政策与更广阔的市场空间。有的学者将其称为增量改革，也就是说，存量先不动，但让增量快速扩张。经过一段时间之后，非计划或者非国有经济就会替代计划或国有经济成为主导力量，中国经济也就成功地从计划经济过渡到市场经济。应该说，中国的这个策略还是比较成功的：一是在改革初期没有出现全面性产出崩盘；二是在整个改革期间经济保持了持续高速的增长，有学者甚至将其称为"经济奇迹"。

　　在这个奇迹的背后，有一个很重要的贡献力量。国有企业看上去效率比较低，但它保持了持续增长，没有造成大量失业，对社会稳定、政治稳定和经济稳定起到了很大作用。问题是，既然效率相对较低，又怎样才能持续运行呢？答案是需要一个外部支持，最简单的提供外部支持的方法当然是财政补贴。但是在改革开始以后，政府的财政能力一直在不断地减弱，财政收入占GDP比例从1978年的36%下降到1996年的11%。很多地方的政府连吃饭财政都保不住，根本没有多余的钱去补贴国有企业。财政没有钱，但又需要支持国有企业，怎么办？最后找到的办法就是对要素市场，尤其是对金融部门实施各种干预，包括干预汇率、利率、银行和资本市场的资金配置、大型金融机构经营和跨境资本流动。跟讨论的主题直接相关的干预有两个方面：一是在正规金融部门把利率压得非常低，也就是说通过政策干预降低资金成本；二是在配置资金的时候明显地偏向国有企业。换句话说，政府虽然没有足够的财政资源来支持国有企业，但可以通过金融政策，让金融机构将大量廉价的资金配置给国有企业，由于国有企业不按市场价格支付资金的成本，其实这就是一种变相补贴。所以说，政府在改革期间保留对金融体系大量干预的目的就是支持双轨制改革的策略，对国有企业提供变相的补贴。

从宏观层面看，改革政策的目的就是推动中国经济从中央计划体系走向自由市场经济。但在转型过程中出现了一个非常独特的"不对称的市场化"。一方面，产品市场几乎全部放开，几乎所有农产品、制造品和服务产品的交易都是通过市场机制完成的，价格也完全由供求决定。但另一方面，包括资金、土地和能源等的要素市场依然存在严重的政策扭曲。这个不对称的市场化，目的也是保证双轨制改革政策顺利推进，而抑制性金融政策正是不对称的市场化的重要组成部分。

第二个需要回答的问题是：为什么这样的抑制性金融政策没有阻碍经济实现高速增长和金融保持相对稳定？这实际涉及如何评价改革期间抑制性金融政策的作用。金融抑制究竟是催生了经济成功？还是只是没有妨碍经济成功？这个问题很重要，不仅仅在于理解过去，更在于应对未来。比如双轨制改革取得了好的结果，有的说是因为（市场）放得好，有的则说是因为（计划）管得好。对金融改革的实证分析则表明，其政策机制复杂，并非简单的"放得好"或"管得好"所能够涵盖的。如果对分析结论做一个简单的概括，那就是改革期间抑制性金融政策对经济增长与金融稳定的影响在不断地变化。在改革开放前期，金融抑制对经济增长的影响是正面的，但进入 21 世纪以后，这个影响就变成了负面的。

我们根据省级面板数据估算结果做一个简单的测算，就是假定将金融抑制指数降到 0，即彻底消除抑制性的金融政策、实现完全的金融市场化，中国的经济增速会怎样变化？结果非常有意思，20 世纪 80 年代的经济增速会下降 0.8 个百分点，90 年代的经济增速会下降 0.3 个百分点，但在 21 世纪的头 10 年，经济增速反而会提高 0.1 个百分点。这说明，早期的抑制性金融政策是能够促进经济增长的，只是到了后期，这种促进作用转变成了遏制作用。所以现在如果把抑制性金融政策全部取消，中国的经济增长会更快一些。而进一步的分析表明，金融抑制对经济增长和金融稳定的影响可能存在两重性。

第一个是麦金农效应。麦金农的基本观点是金融抑制会降低金融资源配置效率，会遏制金融发展，所以对经济增长与金融稳定是不利的。

第二个是斯蒂格利茨效应。斯蒂格利茨发现，在 20 世纪的最后 20 年，一方面各国积极推进金融的市场化、国际化改革；另一方面金融交易的频率越来越高，对经济增长与金融稳定造成很大的伤害。他进而指出，如果一个经济体还没有形成完善的市场机制和监管框架，完全的市场化可能对经济增长和金融稳定不利。政府适度的干预反而可能更加有益。

一种可能的情形是，上述两个效应在任何经济当中都同时存在，唯一的区别是在不同的经济时期不同的效应占主导。如果一个经济的市场机制相对健全、监管框架相对成熟，大幅降低金融抑制的程度应该有利于经济增长与金融稳定。但是如果一个经济的金融市场机制、监管框架尚不成熟，完全放开不仅不能带来好处，而且有可能造成灾难性的后果。市场化改革的目的是改善效率，但伴随市场开放而来的是市场的波动和风险增加。举个例子，很多国家都在开放资本项目，但这经常会带来汇率的大起大落和资本的大进大出。有的国家很容易承受这样的变化，比如澳大利亚和加拿大。而有的新兴市场国家和发展中国家在资本项目放开以后，很快就发生了金融危机。所以同样的政策带来的后果是不一样的，抑制性金融政策的作用机制也是这样。

金融抑制听起来是一个负面的政策安排，但在改革的前期却对中国经济增长和金融稳定发挥了正面的影响，这可以从两个方面来看：第一，大多数银行都由国家控股，资金配置和定价也受到政府多方面的干预，这些都会带来效率损失。但是这个金融体系在把储蓄转化为投资的过程中是非常高效的，只要有储蓄存到银行，很快就能转化为投资，直接支持经济增长。第二，政府干预金融体系，对金融稳定有一定的支持作用。最好的例子是在 1997 年亚洲金融危机期间，中国银行业的平均不良率超过了 30%，但没有人去挤兑银行。原因就在于存款人相信，只要政府还在，放在银行的钱就是有保障的。中国改革 40 年没有发生过一次系统性的金融危机，并不是说没有出现过金融风险，而是政府用国家信用背书，为金融风险兜底。反过来设想一下，如果中国在 1978 年就完全放开了金融体系，走向市场化与国际化，几乎可以肯定的是，已经发生过好几次金融危机了。

这个关于金融抑制的分析其实具有一般性的意义，即任何政策的决策都必须考虑客观经济环境，而任何政策的评估也必须同时考虑成本和效益两个方面。任何看上去不怎么合理的政策，其实都是有原因的，即便要改变，也需要首先充分理解最初设置这些政策的动机。中国的抑制性金融政策的初衷是支持双轨制改革的策略。与此同时，几乎所有的政策效应都同时存在正反两个方面，经济决策所做的往往不是在黑白之间选择，而是在成本、效益之间权衡。实际上，在相当长的时期内，金融抑制对中国的经济增长与金融稳定发挥了正面的作用，但这种作用如今变成了负面影响，所以应该尽快考虑改变。

第三个需要回答的问题是：为什么抑制性金融政策的作用从正面转向了负面？虽然在改革前期，中国的经济增长与金融稳定表现都非常好，但最近几年却发生了不少变化，对金融体系的抱怨也越来越多，这些抱怨在很多场合都听到过。具体有两种说法：一是"金融不支持实体经济"，二是"小微企业融资难、融资贵"。这和实证分析的结论是一致的，抑制性金融政策确实已经成为拖累经济增长和金融稳定的重要因素。图 1-15 同时反映了 GDP 增速与边际资本产出率（简称 ICOR，即每生产一个新的单位的 GDP，需要几个新的单位的资本投入）。自 2008 年全球金融危机爆发以来，中国的经济增速一直在往下走，从最初的 10% 以上跌到了 7% 左右。与此同时，ICOR 从 2007 年的 3.5 上升到 2017 年的 6.3，这确实表明金融的效率在直线下降，或者金融支持实体经济的力度在不断减弱。

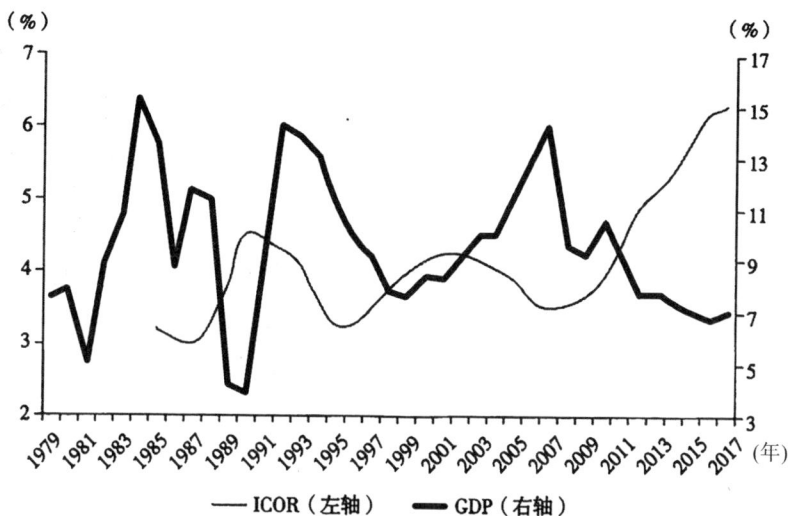

图 1-15　GDP 增速与边际资本产出率，1979—2017 年

发生这个变化的原因可能有很多，其中一个重要的因素是中国经济增长模式的改变。中国改革前期的经济增长主要是发挥低成本优势，依靠劳动密集型制造业的迅速扩张，大批农村剩余劳动力进入城市，变成产业工人，制造业快速增长，劳动生产率也不断提高。但这种高速增长基本上是要素投入型的。尽管技术水平相对比较低，但我国只要不断地增加生产投入，经济就会持续发展。不过，现在中国经济发生了一个重要变化，就是成本水平急剧上涨。2007 年，全球金融危机爆发的前一年，中国的人均 GDP 是 2600 美元，2018 年增加到将近 1 万美元。伴随收入水平提高的是成本水平的变化，原来的低成本优势完全消失了，原先基于低成本建立的制造业也丧失了竞争力。十年间一个直观的变化，就是原来成本低，现在成本高。在经济学中有一个词叫"中等收入陷阱"，它是指大多数国家都有能力从低收入水平成长到中等收入水平，但是很少有国家能从中等收入水平提高到高收入水平。原因就在于，从低收入到中等收入，可以依靠要素投入型的增长模式，而从中等收入到高收入，则必须依靠创新驱动型的增长模式。"中等收入陷阱"意

味着大部分国家都没有能力持续创新，支持产业升级换代，所以一旦经济发展到中等收入水平，就上不去了。而这也是我们如今面临的一个重大挑战，关键是能否通过创新支持产业升级换代，保证可持续的经济增长。

说到经济创新，容易产生一种误解，即以为创新就是指最前沿的技术开发。其实创新在现代经济生活中几乎无处不在，在制造业和服务业中都有，有的是商业模式的创新，有的是生产技术的创新。创新既包括无人机、新能源、人工智能等新型技术和产业，也包括传统产业的更新换代，比如汽车、家电、机械装备等。那么谁是创新的主力？在企业层面，民营企业贡献了 70% 的知识产权，国有企业贡献了 5%，而外资企业贡献了剩下的 25%。这组数据可能多少有点令人意外，毕竟一般的印象是国企虽然效率低一些，但技术力量肯定要比民企强很多。事实证明，技术力量并不等于创新能力。因此，如果以 2008 年全球金融危机为界，前后的经济模式发生了很大的改变。全球金融危机以来，经济增速和金融效率不断下降，可能都与经济模式发生转变有关。换句话说，创新驱动型的增长模式能否顺利运作，在很大程度上取决于民营企业或者中小企业能否健康发展。客观地说，中国目前的金融体系在服务民营企业和中小企业方面，存在一些天生的短板。

前面讲到中国金融体系的两大特征是银行主导和政府干预比较多，这个金融体系比较擅长于服务大企业、制造业和粗放型经济发展。对于受政府干预比较多的银行来说，做风控的传统办法：一是看历史数据，主要是三张表，即资产负债表、利润损益表和现金流量表；二是看抵押资产，有抵押物，银行的信贷风险就比较容易控制；三是看政府担保，有的银行直接拿政府产业目录来决定信贷配置，原因就在于万一贷款出现问题，政府能出面承担责任。正因为这样，大企业比较容易获得融资支持，因为大企业往往历史较长、数据完整、规范。而制造业大多都有固定资产，银行做风控也比较容易。另外，粗放型扩张意味着不确定性相对低一些，原来已经有一家服装厂，再开一家服装厂，还是使用原来的技术甚至营销渠道。这也从另一个角度证明了过去高度扭曲的金融政策，并未妨碍中国经济实现良好的表现。但这个体系对于民营企业或者中小企业来说，则存在一些天生的歧视。除了在双轨制改革的策略框架下，金融政策偏好国有企业，这些政策还歧视民营企业，更进一步讲，很难有效地服务民营企业或者中小企业，因为它们缺乏历史数据、没有抵押资产，也没有政府担保。而中小企业本身的不稳定性比较高，中国民营企业的平均寿命不到五年，创新型中小企业的风险更高。中国要为它们提供金融服务就难上加难了。

应该认识到的是，这些年银行也在不断市场化。过去说银行在配置金融资源的时候歧视民营企业，偏好国有企业，但很多银行的业务人员可能会觉得这个指责不符合实际，银行考虑的并非产权本身，而是风险与回报。从银行的角度看，国有企业拿到了很多贷款，主要还是因为它们回报稳定、风险较低。最新的一个实证研究就发现，如果以所有制来解释银行的信贷配置，确实可以看到代表国有的变量显著为正。但如果再加入企业规模的变量，其作用更加显著，而所有制变量就变得不显著了。这个简单的统计分析表明，银行将很多贷款配置给国有企业，主要还是因为它们比较稳健。换句话说，银行对大企业的偏好远远超过对小微企业的偏好。如果一家民营企业是大型企业，那么它获得融资可能也不是那么难。这并非否定国有企业依然在享受所有制溢价，但银行考虑的因素确实在逐步发生变化。

另一个金融抑制政策的作用同样突出，那就是利率的双轨制。政府为了支持国有企业，人为压低了正规市场的利率，目前银行一年期贷款的基准利率为4.35%，这个利率水平基本上与G20发达经济体成员的平均贷款利率相当，而远远低于G20发展中经济体成员的平均贷款利率。这样一个偏高的银行贷款利率水平，实际上加剧了小微企业获得银行贷款的难度，同时提高了它们在非正规市场融资的成本。

可以用图1-16简单地做一个说明。假如在一个经济中存在两个金融市场，一个正规金融市场，比如银行；一个非正规金融市场，比如民间借贷、影子银行和数字金融。在这两个市场上利率水平即资金价格都是由资金的供求决定的，如果忽略借贷者风险水平的不同，同时不考虑监管政策的后果，那么正规金融市场与非正规金融市场的均衡利率一概是相等的，不然就会出现套利。但现在政府在正规金融市场引进了利率管制政策，直接将利率往下压。这样，在正规金融市场就出现了供给不足的问题，就是r表示的部分。也就是说，虽然正规金融市场降低了融资成本，但它能服务的客户数量也因此减少了，这样就会有相当一部分企业的融资需求无法得到满足，可以猜测到的是大部分不再能获得融资的是民营企业、小微企业。这部分企业只好到非正规金融市场去融资，相当于把需求曲线往外推，这就会提高非正规金融市场的利率。

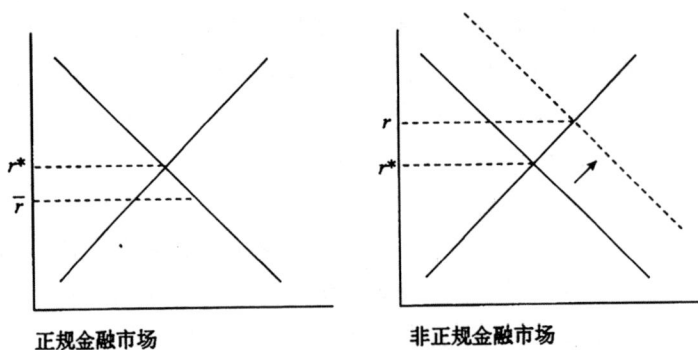

图1-16　正规金融市场和非正规金融市场

这个简单的分析说明两个道理：第一，强制降低正规金融市场的利率，既会加剧小微企业融资难的问题，也会进一步恶化小微企业融资贵的困境。第二，小微企业融资难与融资贵两个问题，最好不要混在一起解决。可以说，对于绝大部分小微企业来说，最大的困难是"难"而不是"贵"。

这其中有多方面的原因。其中一个原因是，银行不知道怎么给小微企业做信用贷款。还有一个更重要的原因，就是利率管制问题。利率管制意味着在正规金融部门把利率压得很低，银行部门一年期的贷款利率大概是4.35%，而市场利率要远远超过这样的利率水平。如果金融机构不能完整准确地做市场化风险性定价，给小微企业用这么低的利率放贷款，最后要么是增加风险，要么是增加成本。

货币银行学的一个基本原则就是成本一定要覆盖风险。对金融机构来说，风险高的客户有风险高的服务方法，风险低的客户有风险低的服务方法。很多创投基金的投资回报率很高，但它们所面对的客户风险往往也很高，大部分客户是初创企业。服务这样的企业，创投基金想挣钱，甚至挣大钱，一是需要有专业能力的人从事这样的投资，投资经理要从大量的项目中筛选，不仅需要金融知识，更需要了解技术、市场、管理等。二是成本高但回报也高。创投基金给十家企业投资，很可能其中三五家打水漂了，只要剩下的能够提供很高的回报就行。这其实就是市场化定价。

现在对第三个问题的分析做一个简单的总结。关键机制在前面分析金融抑制对经济增长和金融稳定影响的时候已经被指出来了，就是抑制性金融政策原来没有妨碍经济增长与金融稳定，但现在成了一个负担。最直观的体现就是边际资本产出率的改变，同样的资本投入所产生的回报越来越少了。具体地讲，确实有很多金融服务的需求没有得到满足。上面讲的是小微企业在支持创新、支持经济增长中的作用越来越大，但金融部门并不能很好地为它们提供融资服务。对居民来说也是一样。过去居民有钱就存到银行，但现在把钱放在银行，每年只给2%的回报，大家不满意，所以都在想办法做投资。尤其是随着人口不断老龄化，人们对资产收入的需求越来越高，可投资的地方却很少。有些决策者曾经设想，让老百姓把一部分钱从银行拿出来，到股票市场和债券市场去投资，这样既可以帮助居民提高投资回报，又可以帮助国家发展资本市场，提高直接融资在金融交易中的比重，是一件一举两得的事情。但结果却出乎意料，一部分钱从银行出来之后并没有去资本市场，而是去了影子银行和数字金融。这背后的原因很多，简单一句话就是资本市场对居民完全没有吸引力。一个金融部门，既不能有效地满足企业的融资需求，又不能很好地满足居民的投资需求，显然是有问题的，全社会抱怨"金融不支持实体经济"，似乎也是理所应当。根本性的原因在于经济增长模式在转型，但金融部门没有跟着转过来。

最后一个问题是：未来中国的金融体系会是什么样子？这个问题有很大的不确定性，答案在随着经济环境的变化而变化。因此，很难做完整的预测，只能做一些大的猜测。全球金融危机爆发的那一年，美国的一位前财长来北京见一位主管金融的国务院领导。这位领导跟美国前财长说，中国一直把美国当"先生"看，现在美国发生了严重的金融危机，"先生"自己出问题了，学生就有点束手无策，不知道下一步该怎么做了。这话可能是半开玩笑，但背后的深刻问题是，中国的金融体系未来是什么样子，现在出现了一个很大的问号。很多学者原来以为中国应该往欧美模式的方向努力。现在的问题是欧美自己也发生了重大危机，这个方向是不是还要继续坚持？更重要的是，欧美的金融体系其实也是各不相同，并不都是统一的模式。前面讲过英美和德日的模式就不一样，那么中国未来的目标是瞄准英美模式还是德日模式，或者是搞中国特色的社会主义金融体系，这些都需要很认真去思考。

目前看，未来的走向可以从两个方面来考量：

一方面，从大方向来说，既然中国的金融抑制已经变成限制经济增长和影响金融稳定的重要因素，下一步就应该往市场化的方向走，这个应该没有什么争议。所谓往市场化的方向走，主要是三句话：一是发展多层次的资本市场，二是让市场机制在资源配置中发挥决定性作用，三是守住不发生系统性金融风险的底线。这三点都是要往市场的方向走，让市场来配置资源，让市场的规模扩大，改善监管体系。未来在这三个方向还有很长的路要走，但也不是简单地往某一个方向走，在走的过程中需要考虑哪些适合、哪些不适合中国国情。过去40年的经验已经表明，不能认为政府在金融体系中发挥作用就一定是负面的，这其实是一个动态的过程。1978年改革时中国没有选择一步到位的休克疗法，即便到今天，恐怕这也不是可以一放了之的事情。政府在金融体系中究竟发挥什么样的作用，需要更多深刻的思考。在市场化的过程中，有许多特殊的现象和关系需要应对。比如资本流动是不是要完全自由，如果金融体系不够健全，一旦出现资本大进大出，就容易影响金融稳定，这个时候选择适度的对短期跨境资本流动的管理，反而可能是有益的。再比如国有企业改革，官方文件提出了"竞争中性"的概念，这是很好的改革方向，但什么时候可能真正做到"竞争中性"，必须有一个客观的估计。在这个过渡阶段，完全放开不见得是好事。比如利率市场化以后，如何应对国有企业非市场化的行为？也许适当的政府干预仍然是必要的，目的是既要保持金融稳定，同时又不对金融效率造成太大的影响。

另一方面，要发展资本市场。这个肯定没有错，已经写入党的十八届三中全会的决议。但问题是中国的金融市场能发挥多大的作用。在国际上，英美的金融体系是市场主导，德日是银行主导。要补充说明的是，即便是美国和英国这样的所谓市场主导的金融体系，银行和非银行机构的贷款比例在企业外部融资中也超过一半。也就是说，英美市场占主导只是相对而言，其市场融资比重只是比较高而已。从图1-17看到，美国债券市场32%，股票市场11%，两个加在一起为43%，虽不到一半，但比例也是非常高的。德国和日本的债券和股票市场加在一起大约是15%、14%。中国的数据显示，在非金融企业外部融资当中，股票和债券的融资比重大概在15%左右。这个比例还能提高到多少？未来的金融体系要发展，但是恐怕在相当长时间内，银行和间接融资渠道，像保险公司、信托公司这些机构，在中国金融体系的重要地位不会出现太大的下降。

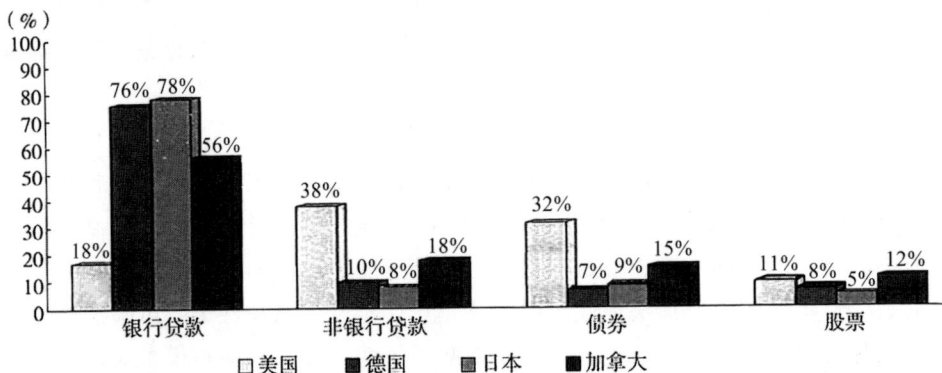

图1-17　非金融企业外部资金来源：美国、德国、日本和加拿大（1970—2000年）

资料来源：弗雷德里克·S.米什金.货币金融学（第11版）.中国人民大学出版社，2016.

这里有几方面的原因：

一是如果说未来金融改革的目的是解决小微企业、民营企业的融资难问题，指望资本市场来解决这个问题的可能性不是很大。间接融资也好，直接融资也好，主要的目的是要降低信息不对称程度，银行做的是这个工作，资本市场做的也是这个工作。对于企业融资来说，进入资本市场融资的门槛远远高于到银行去融资的门槛。股票市场发展以后，就跑到股票市场融资，大企业的可能性要远远超过小企业。小企业如果不能达到银行的融资门槛，要达到资本市场的融资门槛，难度会更大一些。

二是学习金融历史，就会发现一个特别有意思的现象。不同国家的金融体系构成不一样，不仅仅是由政府的政策偏好决定的，在很大程度上是政治、文化、历史、经济等很多因素的综合。那些市场主导的国家，一般都是自由主义、个人主义至上的，它更加崇尚对个人权利的保护以及分散决策，英国、美国都是这样的体系。而由银行主导金融体系的国家，比如日本和德国，更多强调的是集体主义、合作、统一决策。未来中国金融体系更可能往哪个方向走？中国的改革方向肯定是让市场发挥更大的作用。也许在短期内，中国会想把市场做得特别大，但是难度也会很大。说实话，中国的股票市场发展了近30年，仍然没有成为有效的投资渠道，这个现象背后的原因是值得深思的。

三是技术会使未来的金融体系产生很大改变。金融科技或者是数字金融，确实在很多方面改变了金融体系。下一轮的改变，可能会越来越多地体现在传统金融部门，比如银行、保险公司、证券公司，未来可能会变成数字金融的主力。当然这些大科技公司还会继续做，也许会出现新的劳动分工，擅长做技术的就做技术，擅长做金融的就做金融。这样的一个体系形成以后，对金融体系和整个宏观经济都会造成翻天覆地的变化。

第二章　新中国社会经济发展
阶段的理论分析

　　在西方国家兴起之前的两三百年时间里，中国是世界上最富强、最繁荣的生产大国和贸易大国，经济总量位居世界之首，人口总数占世界的1/3，对外贸易持续保持巨大顺差。当西方世界以人类历史上前所未有的突变而崛起之时，"不顾时势，安于现状"的中国也就开始了由盛转衰的历史过程。1840年鸦片战争以后，中国更是以雪崩式的速度陷落到积贫积弱的悲惨境地。1949年新中国的成立，是自近代以来中国历史上最伟大的转折，标志着中国由盛转衰的结束和由衰转盛的开始。它是中国现代化道路的历史新起点，也是中国开始现代经济增长、实现社会经济快速发展的历史起点。

第一节　新中国社会经济发展阶段的第一理论层次分析

一、新中国建立以来所处社会历史阶段的基本定位

　　普遍认为，中国从1957年开始进入到社会主义初级阶段。这里所说的社会主义初级阶段，并不是泛指任何国家进入马克思、恩格斯所说的（在发达的资本主义基础上建立的）社会主义都必须经历的起始阶段，而是特指中国这样一个脱胎于半殖民地半封建社会的国家，在生产力非常落后、商品经济很不发达、总体上处在传统农耕社会的历史条件下，建设社会主义现代化国家必然要经历的特定历史阶段。

对社会主义初级阶段这一基本定位还需要进一步从理论上明确以下几点：

（1）社会主义初级阶段是中国特色社会主义的初始阶段，作为一种具体的、现实的、实践中的"社会主义"，它与马克思主义理论中所表述的那种以高度发达的资本主义为物质基础和历史前提的"社会主义"相去甚远，不能把两者简单地等同起来。既不要以理论化的，甚至带有一定预想成分的马克思说的社会主义简单地去评判实践中的、中国式社会主义，也不要用实践中的社会主义简单地去评判马克思说的那种社会主义。

（2）从发展经济学的角度来看，由于中国无法在当时完成许多国家在资本主义历史条件下完成的历史任务，实现由传统社会向现代社会、传统经济向现代经济的转变，中国只能选择通过建立中国式的社会主义制度，包括基本的政治制度和基本的经济制度，实现上述转变，走向现代化。所以，社会主义初级阶段就是中国通过走中国特色社会主义道路，完成许多本来应该在资本主义的历史条件下所要完成的任务（比如，瓦解自然经济和半自然经济，实现工业化、城市化、社会化、市场化等），摆脱贫穷落后的不发达状态，进入现代化强国的历史阶段。

（3）马克思根据人的发展和与之相适应的人与人（社会）关系的特征，把人类历史过程依次划分为三个阶段和三大社会形态："以人的依赖关系（起初完全是自然发生的），是最初的社会形态，在这种形态下，人的生产能力只是在狭窄的范围内和孤立的地点上发展着。以物的依赖性为基础的人的独立性，是第二大形态，在这种形态下，才形成了一个具有普遍的社会物质交换、全面的关系、多方面的需求以及全面的能力的体系。建立在个人全面发展和他们共同的社会生产能力成为他们的社会财富这一基础上的自由个性，是第三个阶段。"[①] 作为一个自然历史过程和上述三大社会形态的经济基础，社会经济发展过程与此相适应也要依次经历自然经济、商品经济或市场经济、产品经济三大阶段。从总体上看，第二次世界大战以后，绝大多数国家都已经超越了"人的依赖性"的第一阶段，但都远未达到"人的全面发展和自由个性"的第三阶段，各国同属于"以物的依赖性为基础的人的独立性"的第二阶段，今天的中国也是一样。因此，从社会经济形态的性质这一角度来看，社会主义初级阶段实际上也就是社会经济发展过程处在商品经济或市场经济的阶段。

（4）关于过渡时期（1949年10月1日至1956年社会主义改造完成）的基本定位问题。在关于"过渡时期"的研究中，无论是史学界还是经济理论界，绝大多数研究者及其研究成果都把其研究重点和研究视角放到了"过渡时期"与"社

① 马克思.马克思恩格斯全集，中文版，第46卷上.北京：人民出版社，1979，104页.

会主义时期"两者的区别这一点上，却严重忽视了对"过渡时期"与"社会主义时期"两者之间的同一性问题的研究，不能不说是"过渡时期"这一研究中的重大缺陷和不足。从历史发展的内在逻辑来看，"过渡时期"与"社会主义时期"两者之间的内在一致性超过了两者之间的区别。正是因为 1949 年 10 月至 1956 年这一时期的社会基本矛盾运动处在急剧的变化之中，其社会基本矛盾运动具有很大的不确定性，我们才把这一时期称为"过渡时期"的。比如，苏星认为，"中国革命在全国胜利，并且解决了土地问题以后，中国还存在着两种基本的矛盾。第一种是国内的，即工人阶级和资产阶级的矛盾。第二种是国外的，即中国和帝国主义国家的矛盾"。[①] 在"过渡时期"之后的社会主义初级阶段的主要矛盾因素实际上在"过渡时期"就已经开始萌芽。在中国革命取得全国胜利的前夕，中共就已经确立了"在革命胜利以后，迅速恢复和发展生产，对付国外帝国主义，使中国稳步地由农业国转变为工业国，把中国建设成一个伟大的社会主义国家"的基本建国方略。[②] 从新中国成立之始，我国的基本政治制度和基本经济制度就具有了社会主义基本制度或半社会主义制度的性质。据统计，到 1949 年底，国家没收的官僚资本企业（其中包括抗日战争胜利后由国民党政府接收的日、德、意各国在中国的企业）达 2858 家，拥有生产工人 75 万多人，约占旧中国工矿交通运输业固定资产的 80%[③]。1949 年，国营工业在全国大型工业总产值中所占的比重为 41.3%，国营工业已拥有全国发电量的 58%、原煤产量的 68%、生铁产量的 92%、钢产量的 97%、水泥产量的 68%、棉纱产量的 53%。国营经济还掌握了全国的铁路、邮政、电信和大部分的现代交通运输事业。这样，就使国营经济在整个国民经济中居于主导地位[④]。从 1949 年到 1952 年间，由于没收官僚资本和三年的经济建设，国营经济已经在社会经济生活中表现出了明显的优势。到 1952 年时，国营工业的产值在现代工业总产值中的比重已经增加到 56%，国营批发商业的营业额占到全国批发商业营业总额的 60%[⑤]。以上事实充分说明"过渡时期"的新民主主义经济从新中国成立开始就已经具有了相当多成分的社会主义因素和社会主义的性质。综上所述，从社会经济发展过程研究的角度来看，将"过渡时期"视为社会主义经济发展的形成时期而将其纳入社会主义初级阶段的范畴完全是顺理成章的。

[①] 苏星.新中国经济史.北京：中共中央党校出版社，1999，43 页.

[②] 同上，42 页.

[③] 丛树海，等.新中国经济发展史（1949—1998）（上）.上海：上海财经大学出版社，1999，16 页.

[④] 同上，78 页。

[⑤] 同上，33 页。

二、社会主义初级阶段的主要矛盾运动与社会主义初级阶段的分期

（一）社会主义初级阶段的基本矛盾与主要矛盾的同一性

从理论上和总体上看，在社会主义基本制度全面确立之后，生产关系与生产力、上层建筑与经济基础大体上是相适应的。这种适应性的基本表现，就是社会主义生产关系有利于生产力的发展，有利于使人民群众不断增长的需求逐步得到满足；社会主义上层建筑能够从政治上保障人民群众平等地享有在经济、政治和社会生活多方面的基本权利，人与人之间的关系是平等的同志式的关系。尽管社会主义制度还很不完善，但在自身范围内，社会主义的基本制度初步具备了这样一种可能性，即可以消除导致人与人之间在经济上、政治上产生不可调和的、对抗性矛盾的根源，具备防止人民内部矛盾转化为对抗性的敌我矛盾的必要条件（而不是已经完全具备了充要条件）。从长远看，阶级矛盾的激化并不是基本的趋势，而是处于一个可调控的进程之中。在社会主义条件下，生产力发展的相对不足与人民需要的不断增长将直接构成一对矛盾。因为建立社会主义生产关系的目的就是促进人民不断增长的物质文化需要的满足，它是可以根据生产力的发展要求自觉地对与这一发展要求不相适应的部分进行变革的，因而它与生产力的矛盾不再具有对抗性的性质。也就是说，在社会主义条件下，生产力的发展、财富的增长将不再伴随着社会的不平等，因而能最直接地表现出生产力的发展，最终总是有利于人民的性质，发展生产力与满足人民的需求具有了直接的同一性，社会主义初级阶段的基本矛盾也就转化为社会主义初级阶段的主要矛盾，即"人民日益增长的物质文化需要同落后的社会生产力之间的矛盾"。

（二）社会主义初级阶段主要矛盾运动过程的阶段性与社会主义初级阶段的分期

我国的社会经济发展和现代化建设是在我国处在社会主义初级阶段这样一个大的历史背景下进行的，我国的经济和社会发展过程是从属于社会主义初级阶段这个历史过程的。也就是说，我国社会经济发展过程的阶段性是由社会主义初级阶段过程的阶段性决定的，把握了社会主义初级阶段过程阶段性的理论依据，也就等于把握了我国社会经济发展过程阶段性变化的理论依据。所以说，社会主义初级阶段理论才是在第一理论层次上分析研究我国社会经济发展过程阶段性问题

的正确的、科学的理论。

社会主义初级阶段过程阶段性变化是由其内在主要矛盾的运动过程决定的。社会主义初级阶段的主要矛盾是落后的社会生产力与人民群众日益增长的物质文化需要之间的矛盾。这个主要矛盾的运动过程将贯穿整个社会主义初级阶段的始终。只要这个主要矛盾没有得到彻底解决，社会主义初级阶段就不会结束。

社会主义初级阶段是一个很长的历史阶段，也是一个不断发展、不断变化的历史阶段，无论是社会生产力还是人民群众的物质文化需要都处在不断的发展变化之中，因此，社会主义初级阶段的主要矛盾同样是处在不断发展变化的运动之中。在社会主义初级阶段的不同时期，主要矛盾的运动状态是不同的，或者说，主要矛盾的具体表现形态是不同的。正是由于社会主义初级阶段主要矛盾的具体表现形态的发展变化，社会主义初级阶段这样一个很长的历史过程会表现为明显的阶段性。而社会主义初级阶段的阶段性是由其主要矛盾运动过程的阶段性所决定的。社会主义初级阶段主要矛盾的运动过程，从主要矛盾的产生到主要矛盾的解决、消亡，要经历一个由低级阶段到中级阶段再到高级阶段的过程，主要矛盾的具体表现形态相应地要经历一个由低级形态到中级形态再到高级形态的发展演变过程。随着社会主义初级阶段主要矛盾运动的发展演变，社会主义初级阶段将要经历一个从初期到中期再到后期直至终结的历史过程。

从社会主义初级阶段主要矛盾运动过程的发展变化来看，我们可以初步将社会主义初级阶段做如下分期：

1949 年 10 月 1 日至 2000 年为社会主义初级阶段的初期。在这一时期，主要矛盾的具体形态呈现为低级形态。初级阶段主要矛盾的低级形态的主要表现是：从矛盾中"社会生产力"这一方来看，社会生产力水平很低，物质产品严重短缺；生产关系与社会生产力水平很不相适应，具体表现为生产关系"超前"于社会生产力水平，从而在一定程度上妨碍了社会生产力的发展。从矛盾中"人民的物质文化需要"这一方来看，对物质产品的需要是人民群众最紧迫、最优先的需要，而且这种需要得到满足的程度很低。

主要矛盾低级形态的基本特征是：第一，人民日益增长的物质文化需要与落后的社会生产力的矛盾主要是在物质方面而不是精神文化方面。第二，物质方面的矛盾又主要表现为数量矛盾。第三，从矛盾双方的关系来看，社会生产力是矛盾的主要方面而且占绝对优势地位。

2001—2020 年为社会主义初级阶段的中期。在这一时期，主要矛盾的具体形态呈现为中级形态。社会主义初级阶段主要矛盾的中级形态的主要表现是：从矛盾中"社会生产力"这一方来看，经过 50 年的建设，特别是改革开放 20 年的快速发展，社会生产力水平上了一个大台阶，经济体制发生了重大变化，生产关系与社会生产力水平不相适应的问题有了很大改善，对外经济关系和国际经济环境发生了重大变化。从矛盾中"人民的物质文化需要"这一方来看，人民群众的温饱问题基本解决，全国总体上进入小康水平，与此同时，人民的物质文化需要正在快速向更高层次发展。

主要矛盾中级形态的基本特征是：第一，人民日益增长的物质文化需要与落后的社会生产力的矛盾已经由数量矛盾为主转变为数量矛盾与质量矛盾并存。部分商品出现相对过剩并不是初级阶段主要矛盾已经解决的标志，而是数量矛盾下降、质量矛盾上升的表现，换句话说，在"有没有"的问题基本解决之后，"好不好"的问题日益突出。第二，人民的物质文化需要正在发生结构变化，物质需要在向更高层次发展的同时，精神文化需要正在快速增长，人民的物质文化需要日趋多样化、个性化和外向化。第三，矛盾双方的关系发生了重大变化，在社会生产力仍然是矛盾的主要方面的情况下，人民的物质文化需要对社会生产力的反作用明显增强。

2021 年至 21 世纪中叶为社会主义初级阶段的后期。在这一时期，主要矛盾的具体形态呈现为高级形态。总体上看，在经过了社会主义初级阶段中期 20 年的持续、稳定和高速发展之后，随着全面建设小康社会目标的实现，社会生产力将达到一个更高的水平，社会主义市场经济体制将更加完善，社会主义法制将更加完备，生产力与生产关系的状况将更加适应，人民的物质文化需要不仅将增长到一个新水平，而且其满足程度和实现程度将达到较高水平，主要矛盾的紧张程度不仅有了根本性的缓解，而且开始向矛盾最终得到解决的良性方向发展。至于初级阶段主要矛盾的高级形态的主要表现和基本特征等问题可以留待以后去研究探讨。

第二节　新中国社会经济发展阶段的第二理论层次分析

根据社会经济发展阶段的理论，结合新中国社会经济发展过程的基本历史事实和未来的变化趋势，我们将新中国从 20 世纪中叶到 21 世纪中叶即社会主义初级阶段大致 100 年的社会经济发展过程划分为以下五个发展阶段：

第一阶段：生成阶段。时间：1949 年 10 月—1956 年。

第二阶段：培育阶段。时间：1957—1978 年。

第三阶段：成长阶段。时间：1978—2000 年。

第四阶段：强壮阶段。时间：2001—2020 年。

第五阶段：成熟阶段。时间：2021 年到 21 世纪中叶。

一、生成阶段：1949 年 10 月—1956 年

1949 年 10 月新中国的成立是历史新纪元的开始。新中国的成立是一个历史性的标志，它标志着在中国这样一个贫穷落后的东方大国非常虚弱的肌体内，终于生成了走向新生、走向富强、走向文明、走向现代化、走向全面复兴的现代发展机能。中国终于在第二次世界大战结束四年多之后，走上了和平建设发展之路。

（一）制度资本的生成

中国现代发展机能的生成最集中地体现在制度资本的生成上。制度资本生成的主要内容体现在中国人民政治协商会议第一届全体会议通过的《中国人民政治协商会议共同纲领》中，主要内容如下：

（1）中华人民共和国为新民主主义即人民民主主义的国家，实行工人阶级领导的、以工农联盟为基础的、团结各民主阶级和国内各民族的人民民主专政，反对帝国主义、封建主义和官僚资本主义，为中国的独立、民主、和平、统一和富强而奋斗。

（2）中华人民共和国必须取消帝国主义国家在中国的一切特权，没收官僚资本归人民的国家所有，有步骤地将封建半封建的土地所有制改变为农民的土地所有制，保护国家的公共财产和合作社的财产，保护工人、农民、小资产阶级和民族资产阶级的经济利益及其私有财产，发展新民主主义的人民经济，稳步地变农业国为工业国。

（3）中华人民共和国的国家政权属于人民。人民行使国家政权的机关为各级人民代表大会和各级人民政府。各级人民代表大会由人民用普选方法产生。各级人民代表大会选举各级人民政府。各级人民代表大会闭会期间，各级人民政府为行使各级政权的机关。

（4）中华人民共和国经济建设的根本方针，是以公私兼顾、劳资两利、城乡互助、内外交流的政策，达到发展生产、繁荣经济之目的。国家应在经营范围、原料供给、销售市场、劳动条件、技术设备、财政政策、金融政策等方面，调剂国营经济、合作社关系、农民和手工业者的个体经济、私人资本主义经济和国家资本主义经济，使各种社会经济成分在国营经济领导之下，分工合作，各得其所，

以促进整个社会经济的发展。[①]

（5）土地改革为发展生产力和国家工业化的必要条件。凡已实行土地改革的地区，必须保护农民已得土地的所有权。凡尚未实行土地改革的地区，必须发动农民群众，建立农民团体，经过清除土匪恶霸、减租减息和分配土地等项步骤，实现耕者有其田。[②]

作为新中国社会经济发展的制度资本，新的国家政权的建立和《中国人民政治协商会议共同纲领》做出的社会基本政治制度安排和基本经济制度安排，为新中国的社会经济发展扫除了政治障碍，创造了基本的经济条件。

首先，它为社会经济发展提供了一个良好的政治经济秩序和稳定的环境。"政府必须能够为现代企业——不管是国营的还是私营的现代企业创造和维持一个稳定的环境。至少，不能发生内战、不断的动乱或敌对力量的入侵。这一点，在讨论发展的本质时常常被忽略。长期不稳定、内战和外国入侵，可以较好地解释中国在1949年之前无法进入现代经济增长阶段的原因。由此推及，中国在1949年后开创的稳定环境，则有助于解释该因此后开始的增长。"[③]

其次，中国获得了国家主权，对外实现了完全彻底的政治独立和民族自决，砸开了束缚中国发展的殖民枷锁。对于社会经济发展来说，仅有稳定的环境是不够的。殖民地政府过去大多数相当稳定，能存在很长时期，但殖民地政府创造稳定的环境通常只是为了帮助那些来自殖民宗主国为数不多的商人和投资者获取利益，而殖民地的大众却从中受益甚微。因此，在大多数情况下，实现现代经济发展之前，政治独立是必要的。[④]

再次，新生国家政权在中国大陆上消除了地方割据，高素质的干部队伍保证了政府的效能和政令的统一。

（二）第一次经济体制转轨

这一阶段制度资本积累的另一个重要方面就是经济体制与经济运行机制的快速转变，即由新民主主义经济体制向社会主义计划经济体制转变。可以说，这也是新中国经济发展史上的第一次经济体制转变。

从性质上看，新民主主义经济实际上就是社会主义市场经济的初始形态或者说

①　转引自：苏星.新中国经济史.北京：中共中央党校出版社，1999，44—45页.
②　转引自：丛树海，等.新中国经济发展史（1949—1998）（上）.上海：上海财经大学出版社，1999，13页.
③　[美]吉利斯，等.发展经济学（第4版），中文版.北京：中国人民大学出版社，1998，24页.
④　同上，24—25页。

萌芽形态，因为具有社会主义性质的国营经济已经具备了一定的经济实力并且成了整个经济的领导力量，所以新民主主义经济具有了一定的社会主义性质；又由于经济运行的基本方式是市场和商品交换，国家对社会经济活动的干预和调节也主要是运用市场手段，所以新民主主义经济又属于市场经济。新中国经济发展史上的第一次体制转轨可以看成是由初始形态或者说萌芽形态的社会主义市场经济向社会主义计划经济的转变。从 1978 年开始的新中国经济发展史上的第二次体制转轨，即由社会主义计划经济向社会主义市场经济的转变，不是对过去的简单的"回归"，而是在一个更高的层次上完成了一个哲学意义上"否定之否定"的轮回。

早在新中国成立前，毛泽东等领导人就有了建设社会主义中国的构想，但要先经过"一个相当长的"过渡时期才走向社会主义。1952 年 9 月 24 日，在中央书记处会议上，毛泽东说："我们现在就要开始用 10 年到 15 年的时间基本上完成到社会主义的过渡，而不是 10 年或者以后才开始准备过渡。"[1] 毛泽东 1953 年 8 月指出："从中华人民共和国成立，到社会主义改造基本完成，这是一个过渡时期。党在这个过渡时期的总路线和总任务，是要在一个相当长的时期内，基本上实现国家工业化和对农业、手工业、资本主义工商业的社会主义改造。"[2] 毛泽东显然认为，过渡时期主要是完成两件事，一是基本上实现国家工业化，二是完成对农业、手工业、资本主义工商业的社会主义改造。以中国当时的经济发展水平和工业水平，基本上实现国家工业化需要相当长的时间，因此，过渡时期是一个相当长的时期。等到上述两件事都完成后，中国开始进入社会主义阶段。

刘少奇在《关于新中国的经济建设方针》中指出："新民主主义经济是一种过渡性质的经济。这种过渡所需要的时间，比东欧、中欧各人民民主国家长得多。"[3] 他认为，在农村应当允许发展富农经济，农村资本主义的一定限度的发展是不可避免的。"不能把新民主主义阶段同社会主义阶段混为一谈。"[4] 那么，后来实际的结果却是，在国家工业化远远没有基本实现的情况下，在较短的时间内急促地完成了对农业、手工业、资本主义工商业的社会主义改造。这样的结果是由国际的、国内的、客观的、主观的等多方面的因素造成的。它既是合理的，又存在某些失误。

其一，国际环境因素。由于资本主义发达国家 1929—1933 年的经济大危机，暴露了市场经济的弊端，而苏联在实行计划经济的最初二三十年间取得了举世瞩目的建设成就，所以"经济计划化"在经济发展的理论与实践上都成为一种世界性潮流。当时不仅新成立的社会主义国家普遍实行了计划经济，而且以阿瑟·刘

① 转引自：苏星.新中国经济史.北京：中共中央党校出版社，1999，213 页.
② 毛泽东.毛泽东文集，第 6 卷.北京：人民出版社，1999，316 页.
③ 刘少奇.刘少奇选集（上）.北京：人民出版社，1981，427 页.
④ 转引自：苏星.新中国经济史.北京：中共中央党校出版社，1999，172 页.

易斯为代表的许多资本主义国家的经济学家也纷纷研究凯恩斯主义的国家干预问题和运用计划手段管理经济的问题。英法等国不仅制订了指导性的经济计划，还搞了一定程度的"国有化"。阿瑟·刘易斯在他的著作《经济计划化原理》中对此有一段极其生动的描写："计划化对政府要求承担的义务，在发展中国家要大于在发达国家。在发达国家中，许多需要政府福利的事可以让私人企业去做；而在发展中国家，建立工业中心，进行农业革命，控制外汇汇率，以及提供公共服务和普通立法等都需要行政机构，而它们的行政机构的工作效率却远比发达国家低。那么，为什么发展中国家又乐意从事计划化呢？因为他们的需要更为迫切，尽管会出现失误和缺少能力，它们还是要去做。因为，如果人民站在它们一边，从民族感情意识到自己的落后，急于要求进步，那么，他们就乐意承担重大的困难任务，容忍许多错误的发生，而热情地投身于重振国家的工作中。人民的热情既是计划化的润滑剂，又是经济发展的推动能源。人民的热情可以使任何事情能够实现。"[1]

其二，国内环境因素。新中国成立后三年内全国工业经济迅速恢复和发展，并且国营工业在工业发展中的主导地位逐步形成。1952年，国营工业比1949年增长287%，平均每年增长56%以上。由于国营工业的迅速增长，国营工业在全部工业中的比重显著上升，由1949年的43.8%上升到1952年的60%以上。到"一五"期间，工业生产所取得的成就，远远超过了旧中国百年来所达到的水平。[2]工业发展的巨大成就加上全国各族人民建设新中国的巨大热情，既给包括毛泽东在内的领导人以信心和鼓舞，同时也在一定程度上助长了他们急于求成的思想，希望通过尽快完成对资本主义工商业的社会主义改造，进一步加快中国的工业化进程。

其三，其他方面因素。就当时我国经济发展所面临的客观条件来说，一是由于我们没有建设社会主义的经验，旧中国在经济建设方面也没有留下多少可利用的经验，所以只能向苏联学习，包括学习计划经济体制。二是旧中国留下来的是半封建、半殖民地经济的烂摊子，产业结构非常不合理。古老而落后的农业在国民经济中占主要地位，社会化的大机器工业很少，适应现代市场经济要求的第三产业几乎是一片空白。1952年在我国国民收入生产额中的比重，农业占57.7%，工业占19.9%，其中重工业所占比例更小。新中国成立之后，实行高度集中的计划经济体制，除了要医治长期战争的创伤、迅速恢复国民经济、保障人民最低的基本生活需要外，主要是集中必要的人力、财力和物力，进行重点建设，大力发展工业，改变旧中国遗留下来的不合理的产业结构。三是当时的国际环境，美国发动了侵略朝鲜战争，西方一些帝国主义国家对中国实行封锁，也迫使我们不得

---

① 转引自：谭崇台.发展经济学的新发展.武汉：武汉大学出版社，1999，3页.
② 苏星.新中国经济史.北京：中共中央党校出版社，1999，184、218页.

不走这条路。①

苏星认为，"对资本主义工商业的社会主义改造也有一些缺点和失误"。第一，全行业公私合营的时间过于短促。第二，在合营过程中，盲目集中，盲目合并。第三，公私合营的范围过宽，把一大批个体工商业者也带入了公私合营企业。②总之，新中国历史上第一次经济体制转轨的主要失误和教训，就是"急于过渡，范围过宽"八个字。这次经济体制转轨的经验和教训，在某种程度上成了20多年后中国第二次渐进式经济体制转轨的宝贵财富。

（三）物质资本的积累

物质资本的积累也是生成阶段最为突出的一个重要方面。没有物质资本的快速积累就难以完成变农业国为工业国的历史任务。这一阶段主要是通过以下几个方面实现了物质资本的快速积累：

一是没收官僚资本和部分外资企业并将其改造成为国营经济的重要组成部分。当时的官僚资本包括国家垄断资本和蒋、宋、孔、陈四大家族的官僚私人资本。中国官僚资本与民族资本的比例为8:2，官僚资本可以被视为旧中国政府遗留给新中国政府的主要物质资产，涉及金融、工业、交通运输和商业等方面。③

二是以苏联援助的156个建设项目为中心的工业建设。绝大多数项目是在这一阶段完成的，这些项目涉及航空工业、电子工业、兵器工业、航天工业、船舶工业、冶金工业、化学工业、机械工业、能源工业、轻工业和医药工业。"苏联援建的这些项目，主要是帮助我国建立比较完整的基础工业体系和国防工业体系的骨架，起到了奠定我国工业化初步基础的重大作用。"④据统计，1953—1957年，全国工业基本建设投资实际完成250.3亿元，相当于同期全国基本建设投资总额的42.5%。其中，重工业完成投资212.8亿元，占工业基本建设投资额的85%；轻工业完成投资37.5亿元，占工业基本建设投资额的15%。⑤

三是苏联政府移交给我国的财产。根据《关于中国长春铁路、旅顺口及大连的协定》和同日中苏两国政府的换文，苏联政府于1950年将大连市苏联方面临时代管或苏联方面租用之财产、苏联经济机关在东北自日本所有者手中所获得之财产，以及过去北京兵营的全部财产，均无偿地移交给中国政府。1952年，苏联将

---

① 马凯，等.计划经济体制向社会主义市场体制的转轨.北京：人民出版社，2002，73—74页.

② 苏星.新中国经济史.北京：中共中央党校出版社，1999，321—324页.

③ 同上，75—77页.

④ 同上，203页。

⑤ 丛树海，等.新中国经济发展史（1949—1998）（上）.上海：上海财经大学出版社，1999，335页.

长春铁路的财产无偿移交给中国政府。[①]

四是较大规模的水利、交通等基础设施建设。仅新中国成立之初的前三年，人民政府用于水利建设的经费就有约 7 亿元，占预算内基本建设投资的 10% 以上。对全国 4.2 万公里堤防，绝大部分进行了整修，兴办现代化的灌溉工程 358 处。据不完全统计，三年内直接参加水利工程建设的人员有 2000 万人左右，完成土方在 17 亿立方米以上。1949 年，修复铁路 8300 公里，修复桥梁 2715 座，总计 9 万多延长米。到 1950 年，修复的线路已达 14089 公里，原有铁路基本畅通。[②]据统计，1950—1952 年，国家用于运输业的投资为 17.7 亿元，占同期全国投资总额的 22.6%。1953—1957 年，新建铁路 33 条，恢复铁路 3 条，新建和修复铁路干线、复线、支线和企业专用线共达 9300 公里，铁路通车里程比 1952 年增加 22%；公路通车里程比 1952 年增加 1 倍。[③]

（四）人力资本和知识资本的积累

新中国成立前，中国的人口素质和教育水平相当落后，文盲占到总人口的 80%，而且在城乡之间、贫富之间、男女之间以及沿海地区与内陆地区之间差别很大，表 2-1、表 2-2 是 1949 年中国在校生、毕业生等情况。

表 2-1　1949 年的在校学生

学校	学生人数	同龄入学率
小学（1～6 年级）	2400 万人	25.0%
中学（7～12 年级）	130 万人	3.0%
大学	12 万人	0.3%

资料来源：[美] R. 麦克法夸尔、费正清.剑桥中华人民共和国史（1949—1965 年），中文版.北京：中国社会科学出版社，1998，194 页.

表 2-2　1949 年的毕业生

类型	人数
大学毕业生	18.5 万人
中学毕业生	400 万人

---

① 苏星.新中国经济史.北京：中共中央党校出版社，1999，90—91 页.
② 同上，186—187 页。
③ 丛树海，等.新中国经济发展史（1949—1998）（上）.上海：上海财经大学出版社，1999，476—478 页.

续表

类型	人数
小学毕业生	7000 万人
文盲人数 (占总人口的 80%)	43200 万人
就业年龄人口总数	34000 万人
总人口数	54000 万人

资料来源：[美] R. 麦克法夸尔、费正清. 剑桥中华人民共和国史（1949—1965 年），中文版. 北京：中国社会科学出版社，1998，194 页.

在生成阶段，人力资本和知识资本的积累取得了显著的进展，主要表现在以下三个方面：

一是广泛开展扫盲运动，普遍提高了广大群众的基本文化水平。1949 年 12 月，第一次全国教育工作会议确定了逐步改革旧教育的方针，提出"教育应着重为工农服务"，"普及与提高正确结合，在相当长的时期内以普及为主"的发展新教育的方针。1950 年 9 月，第一次全国工农教育工作会议召开，做出了开展识字教育、逐步减少文盲的决定，规定了开展扫盲工作的方针、步骤和重点。1951—1953 年形成全国第一次扫盲运动高潮。1951—1952 年的冬季，4200 多万农民参加了冬学，另外还有数百万人进了为工人、农民开办的其他各种业余学校。[①] 1952 年 9 月，全国扫盲工作座谈会提出了在今后 5—10 年内基本扫除全国文盲。1953 年 2 月，中央扫除文盲工作委员会召开第一次全国扫除文盲工作会议，要求各地灵活运用速成识字法，将扫盲教育纳入正轨。此后，全国城乡普遍开展了扫盲运动。1956 年 3 月，中共中央、国务院发布《关于扫除文盲的决定》，全国掀起第二次扫盲运动高潮。据统计，1949—1953 年，全国共扫除文盲 701 万人；1955—1956 年，全国扫除文盲 1100 万人。[②]

二是学习借鉴苏联经验，建立新的高等教育体系。1951 年 10 月 1 日，政务院公布《关于改革学制的决定》。从 1951 年底开始，教育部落实《关于改革学制的决定》的精神，参照苏联经验，对旧的全国高等院校及其所属各院进行了全面的调整。这次高等教育体系调整的总方针是：以培养工业建设干部和师资力量为重点，发展专门学院和专科学校，整顿和加强综合性大学，逐步地创办函授学校

① [美] R. 麦克法夸尔、费正清. 剑桥中华人民共和国史（1949—1965 年），中文版. 北京：中国社会科学出版社，1998，216 页.
② 贾兴权、唐伽. 百年中国大事要览（科教文化卷）. 北京：党建读物出版社，2002，232—233 页.

和夜大学，将工农速成中学有计划地改属各高等学校，作为预备班，以便大量吸收工农成分的学生进入高等学校。[①]1952—1953 年，全国分期分批进行院系调整，对原来学科设置较为繁杂的综合大学，以文理科为主实行合并：将综合大学所属各工科院、系独立出来成立专门学院；新建立航空、钢铁、矿冶、地石油、水利、农机等工业专门学院；同时，加强师范、农林、医药等院校建设。经过调整，全国共有高等学校 184 所，其中文理综合大学 14 所，多科性工业院校 38 所，师范院校 33 所，农林院校 29 所，医药院校 29 所，其余为财经、政法等院校，学科、专业设置比较齐全的高等院校体系开始在全国初步形成。[②]

三是科技研究机构和科技专家队伍初步建立。1949 年 11 月 1 日，在中央人民政府政务院下成立中国科学院，以便有计划地利用近现代科学成就服务工业、农业和国防的建设事业，组织并指导全国的科学研究，以提高中国的科学研究水平。中科院是在接受旧中国的"中央研究院""北平研究院"及其所属研究所的基础上组建起来的，初步形成了包括地学、物理学、化学、生物学、社会科学 5 个方面 15 个研究单位的科技研究机构体系。新中国最早的科技专家队伍主要由一批在旧社会报国无门、为工作和生计所困的科学家，一批海外回来的爱国科学家和海外留学人员，一批被国家派遣到苏联留学的科技人员，一批在高等院校工作的学者专家等四个方面的人员组成。另外，大约有 10000 名援华的苏联专家也成为新中国早期科技发展的一支重要力量。

（五）关于生成阶段及其发展机能状况的简要评估

《剑桥中华人民共和国史（1949—1965 年）》对此段历史中肯地评价道："当中华人民共和国于 1949 年 10 月 1 日正式建立时，国家的新领导面临一些棘手的问题。社会和政体四分五裂，公共秩序和风气已经败坏，被战争破坏的经济遭受严重的通货膨胀和失业的折磨，中国根本的经济和军事落后性给社会精英争取国家富强的目标造成了巨大的障碍。可是到 1957 年，中共的领导人可以以相当满意的心情回顾 1949 年以来的一段时期。一个强有力的中央集权国家经过了几十年的分裂后已经建立起来。中国的民族自尊心和国际威信由于在朝鲜与世界上最大的强国打得相持不下而大为提高；这个国家在工业化的道路上已经走了几大步并且取得了引人注目的经济增长速度；人民的生活水平已经有了即使是适度的、但也是显著的提高；国家的社会制度已经比较顺利地按照马克思主义的教导得到

① 贾兴权、唐伽.百年中国大事要览（科教文化卷）.北京：党建读物出版社，2002，230 页.
② 庞松、陈述.中华人民共和国简史.上海：上海人民出版社，1999，93—94 页.

改造。"① 作为中华民族发展史上一个历史新纪元的起始阶段，毫无疑问，生成阶段具有"开天辟地"的伟大历史意义。从新中国的社会经济发展过程来看，生成阶段在社会基本制度、经济体制、物质技术基础和广泛的社会变革诸多方面打下了相当坚实的基础。物质资本、人力资本和知识资本的积累水平与发展状况均比新中国成立前有了一个实质性的飞跃，而且各发展要素之间呈现出良性的互动与有效的耦合，导致整个发展机能在一个非常健康的状态下运行。《剑桥中华人民共和国史（1949—1965年）》对此做了精辟分析："最初八年的成就在很大程度上是由于在中共追求的目标或使用的方法中不存在任何可以见到的不相容性。社会目标和经济目的被视为互相加强的因素。农业合作社是解决生产问题所采用的方法，在意识形态上也是可取的，而现代部门的社会主义化既消灭了资本主义，也有利于计划经济的发展。与此相似的是，制度化和群众运动作为为社会主义目的服务的适当手段都被接受。各项运动对社会改造的重大努力来说是合适的。而强有力的制度也需要用来指导计划发展和管理社会主义社会。"② 新中国社会经济发展如此良好的开端，对以后的社会经济发展过程产生了持久而又深远的积极影响，并且这种积极影响是很难估价的。甚至可以这样说，中国社会经济后来之所以能够经受住长达十年之久的"文化大革命"而不至于陷入全面崩溃，与在生成阶段打下的坚实基础不无关系，换句话说，可以从生成阶段这里找到部分原因和答案。

二、培育阶段：1957—1978 年

1957—1978 年，是中国在基本建成了社会主义的基本制度和高度集中的计划经济体制的条件下，独立自主地探索中国自己的经济发展和社会主义现代化建设道路的重要阶段。中国社会经济发展过程的这一阶段又可以进一步分为前后两个时期：1957—1966 年 4 月为前期，从 1966 年 5 月至 1978 年为后期。

（一）制度资本的变化及其对发展机能的影响

培育阶段制度资本的变化集中表现在两大方面：一是高度集中的计划经济体制的全面形成，计划经济体制成为支撑社会经济发展的体制平台；二是意识形态

---

① ［美］R.麦克法夸尔、费正清.剑桥中华人民共和国史（1949—1965 年），中文版.北京：中国社会科学出版社，1998，55 页.
② ［美］R.麦克法夸尔、费正清.剑桥中华人民共和国史（1949—1965 年），中文版.北京：中国社会科学出版社，1998，149 页.

中个人崇拜盛行,极大地破坏了政治制度和其他制度的正常运行,"制度的空洞化"或者说"制度的意识形态极端化"最终导致全面的无序化和制度资本功能的基本丧失,社会经济发展机能遭受空前重创。

1. 对中国计划经济体制的再认识

从计划经济体制产生、发展的历史来看,计划经济体制是理论的产物,而不是社会实践的自然发展。包括苏联、东欧时期的计划经济体制在内的所有计划经济体制,其源头是马克思主义的经典作家对未来公有制社会经济体制的设想。马克思认为,按比例分配社会劳动是一切社会的共有规律。在资本主义私有制条件下,按比例分配社会劳动的规律是通过价值规律的自发作用来实现的;而在社会主义公有制条件下,这一规律是通过计划自觉地实现的。马克思、恩格斯对"自觉的"计划调节的基本设想包括:计划经济的目的和作用,在于把社会生产和社会需要直接联系起来,以使双方平衡和相互适应;经济计划的内容,在于合理分配社会劳动时间,节约社会劳动,提高经济效果;由社会经济中心对基层经济单位进行直接控制,是计划调节的方式。马克思、恩格斯还指出,实现上述"自觉的"计划调节需要具备以下社会条件:一是无产阶级利用取得的政权实现生产资料的社会占有即公有制;二是国家的政治权力并不是经济发展的根本保证,尤其不能保障经济有计划按比例发展;三是商品生产消亡,不存在商品交换。①

苏联是世界上第一个实行计划经济体制的国家。苏联计划经济体制的主要特点是:政治上高度集中,经济上高度集中;生产资料高度国有化,经济运行高度计划指令化 彻底否定市场和市场调节作用,完全排斥市场机制和商品货币关系,等等。

中国计划经济体制的建立,在理论上是以马克思主义的经典作家的理论和设想为指导的,在实践上又是以苏联的计划经济体制为样板的。因此,中国的计划经济体制与苏联的计划经济体制有许多相同或相似之处。两者的相同或相似之处主要是:工业部门的高度国有化,农业部门的集体化,经济运行的计划化,社会微观组织和社会管理的行政单位化。

由于中国建立计划经济体制的客观条件与苏联存在较大差异,这些差异主要表现在:苏联的工业化和城市化水平比中国要高很多,而中国的城乡二元结构又比苏联更为突出,中国的人口规模和社会经济发展的不平衡性远在苏联之上,等等;苏联计划经济体制的弊端在斯大林之后较为充分地暴露出来,中国从中"引以为戒",吸取了十年多教训,毛泽东的《论十大关系》就是对苏联模式的弊端进行系统性反思的结果;中国曾经在前一阶段即1957年之前有过在国营经济的领导

---

① 参见:马凯,等.计划经济体制向社会主义市场体制的转轨.北京:人民出版社,2002,1—5 页.

下驾驭、管理市场经济的实践和经验。由于上述三个方面的原因，中国的计划经济体制在建立之初就与苏联的计划经济体制存在一定程度的差异和区别。

差异和区别主要表现在：一是政治上的中央集权程度，中国比苏联要低，中国主张发挥中央和地方两个积极性。二是经济运行和社会经济生活中的计划指令化程度，中国比苏联要低。中国不像苏联那样，对商品经济采取"赶尽杀绝"的态度和做法，而是在计划经济体制和社会经济生活中有意无意地保留了一定限度的商品经济和简单的商品货币关系。比如，在国营企业的生产经营管理中，仍然以货币作为经济核算的价值单位并保留了"利润"等市场经济的范畴，有些国营企业可以在完成国家计划的情况下，从事某些计划外生产；尽管存在计划票证的限制，但消费资料的流通、配置仍然以商品货币交换为基本方式；虽然国营粮食部门和供销合作社垄断了工农产品之间的交换，但货币仍然是工农产品交换的基本结算手段。正如樊纲所言，[①]"事实上，在我国，苏联模式的计划经济从来没有充分地发挥其作用"。三是在理论认识上，中国不像苏联那样，把社会主义与商品经济完全对立起来，而是认识到社会主义与商品经济具有某些相容性。早在1956年底，毛泽东就提出过"可以消灭了资本主义，又搞资本主义"的观点。陈云当时就认为，"我国的市场，绝不会是资本主义的自由市场，而是社会主义的统一市场。在社会主义的统一市场里，国家市场是它的主体，但是附有一定范围内国家领导的自由市场。这种自由市场，是在国家领导下，作为国家市场的补充，因此它是社会主义统一市场的组成部分"。[②]由毛泽东、陈云提出的"国家市场 + 自由市场"的"统一市场"论，成为20多年以后中国市场改革取向的理论源头。综上所述，中国的计划经济体制比苏联的计划经济体制具有更大的灵活性，而苏联的计划经济体制则更僵化；中国的计划经济体制比苏联的计划经济体制包含了更多的市场经济因素，而苏联的计划经济体制则更为"纯正"。如果我们把马克思主义经典作家设想的计划经济作为计划经济体制理论上的标本，把苏联的计划经济体制作为计划经济体制实践上的标本，那么，中国的计划经济体制与两者均有一定的差距。因此，在理论上重新认识、重新界定中国的计划经济体制是必要的。

过去常用的"传统计划经济体制"的说法，很容易把中国的计划经济体制与苏联的计划经济体制混为一谈而忽视两者的区别，所以我们应该更准确地将中国的计划经济体制界定为"有商品的计划经济体制"，以取代"传统计划经济体制"这一不准确的概念。用马克思主义的观点来看，中国的计划经济体制之所以没有成为"纯正"的计划经济体制，而是演变成为具有一定限度的商品货币关系和市场因素的"有商品的计划经济体制"，其根本原因在于中国生产力发展水平低且发

---

① 樊纲.渐进改革的政治经济学分析.上海：上海远东出版社，1996，174页.
② 陈云.陈云文选，第3卷.北京：人民出版社，1995，6—13页.

展很不平衡，缺乏演变成"纯正"的计划经济体制的生产力基础。

　　"有商品的计划经济体制"实际上是客观经济规律与人的主观能动性两者博弈的结果。那些忽视这种差距，将中国的计划经济体制与苏联模式的计划经济体制简单地、直接地等同起来的观点，是很不准确的。实际上，中国的计划经济体制与苏联的计划经济体制存在的差异，在很大程度上对后来两国的经济体制转轨的进程产生了不可忽视的、相当重要的"先天性"的影响。对于向市场经济转轨而言，中国的"有商品的计划经济体制"比苏联模式的计划经济体制更具有"先天性"优势，而后者比前者存在更多的"先天不足"和更大的体制刚性。许多人把中国经济体制转轨的成功和苏联经济体制转轨的失败简单地归结为渐进式改革战略的成功和激进式改革战略（包括休克疗法）的失败。他们认为，如果苏联的改革采取渐进式改革战略也能取得成功。问题并不在于是不是采取渐进式改革战略，而在于是不是具有采取渐进式改革战略并获得成功的条件。中国的"有商品的计划经济体制"具有采取渐进式改革战略并获得成功的"先天性"的、内在的条件，苏联模式的计划经济体制则不具备这样的基础和条件，所以也就不可能走上渐进式改革的道路。从某种意义上讲，两国的计划经济体制在后来改革中的历史走向和历史命运，在它们建立起来的时候早就埋下了"伏笔"。实际上，由于中国与苏联在经济结构和经济发展水平、社会结构和社会历史文化、政治制度与政治文化传统以及计划经济体制等诸多方面存在较大差异，所以两国改革和制度变迁的起点不是基本相同或接近而是相差较大。

2. "有商品的计划经济体制"对发展机能的影响

　　计划经济体制包括中国的"有商品的计划经济体制"，对发展机能的影响突出表现在两个方面：

　　一是计划经济体制具有在较短时期内超强的资源动员能力，有利于资本积累的快速形成。从毛泽东到邓小平经常强调的，社会主义制度具有集中力量办大事的优越性，实际上就是指计划经济体制所具有的超强的资源动员能力。阿瑟·刘易斯也认为："计划经济在形成战争力量方面是比较优越的，这就是战时各类经济全都纳入高度计划的原因。在施行高水平的资本形成时，在创建某一大产业部门或在计划制订者给自己规定任何其他的单一目标时——如灌溉沙漠、建筑房屋或其他，计划经济也是比较优越的。"[1] 计划经济体制在经济发展中所具有的上述特定功能，在培育阶段尤其是培育阶段的前期得到了较好的发挥和验证。这主要表现在从 1957 年到 1966 年的上半年这一段时间里，尽管其间造成严重挫折，但中国经济仍然在前一阶段即生成阶段打下的良好基础上，发挥计划经济体制的优越性，

---

　　① ［英］阿瑟·刘易斯.经济增长理论，中文版.北京：商务印书馆，1983，95 页.

在 1965 年初步建立了一个较为完整的工业体系。在培育阶段的后期，1978 年中国开始改革开放之前，中国仍然建立起了独立的比较完整的现代工业体系和国民经济体系。

二是计划经济体制容易过分强化和放大人的主观意志和人的能动作用，这将导致经济发展走向超经济规律甚至超自然规律的错误方向上去。恩格斯在分析国家权力对经济发展的反作用时，深刻地指出："国家权力对于经济发展的反作用可以有三种：它可以沿着同一方向起作用，在这种情况下就会发展得比较快；它可以沿着相反方向起作用，在这种情况下，像现在每个大民族的情况那样，它经过一定的时期都要崩溃；或者是它可以阻止经济发展沿着既定的方向走，而给它规定另外的方向——这种情况归根到底还是前两种情况中的一种。但是很明显，在第二和第三种情况下，政治权力会给经济发展带来巨大的损害，并造成人力和物力的大量浪费。"[①]计划经济体制有可能对经济发展及其发展机能造成的这种负面影响，同样在培育阶段里得到充分反映，这不仅导致经济严重滑坡，更为严重的是造成了社会大灾难。

3. 制度资本的巨大破坏性变异

从 1966 年到 1976 年，进行了一场持续时间长、影响深远、破坏性巨大并以彻底失败而告终的社会改造实验运动。这场运动不仅导致了在较长的时间里，特别是在头几年，出现了学校停课、工厂停工、全国大串联的极端混乱的局面，给国民经济造成了巨大的损失，更为严重的是，它导致制度资本发生巨大的破坏性变异，中国社会经济发展的机能遭受空前重创。

（二）物质资本的积累

如前所述，从 1957 年到 1978 年的培育阶段，物质资本的积累水平在曲折与灾难中继续不断提高，主要表现在两个方面：建立了一个较为完整的工业体系和进行了较大规模的基本建设。实际上，早在 1965 年，我国就已经初步建立起了一个比较完整的现代工业体系，这主要包括：

（1）工业门类较为齐全，各主要工业行业发展初步形成一定规模。与 1957 年相比，电力、石油、机械、化工和钢铁等相对薄弱的工业部门有了较大程度的发展，其产值增长幅度均显著高于同期工业总产值的增长幅度。与此同时，一批新兴的工业行业成长迅速，如电子、原子能、化学纤维、精细化工和航空航天工业等。

---

① 转引自：马凯，等.计划经济体制向社会主义市场体制的转轨.北京：人民出版社，2002，4 页.

（2）工业技术水平和管理水平明显提高。我国工业研究与开发能力显著增强，多数行业基本具备了独立研制、开发具有一定技术水平的产品特别是各种生产装备的能力。例如机械工业已经能够独立研制部分现代化的大型精密设备和仪器仪表，并已经初步形成了设计和建造中型钢铁联合企业以及煤矿、电站和多数加工业企业的技术能力。有关资料表明，20 世纪 80 年代中期以前，我国工业在主要技术经济指标方面的历史最高水平，大部分是在 1965 年前后创造的。

（3）主要工业原材料和基本工业消费品自给能力大大提高。在主要工业物资中，钢材、生铁、煤炭、原油、橡胶、水泥、硫酸、纯碱和烧碱等基本上实现了国内自给。特别是随着大庆油田的全面开发，1965 年我国原油产量高达 1131 万吨，国内石油消费基本不需要进口。机械工业基本形成了包括冶金设备、采矿设备、电站设备、电器和电气材料、石油化工设备、船舶、飞机、机车、汽车、轴承、金属切削机床、工具、通用机械、轻纺机工程机械和仪器仪表等行业的较为齐全的机械制造体系。这一时期虽然对部分日用消费品仍实行计划供应，但从技术角度来说，当时居民所消费的绝大多数工业品，如纺织品、食品、钟表、文教用品、自行车、缝纫机、收音机和照相机等，实际上都具备了大规模生产的能力。①

到 1978 年的时候，全国工业企业达到 35 万个，全民所有制企业固定资产达到 3200 亿元左右，相当于旧中国近百年积累的工业固定资产的 25 倍。独立的比较完整的工业体系和国民经济体系的形成，在客观上也为实行由计划经济向现代市场经济转变奠定了初步的物质基础。②

从 1957 年到 1966 年的 10 年，全国新修铁路近 8000 公里，除西藏外，各省、直辖市、自治区都有了铁路，福建、宁夏、青海、新疆有史以来第一次通了火车。10 年中，公路通车里程增长 1 倍多，各种载货汽车增加了 1.6 倍，全国大部分县和镇都通了汽车。内河航运船增加了 1.9 倍，货运量增长了 50%。沿海港口新增十几个万吨深水泊位。民航里程增加了 49%，邮路总长度增加了 57%，电报电路总数增加了 41%，长途电话线路增加了 11.1%，通信网络已延伸到广大农村，有 94% 的乡通了电话。③20 世纪 70 年代，中国整个经济发展受到极大破坏，但这期间以西南、西北地区为重点的铁路运输等基本建设仍然取得了很大成绩，相继建成了贵昆、成昆、湘黔、襄渝和兰青等铁路干线。"这些铁路干线建设的工程异常艰巨，施工条件极为恶劣，又是在不断受到政治运动冲击的情况下建成的，

① 丛树海，等.新中国经济发展史（1949—1998）（上）.上海：上海财经大学出版社，1999，385—387 页.
② 马凯，等.计划经济体制向社会主义市场体制的转轨.北京：人民出版社，2002，84—85 页.
③ 庞松、陈述.中华人民共和国简史.上海：上海人民出版社，1999，325—326 页.

堪称中国铁路建设史上的创举。"[1]1976 年同 1965 年相比，除了内河运输里程下降 12.9% 以外，铁路营业里程、公路通车里程、民航航线里程和输油（气）管道里程都有显著增长，特别是输油（气）管道里程增长了 14.75 倍。[2]

（三）人力资本和知识资本的积累

从 1957 年到 1966 年的 10 年间，人力资本和知识资本的积累取得了显著成绩。这主要表现在三个方面：一是在广大工人、农民中开展扫盲运动，普及基本教育取得丰硕成果，全社会受教育程度普遍提高。二是初步建立起了"两种教育制度"即全日制和半工半读制并存的国民教育体系。到 1960 年时，我国已经扫除了 1 亿以上的文盲；学龄儿童就学率达到 80% 以上；全日制中等学校和中等专业学校学生达到 1290 万人，超过旧中国最高年份 1946 年的 5.8 倍；全日制高等学校学生达到 81 万余人，超过旧中国最高年份 1947 年的 4.2 倍。[3]到 1965 年，我国已经有大学 434 所，学生人数达 67.4 万人；中学 80993 所，学生人数达 1441.8 万人；有小学 1681900 所，学生人数达 1.16 亿人。[4]到 1978 年，我国高等学校、中等学校和小学的在校学生已达 2.1 亿人，超过新中国成立前最高年份的 7 倍。[5]三是在基本封闭、艰苦简陋的条件下，新中国独立自主地开展科技攻关，在某些方面取得了重大突破，科技发展水平有较大提高，但整体科研能力和科研水平与发达国家仍然有较大差距。1959 年 9 月 14 日，我国第一台每秒钟运算 1 万次的快速通用电子数字计算机研制成功。1964 年 10 月 16 日，我国第一颗原子弹爆炸成功。1965 年 9 月 17 日，我国在世界上首次人工合成结晶牛胰岛素。1967 年 6 月 17 日，我国第一颗氢弹爆炸成功。1970 年 4 月 24 日，我国成功发射第一颗人造地球卫星。1973 年 8 月 26 日，我国第一台每秒钟运算百万次的集成电路电子计算机研制成功。

（四）关于培育阶段及其发展机能状况的简要评估

从 1957 年到 1978 年，整个培育阶段是在前一阶段即生成阶段打下的良好基

---

① 转引自：马凯，等.计划经济体制向社会主义市场体制的转轨.北京：人民出版社，2002，385 页.

② 丛树海，等.新中国经济发展史（1949—1998）（上）.上海：上海财经大学出版社，1999，483 页.

③ 贾兴权、唐伽.百年中国大事要览（科教文化卷）.北京：党建读物出版社，2002，266—267 页.

④ ［美］R.麦克法夸尔、费正清.剑桥中华人民共和国史（1949—1965 年），中文版.北京：中国社会科学出版社，1998，451 页.

⑤ 马凯，等.计划经济体制向社会主义市场体制的转轨.北京：人民出版社，2002，85 页.

础上、在中国式的社会主义计划经济体制（或者说"有商品的计划经济体制"）的条件下，探索中国的社会经济发展和现代化道路的重要阶段。

"左"倾的意识形态、政治理论和发展战略，即超越和脱离了该阶段的现实社会生产力发展水平和客观条件的意识形态、政治理论和发展战略，与社会经济发展本身固有的客观要求之间的矛盾，既是认识和理解这一阶段发展机能演变轨迹的主线和关键点，也是认识和理解这一阶段中国社会经济发展变化的主线和关键点。这一矛盾导致制度资本长期处在急剧变化和高度紧张的状况，制度资本与其他发展要素即物质资本、人力资本、知识资本、自然资本之间的耦合性与协调性比生成阶段大为降低，发展机能因此长期处在不合理的高度紧张的状况，社会经济发展也因此长期在上上下下、曲折反复和高度紧张的状态中运行。造成上述情形的直接原因是，在整个培育阶段，社会主义初级阶段的主要矛盾基本上被"错置"和"误置"，把本来不是主要矛盾的"阶级斗争"错误地放到了主要矛盾的位置上。

应该看到，尽管存在这些问题，除了自然资本因大炼钢铁遭到很大损耗之外，物质资本、人力资本和知识资本的积累水平仍然比前一阶段有了很大提高。到1970年，工农业不仅恢复到而且超过了1966年或1967年所达到的最高水平。到1975年时，一些重要的工业产品如电力、钢、原煤、原油、水泥、化肥、机床、布匹、自行车等的产量，基本上比1966年翻了一番，其中原油产量翻了两番多。[①]

从总体上看，1978年之前的30年，即我们所说的生成阶段和培育阶段，是新中国社会经济发展过程早期的两个阶段。早期的这30年，中国社会经济发展走过了不少的弯路，经历了不少的挫折和失败，但其发展机能仍然在跌跌撞撞、磕磕碰碰的发展过程中顽强地生长发育起来。社会经济发展过程中的这种"早期现象"具有相当的普遍性，并非中国所独有。经济发展一旦启动，并不一定就会顺利前进而不中断。经济发展本身，尤其是在早期阶段，会造成社会与政治的高度紧张，从而削弱增长所必需的稳定基础。事实证明，1978年以前的30年为中国在1978年以后成功地进行经济体制改革并且实现经济高速增长创造了良好基础。用罗斯托的经济发展阶段理论来看，也可以把1978年之前的30年视为中国社会经济发展过程的准备积累阶段。[②]

三、成长阶段：1978—2000 年

从1978年到2000年间，中国以经济增长和经济发展为主轴，通过经济高速

---

① ［美］R.麦克法夸尔、费正清.剑桥中华人民共和国史(1966—1982年)，中文版.北京：中国社会科学出版社，1998，501—503页.

② ［美］吉利斯，等.发展经济学，中文第4版.北京：中国人民大学出版社，1998，25页.

发展带动体制转轨和制度变迁、社会转型和社会变迁以及与世界的经济科技文化等全面关系的发展，以体制改革和对外开放促进经济发展和社会转型，经济高速增长，人民生活水平显著提高，综合国力大大增强，科技文化教育快速发展，创造了人类社会历史上一个经济发展、制度变迁和社会转型三者有机结合、互动多赢的成功范例。

（一）制度资本的创新

无论是改革开放之前还是改革开放之后，新中国社会经济发展过程中的一个显著特点，就是制度资本一直处在急速的变化之中。只要我们把1957年以后的培育阶段和成长阶段进行对比，就可以发现两个阶段在制度资本变化上的不同特点：培育阶段的制度资本的变化主要发生在政治体制、政治运行和政治秩序方面，而经济体制相对而言比较稳定；成长阶段的制度资本的变化主要发生在经济体制和经济运行方面，而政治体制和政治秩序比较稳定。

1. 两种不同类型的制度资本及其相应的发展机能

从制度资本在社会经济发展过程中所发挥的作用，以及制度资本对其他发展要素即物质资本、人力资本、知识资本、自然资本的积累过程产生的影响，可以将制度资本分为两大基本类型：计划型制度资本和市场型制度资本。计划型制度资本主要通过计划经济体制动员、组织、配置资源。政府是物质资本、人力资本、知识资本和自然资本积累的基本主体，计划是实现资本积累的主要手段。比如在物质资本的积累过程中，政府通过占有生产资料、税收、企业利润上缴、企业固定资产折旧费上缴等方式集中社会资源和财力，然后又通过财政预算和经济计划进行扩大再投资，如此循环往复，从而实现整个社会物质资本积累水平不断提高。市场型制度资本主要通过市场经济体制动员、组织、配置资源。企业和个人是物质资本、人力资本、知识资本和自然资本积累的基本主体，市场是实现资本积累的主要手段。比如在物质资本的积累过程中，所有企业通过分散的自主投资、自主经营、自我积累、自我发展，从而实现整个社会物质资本积累水平不断提高。政府在资本积累过程中的作用主要体现在社会基础设施和社会公共领域方面。两种不同类型的制度资本形成了两种不同类型的发展机能，即计划型发展机能和市场型发展机能。从这个角度来看，由计划经济体制向市场经济体制转轨的过程，也就是由计划型发展机能向市场型发展机能转型的过程。中国社会经济发展从1978年到2000年的成长阶段，既是发展机能迅速成长壮大的阶段，也是成功实现发展机能转型的阶段。

2. 对中国渐进式改革开放与第二次体制转轨成功的多种解释

成长阶段最引人瞩目、为世界所赞叹的一点就是此间发生的"中国奇迹"。"中国奇迹"包括两个方面：一是中国实现了高速的经济增长和经济起飞。1978—1999 年，中国的经济增长速度达到 9.5%（按可比价格计算），位居世界首位。二是中国走渐进式改革开放的道路，成功地、初步地实现了计划经济体制向社会主义市场经济体制的过渡与转轨，为人们从理论和实践上认识、探求和掌握制度变迁的规律提供了一个"极为特殊同时又极为典型的""具有重大世界意义和历史意义的"（张宇语）鲜活的现实样板。如果我们把"中国奇迹"比作一枚硬币的话，那么，经济的高速增长与体制转轨的成功正是硬币的两个不同的又具有内在联系的方面。

如前所述，20 世纪 50 年代进行的"社会主义改造"可以视为新中国历史上"第一次体制转轨"。那么，发生在 20 世纪最后 20 多年的"改革开放"，就是新中国历史上的"第二次体制转轨"。尽管第二次体制转轨成功的事实举世公认，但是面对成功的事实，不同的理论给出了不同的解释。

以新古典主义主流经济学为基础的过渡经济学主张激进式的改革路线及相应的"休克疗法"的政策措施，中国"渐进式改革的成功不仅是一种挑战，甚至可以说是一种灾难。他们一方面把中国改革的成功当作一种例外，认为中国的成功主要得益于一系列有利的初始条件或内部条件，不具有普遍意义；另一方面他们强调，中国渐进式改革的成功是十分有限的，中国正在陷入困境，而这种困境正是由于没有实行彻底的自由化路线所导致的"。[①]

以保守主义思想为理论基础的过渡经济学认为，市场不是一对抽象的供给和需求曲线，而是一种制度。市场是通过一系列规则和惯例发挥作用的，而这种规则和惯例不仅要设计，更要发育和生成。激进式改革造成连续性的中断，其计划在现实中根本无力落实，因为你可以在一夜之间破坏旧体制，但你却无法在一夜之间建立新体制。最成功的改革将属于那些在一个较长的时间里不断进行变革的国家，而中国正是这样一个通过渐进式改革"不断进行变革的国家"。

林毅夫等人认为，经济改革的核心是经济发展战略的转轨。改革以前中国经济发展缓慢的根本原因在于推行了重工业优先发展的赶超战略，而改革以来中国经济迅速发展的关键则在于改革三位一体的传统体制，使中国的资源比较优势能发挥出来。樊纲认为，渐进式改革的实质是在旧体制改不动的时候积极在旧体制旁边发展新体制，通过新体制的成长逐步为深化改革创造条件，从而降低改革的成本，最终使本来无解的问题得到解决。而新体制的核心就是非国有经济，非国

---

① 张宇. 过渡之路. 北京：中国社会科学出版社，1997，132 页.

有经济的发展可以为国民经济提供一个收入增量，减少改革的阻力；可以为国有经济的改革创造一个竞争的市场环境；可以为旧体制的改革提供示范，减少改革的学习成本。张曙光认为，中国的成功并不是原有的国有经济有什么引人注目的变化，而是由于在国有经济的旁边生出了一种新的非国有经济，它的高速发展不仅弥补了国有经济缓慢发展乃至下降的缺陷和不足，而且形成了中国今日的繁荣局面，使得大多数人从改革中受益。它不仅瓦解着原有的计划经济体制，而且形成了私人产权制度，建立了市场经济的基础结构。吴敬琏也指出，中国经济改革的战略与东欧国家改革的真正区别在于，中国是从体制外开始，大力发展非国有经济，从而使经济越过了市场取向不可逆转的"临界点"，促进了经济的迅速发展和繁荣，这是中国改革获得巨大成功的秘密所在。[①]

张宇运用马克思主义的生产力与生产关系、经济基础与上层建筑相互作用的基本原理和基本方法，在批判性地吸收上述观点中的合理成分的基础上，提出了一个很有说服力的、整体性的、综合性的解释。张宇认为，第二次体制转轨的本质含义就是"工业化与社会主义宪法制度双重约束下的市场化"。中国渐进式改革之所以能够获得成功，首先是因为社会主义的宪法制度在中国经济和社会发展的历史过程中具有其存在的历史根据，因而它不能够也不可能用激进的方式彻底加以摧毁，并且中国的社会主义宪法制度是可以改革和"修正"的，通过不断的改革与"修正"，有效地容纳资本主义社会所创造出来的物质文明、精神文明和制度文明，为生产力的发展创造了更为广阔的空间。

其次，渐进式改革成功的具体原因是多方面的，主要有：第一，有利的初始条件。包括有利的传统体制结构、生产力结构和改革前的经济政治形势。第二，正确的改革战略。包括强制性改革与诱致性改革相结合、部分推进与整体转变相结合、体制内改革与体制外改革相结合、改革与发展相结合。第三，成功的意识形态战略。主要表现为稳定性与灵活性的统一。第四，历史和文化渊源。主要表现为中国历史文化心理中的"实践理性"或"实用理性"的文化传统。[②]

3. 关于第二次体制转轨成功原因的进一步探讨

张宇对第二次体制转轨本质的认识和把握是准确的，从根本原因和具体原因两个层面对第二次体制转轨成功原因的分析解释也是很深刻的和有说服力的。在张宇提出的理论分析框架和基本观点的基础上，我们对第二次体制转轨的认识和理解有必要进一步深化。

真理有时是那么深奥和复杂，有时又像空气一样直接而又简明。我们常常能

① 参见：张宇．过渡之路．北京：中国社会科学出版社，1997，136—142页．
② 同上，143—172页。

够注意、发现、认识那些深奥和复杂的真理，反而容易忽视那些直接、简单、明了的真理，就像我们常常忽视了空气一样。从社会主义初级阶段理论与社会主义初级阶段进程的角度来认识第二次体制转轨，其成功的根本原因之一就是人们经常所说的，党的十一届三中全会所实现的"伟大历史性转变"，即从"以阶级斗争为纲"转变到"以经济建设为中心"。这一伟大历史性转变的本质，实际上就是实现了从前一阶段即培育阶段的初级阶段主要矛盾的"错位"向初级阶段主要矛盾的正确"复位"的转变与"回归"。初级阶段主要矛盾的正确"复位"实现了主客观的统一，而渐进式改革成功的关键就在于始终牢牢抓住初级阶段主要矛盾这个根本，并从这里出发制定和实施改革战略与政策。

哲学意义上的生产力与生产关系之间的关系，在经济理论层面上就表现为发展与改革之间的关系。尽管樊纲、吴敬琏、张曙光等经济学家都注意到了从发展的角度看待和解释渐进式改革，但都是把改革而不是发展置于其转轨经济理论分析的中心。张宇从哲学的高度阐明了中国渐进式改革道路选择的实质"是承认生产力的首要性"，[①]却没有很明确地把发展与改革的关系作为理解和解释渐进式改革的理论主线。

从发展与改革的关系理论视角来看，中国渐进式改革道路成功的实质就在于正确处理好了发展与改革这一基本关系。从哲学的角度看，就是正确处理好了生产力与生产关系之间的关系。这就是在推进改革与发展的过程中，中国渐进式改革道路始终把发展置于首位而不是把改革摆在首位，始终把发展作为中心而不是把改革作为中心。把发展放在第一位，把改革放在第二位，改革从属于发展、服务于发展，而不是发展从属于改革、服务于改革。改革可以为发展让路，发展不会给改革让路。当改革影响发展的时候，我们可以减缓甚至暂停改革，但绝不会为了加快改革而影响发展、牺牲发展。"发展才是硬道理。"发展与改革的上述关系，在作为中国渐进式改革的理论指南的邓小平理论中得到鲜明的体现。发展第一，改革第二，以发展统驭改革，以改革促进发展，这正是社会主义初级阶段主要矛盾的客观要求。抓住了主要矛盾也就等于掌握了基本规律，中国渐进式改革成功的根本原因就在于改革战略体现了社会主义初级阶段主要矛盾的客观要求。

与此相关，激进式改革在理论和实践上都是把改革摆在首位，发展摆在第二位，甚至是为了改革可以不惜一切代价。"休克疗法"及其实践充分说明了这一点。除了在改革的初始条件和初始结构方面存在一定的差异外，中国渐进式改革与激进式改革的根本区别就在于：前者把发展放在第一位，改革放在第二位；后者把改革放在第一位，发展放在第二位。

---

① 张宇.过渡之路.北京：中国社会科学出版社，1997，170 页．

中国第二次体制转轨走渐进式改革的道路并获得成功还有历史原因，其历史原因存在于从生成阶段到培育阶段再到成长阶段的演变过程的内在历史逻辑之中。

首先，如前所述，早在生成阶段我国就有过国家领导、控制和管理下搞市场经济的实践，并且在理论上也有过可贵的探索。1956—1957年中共八大和八大前后，理论上产生过具有市场经济倾向的设想。"在所有制结构方面，以公有制为主体、多种所有制并存的思想已经萌芽；在经济体制方面，改变高度集中的计划经济体制，部分恢复市场经济的办法，已经有了清晰的思路；在管理体制方面，扩大地方和企业自主权的初步方案提出来了。这是我国经济体制改革的最早的设想，如果当时我们能付诸实践，并在实践中开拓前进，可望早日踏上建设有中国特色的社会主义的道路。"[1] 早期的市场经济实践和第一次发展阶段转换（即由生成阶段转到培育阶段）时期的理论探索成果并没有付诸东流，而是成了第二次发展阶段转换时期（即由培育阶段转到成长阶段）成功进行第二次体制转轨的宝贵历史资源。

其次，由于中国的计划经济体制并非纯粹的计划经济体制，而是内含了一定程度商品经济因素或市场经济因素的"有商品的计划经济体制"，因而新旧体制之间的相容性超过了排斥性，只要我们减少和取消压抑、限制市场经济的部分政策，不需要大的体制改革，新体制便能够在旧体制的肌体上生长出来。在渐进式改革开始以后的一个时期内，旧体制不仅没有成为新体制生长的障碍，反而为新体制的生长提供了巨大的支持。比如，从宏观上看，整个国有经济特别是国有企业承担了改革的巨大社会成本；从微观上看，在相当规模的乡镇企业和民营企业特别是乡镇企业发展壮大的过程中，几乎都或多或少、直接间接地通过各种方式利用过国有企业的人才、技术、资金等经济资源。那种"老房子与新房子"的"体制外突破论"对第二次体制转轨的描述是欠准确的。"体制外突破论"虽然注意到了第二次体制转轨的"增量改革"特征，却在某种程度上忽视了渐进式改革过程中新旧体制一定程度上存在的此消彼长的内在联系和历史逻辑。在第二次体制转轨过程中，新旧体制之间的上述博弈之所以能够渐进而持续，关键就在于这种博弈不是简单的零和博弈，而是很强的正和博弈。中国渐进式改革过程中新旧体制之间存在的相容性超过了排斥性以及强正和博弈的内在联系和历史逻辑关系，在激进式改革过程中是不存在的，可以说，这也是渐进式改革与激进式改革的一个重要区别。

最后，中国第二次体制转轨之所以选择走渐进式改革的道路，是前两个阶段屡次激进式变革"试错"的必然结果和理性选择。一次又一次激进式的经济变革、政治变革和社会变革运动，导致一次又一次的挫折和灾难。求稳定，盼安定，成

---

① 苏星. 新中国经济史. 北京：中共中央党校出版社，1999，392—393页.

为之后普遍的社会心态。在这种情况下，中国走上渐进式改革的道路也就是顺理成章的事情了。

4. 对第二次体制转轨过程的理论解析

渐进式经济体制改革的过程，实际上是由经济体制的渐进式解构和经济体制的渐进式重构所构成。尽管到20世纪末，中国的社会主义市场经济体制基本建立起来，但是从1978年到20世纪末的这一阶段，总体上呈现出以经济体制的渐进式解构为主、以经济体制的渐进式重构为辅的特征。更准确地看，以1993年中国共产党十四届三中全会通过的《中共中央关于建立社会主义市场经济体制若干重大问题的决定》为界，将此阶段分为前后两个时期。前期基本上属于经济体制的渐进式解构过程，而后期则在前期体制解构的基础上，对旧体制继续解构的同时开始了新体制的重构，后期实际上是旧体制解构与新体制重构并存的时期。前期经济体制渐进式解构的主要特征就是"松绑"，即通过逐步接受、认可过去在计划经济体制下被视为"违规""违纪""违法""异端"的自发性经济活动，并逐步解除和取消那些限制人们自主性经济活动的政策规定和措施，调动地方政府、企业、农民等社会主体参与经济活动的自主性和积极性，整个经济活力由此逐渐增强。比如实行家庭联产承包责任制调动了农民从事生产的积极性，简政放权和财政包干制调动了地方政府的积极性，放权让利和扩大企业经营自主权调动了企业的积极性，这都是具有明显"松绑"特征的改革。前期新体制渐进式重构并不是直接体现在新体制建设的本身，而是主要体现在具有内在市场经济取向的多种经济力量的兴起和壮大，以及逐步形成了有利于新体制生成的其他社会条件。毫无疑问，"松绑"式的渐进改革对旧体制而言是无关痛痒的小动作，因而其阻力很小，改革成本也很低，却获得很高的改革收益，改革的边际收益大大超过了改革的边际成本，旧体制解构与新体制重构形成了良性互动的"双赢"耦合关系，从而为渐进式改革的初步成功奠定了坚实的基础。这一阶段的后期，在明确了建立社会主义市场经济体制的目标之后，"松绑"式的渐进改革已经不能适应体制改革目标的要求，在这种情况下，新中国一方面要对旧体制的实质性内容进行改革，另一方面要开始着手建构新体制的基本框架。随着上述两大过程的继续深入，此前曾有过的那种旧体制解构与新体制重构的"双赢"耦合关系逐渐瓦解并最终消失，新旧体制之间的摩擦开始逐步增大。1993年以后，对外开放的步伐加快，外资特别是外商直接投资迅猛发展，既成为经济高速增长的重要推动力量，又作为"输入型市场经济"成为建构新体制的重要力量，不仅直接推动了"体制外市场经济更快增长"，而且在某种程度上起到了减轻、缓解和"润滑"新旧体制摩擦的独特作用。

（二）物质资本的积累

如前所述，由计划经济体制向市场经济体制转轨的过程，就是由计划型发展机能向市场型发展机能转型的过程。发展机能的转型在物质资本积累的过程中表现得尤为突出，产生了重要影响。与前一阶段相比，物质资本积累最主要的变化，一是形成了政府与市场的双重积累机制，二是物质资本积累的速度、水平和质量的大幅度提高。

随着渐进式改革的逐步推进，政府作为物质资本积累单一主体的局面发生了变化，在政府的基本作用没有大的变化的情况下，非国有的市场主体的作用日益增强，逐渐形成政府与市场的双重积累机制。政府和市场两个积极性的发挥，导致物质资本积累形成了"双重动力机制"，这正是成长阶段物质资本积累的速度、水平和质量大幅度提高的根本原因之所在。

改革开放以来，国有经济的固定资产投资占全社会固定资产投资的比例一直保持在很高的水平上。1980年，国有经济投资占全社会固定资产投资的81.1%，以后虽逐年下降，但一直保持在50%以上的水平。1995年、1996年、1997年、1998年，该比例分别为54.3%、52.5%、52.5%、54.1%。1978—1995年，中国国有企业固定资产原值和净值的年增长率均在7.0%以上。20世纪80年代中期以后，二者的增长明显加速，1986年开始超过10%，1993年开始超过20%，1995年达到27%以上。1978—1995年，国有企业固定资产原值和净值的平均增长率分别为14.1%、13.8%左右。[①]1978—1995年国有企业固定资产存量及其增长率见表2-3。

表2-3　1978—1995年国有企业固定资产存量及其增长率

年份	原值（亿元）	增长率（%）	净值（亿元）	增长率（%）
1978	4488.2	10.7	3201.4	10.8
1979	4892.5	9.0	3448.5	7.7
1980	5311.1	8.6	3701.7	7.3
1981	5769.2	8.6	3984.3	7.6
1982	6258.8	8.5	4299.9	7.9
1983	6833.3	9.2	4694.5	9.2
1984	7370.5	7.7	5069.8	8.0
1985	8004.9	8.6	5457.9	7.7

---

① 罗德明.经济转型与经济发展.北京：社会科学文献出版社，2002，4—6页.

续表

年份	原值（亿元）	增长率（%）	净值（亿元）	增长率（%）
1986	9041.8	13.0	6224.5	14.0
1987	10200.5	12.8	7067.3	13.5
1988	11787.1	15.6	8237.7	16.6
1989	13394.7	13.6	9339.4	13.4
1990	15352.2	14.6	10835.9	16.0
1991	17856.0	16.3	12647.8	16.7
1992	20545.6	15.1	14513.0	14.7
1993	25146.4	22.4	17704.4	22.0
1994	33006.0	31.5	22754.7	28.5
1995	41986.2	27.2	29010.8	27.5

资料来源：罗德明.经济转型与经济发展.北京：社会科学文献出版社，2002，5页.

改革开放以来，乡镇企业、个体私营企业和三资企业等非国有经济快速发展，非政府主体成为推动物质资本积累的另一支重要力量。乡镇企业是渐进式改革较早的参与者和受益者，乡镇企业的崛起也是渐进式改革的重要成果。20世纪80年代初期，改革开放刚刚开始，各种限制性措施还没有取消，在当时国有企业受到传统体制种种约束和限制、个体私营经济受到社会歧视的背景下，乡镇企业利用其社队企业的底子和经济成分上的模糊性，依托农村基层组织，充分利用市场机会和政策空子，如鱼得水，左右逢源，迅速发展壮大。"七五"期间，在全国社会总产值净增量中，乡镇企业占31.5%。到1997年，中国农村社会增加值的2/3、国内生产总值的1/3、工业增加值的近1/2、财政收入的1/4、出口创汇的1/3和农民收入的1/3都来自乡镇企业。[①]

党的十一届三中全会以后，个体工商业户数量有较大增长，1981年为182.3万户，从业人员为227.4万人。1997年两项指标分别上升为2850.9万户和5441.9万人，注册资本达到2571亿元，实现营业收入1.1万亿元。1992年邓小平南方谈话之后，私营经济进入一个迅速发展的时期，到1994年底，登记注册的私营企业共43.2万户，从业人员648万人，注册资金1448亿元。到1997年，全国私营企业户数上升为96.09万户，从业人员1349.26万人，注册资本5140.12亿元。随着

---

① 庞松、陈述.中华人民共和国简史.上海：上海人民出版社，1999，512—513页.

对外开放的不断扩大，中国引进外资规模呈加速上升趋势（见表 2-4）。到 1997 年底，中国累计批准外商投资企业 30.48 万家，合同外资金额 5211.64 亿美元，实际利用外商直接投资金额 2218.7 亿美元，利用外国政府和国际金融机构的贷款、证券投资等其他形式的外资累计达 1400 多亿美元。

表 2-4　中国实际利用外资的总体格局

年份	对外借款（亿元）	外商直接投资（亿元）
1979—1982	106.90	11.66
1983	10.65	6，36
1984	12.86	12.58
1985	26.88	16.61
1986	50.14	18.74
1987	58.05	23.14
1988	64.87	31.94
1989	62.86	33.92
1990	65.34	34.87
1991	68.88	43.66
1992	79.11	110.07
1993	111.89	275.15
1994	92.67	337.67
1995	103.27	375.21
1996	126.69	417.25
1997	120.21	452.57
1998	110.00	454.63

资料来源：罗德明.经济转型与经济发展.北京：社会科学文献出版社，2002，229 页.

在这一阶段，交通、运输、邮电等基础设施的建设及投资加快发展，运输、邮电业基本建设投资占全国基本建设投资的比重，由"五五"计划时期的 12.14% 上升到"六五"计划时期的 12.29% 和"七五"计划时期的 12.8%。进入 20 世纪 90 年代以后，交通、运输、邮电等基础设施的建设及投资进入一个高速发展的时期（见表2-5）。"八五"计划时期，运输、邮电业固定资产投资年平均增长速度达46%，比"七五"计划时期提高了37%；运输、邮电业固定资产投资占全国固定资产投资的比重也由"七五"计划时期的平均11.8%，上升到"八五"计划时期的18.3%。最突出的是高速公路和电信行业的飞速发展。"八五"计划时期，高速公路由"七五"计划时期末的522公里发展到2141公里，平均每年建成高速公路300多公里。"九五"计划时期，高速公路以年均1300多公里的速度快速延伸，1998年末达到6258公里，在较短的时间里走完了西方一些国家需要几十年才走完的历程。

表2-5 1990—1999年运输、邮电业基建投资及占全国基建投资的比重

年份	投资额（亿元）	比重（%）
1990	211.01	12.38
1991	304.18	16.08
1992	457.58	12.58
1993	901.24	15.19
1994	1372.94	21.33
1995	1587.53	21.44
1996	1847.12	21.45
1997	2197.45	22.16
1998	4990.00	41.92
1999	3394.40	26.90

资料来源：根据交通部网站提供数据编制。

（三）人力资本和知识资本的积累

1. 教育发展及人力资本积累情况

1978年改革开放以来，中国的教育事业进入一个新的发展时期。此前的1977年恢复了中断11年的高等院校全国统一招生考试制度，不仅开启了我国高等教育发展的新阶段，而且对后来的整个教育事业包括基础教育的发展以及人力资本积累水平的迅速提高都产生了深远的影响。

1985 年 5 月 27 日,中共中央发布《关于教育体制改革的决定》(以下简称《决定》)。《决定》做出了几项事关教育发展的重大决策:一是将基础教育的责任交给了地方政府;二是调整中等教育结构,大力发展职业教育;三是改革高等学校招生和毕业生的分配制度,改变高等学校全部按国家计划统一招生、毕业生全部由国家统一分配的办法,实行国家计划招生、用人单位委托招生和在国家计划外招收自费生以及毕业生通过多种形式就业等;四是中央和地方政府增加对教育的投入。1986 年 4 月 12 日,第六届全国人民代表大会颁布《中华人民共和国义务教育法》,使中国的基础教育走上了法治的轨道。1993 年,中共中央、国务院发布《中国教育改革和发展纲要》,明确了到 20 世纪末中国基础教育的发展方向和基本方针。1999 年初,国务院批转教育部制定的《面向 21 世纪教育振兴行动计划》。同年 6 月,中共中央、国务院发布《关于深化教育改革,全面推进素质教育的决定》,为构建 21 世纪充满生机活力的具有中国特色的社会主义教育体系指明了方向。

据教育部网站提供的资料,截止到 1998 年底,全国已有幼儿园 18.14 万所,在园幼儿 2403.03 万人;有小学 60.96 万所,在校学生 13953.80 万人;普通初级中学 63940 所,在校生 5363.03 万人;普通高级中学 1.39 万所,在校生 938 万人;特殊教育学校 1535 所,在校生 35.84 万人(其中在普通学校附设特殊教育班及随班就读学生 22.55 万人)。1998 年,全国普通高等学校为 1022 所,普通高等学校招生数和在校生数分别为 108.36 万人和 340.87 万人;全国招收研究生 7.25 万人,其中博士学位招生 1.50 万人、硕士学位招生 5.73 万人、研究生班研究生 200 余人,在学研究生达到 19.89 万人;全国成人高等学校 962 所,招生 100.14 万人,毕业 82.57 万人,在校学生 282.22 万人。1998 年,全国高等学校在校生总数(包括成人高等学校)为 623.10 万人。另据统计,1999 年,我国普通高等学校已经达到 1071 所,比恢复高校统一招生考试制度的 1977 年增加了 1.6 倍,专任教师由1977 年的 18.6 万人增加到 1999 年的 42.6 万人,招生人数由 1977 年的 27.3 万人增加到 2000 年的 220 万人。成人高等教育也达到相当规模,1999 年成人高等学校达到 871 所,其中,广播电视大学 45 所,职工、农民高等学院 510 所,管理干部学院 146 所,教育学院 166 所,独立函授学院 4 所。[①] 多层次、多形式、多种类教育体系的建立和发展,极大地提高了人力资本积累水平。

2. 科技发展及知识资本积累情况

这一阶段,在邓小平关于"科学技术是第一生产力"思想的指导下,科学技术的研究和发展以服务经济建设这个中心为根本,把面向经济建设、跟踪世界高

---

① 罗德明. 经济转型与经济发展. 北京:社会科学文献出版社,2002,594—595 页.

科技发展和加强基础研究作为科技发展的三个主战场；把学习引进消化吸收国外先进科技成果与自主研究开发创新结合起来，不断深化科学技术体制改革；把国家组织重大科技项目攻关与充分发挥市场机制的作用结合起来。整个科学技术研究水平和研究开发能力有了很大提高，知识资本的积累进一步扩大。

近 20 年来，中国的科学技术事业逐步开辟了三个既相对独立又存有内在联系的主战场，即面向经济建设、跟踪世界高科技以及基础研究。每个主战场的工作又主要是围绕着国家制订的一系列计划展开的。

主战场一：面向经济建设。为经济建设服务，迅速提高工农业生产的技术水平，促进传统产业的技术进步，是科学研究的基本目标。围绕这个目标，国家先后组织实施了"国家重点科技攻关计划""星火计划""丰收计划""国家科技成果重点推广计划"和"国家技术创新工程项目计划"等。

"国家重点科技攻关计划"出台的时间是 1982 年。该计划的主要目的是，通过解决国民经济和社会发展的中长期重大科技问题，促进传统产业结构的优化。"星火计划"开始于 1986 年，由国家科委主管。该计划的主要任务是，依靠科技振兴农村经济，将先进适用的科技成果推广到农村，从而促进乡镇企业健康发展。"星火计划"为国家指导性计划。"丰收计划"出台时间为 1987 年，由农牧渔业部和财政部共同组织实施。其目标在于加快农牧渔业科研成果、先进适用技术的普及和推广，同时还进行技术培训。"国家科技成果重点推广计划"的出台时间是 1990 年，由国家科委组织实施。该计划的主要目的是加速科技成果向生产转化。该计划属于国家指导性计划，以国家信贷基金支持为主，重点支持科研所和企业的比较成熟的先进科研成果推广应用，同时支持军用技术向民用化方向发展。"国家技术创新工程项目计划"始于 1996 年，由国家经济贸易委员会组织实施。其目的是推动企业技术进步，提高企业技术创新能力。

主战场二：跟踪高科技及其产业化。在这个主战场，国家先后组织实施的计划主要有"高技术研究发展计划"，即著名的"863 计划""火炬计划"等。

"863 计划"从世界高技术发展趋势、中国的需要和实际可能出发，坚持"有限目标、突出重点"的方针，选择了生物技术、航天技术、信息技术、激光技术、自动化技术、能源技术和新材料技术等 7 个领域的 15 个主题作为重点研究开发对象，跟踪世界水平，力争在有优势的领域有所突破，为 21 世纪经济建设和国防建设服务。"火炬计划"起步于 1988 年。该计划的主要任务是，重点引导、推动科研院所、高校、企业和广大科技人员以各种形式建立一大批具有国际竞争力的新型科技企业。该计划重点支持新材料、生物技术、电子与信息、光机电一体化、新能源、高效节能和环保技术等领域中，具有市场前景、技术水平高、经济效益好、具有国际竞争力的高新技术成果的商品化、产业化和国际化。

主战场三：基础研究。基础研究包括理论性基础研究和应用性基础研究两个方面。它是科学技术进步的源泉。为了加强基础研究，国家先后实施了"国家自然科学基金"项目、"国家重点实验室建设计划"及"国家基础研究重大项目计划"等。

"国家自然科学基金"设立于 1982 年。该基金面向全国，资助基础研究和应用基础研究，分为面上、重点和重大三类项目。面上项目主要支持科研人员自选课题；重点和重大项目则结合国家科学研究布局、优先领域和战略需要，支持重大科学问题研究。"国家重点实验室建设计划"源于 1984 年，由国家计委主管。该计划的宗旨是，着眼科技发展的长远储备、高层次的人才培育和高水平的基础研究与应用研究，通过改革，实行"开放、流动、竞争、合作"的运行机制，在一批优先发展的科学领域择优建设和装备一批高水平的实验室，使其逐步发展成为能代表国家学术水平、实验水平和管理水平的实验研究基地和学术活动中心。"国家基础研究重大项目计划"又称为"攀登计划"，始于 1991 年。这是一项振兴基础研究的计划。它主要是通过部署国家重大基础性研究项目的方式，推动中国基础性研究的发展。重大基础性研究项目是指基础性研究中对国家的发展和科学技术进步具有全局性和带动性、相对比较成熟、需要国家有组织有计划开展的重要项目。①

（四）自然资本的变化

在中国经济发展的成长阶段，随着经济的快速增长、人口规模的刚性膨胀和消费能力的迅猛扩大，以及经济增长主要依靠以数量扩张为主的粗放式工业化的推动，再加上环保意识普遍淡薄和缺乏有效的环保政策，导致成长阶段在实现高速增长和快速发展的同时，消耗了过量的自然资本，在自然环境、自然资源和自然财富方面付出了沉重的代价。英国剑桥大学经济系教授 Patha Dasgupta 的研究表明，如果扣除自然资本及自然财富的消耗，中国经济成长阶段这 20 多年来的财富总量的增长非常有限，年人均财富增长率仅为 1.9%，"也仅仅是做到了使其财富增长多于人口增长而已"。更值得注意的是，中国的 HDI（联合国人类发展指数）不仅没有增长反而在下降。② 自然资本的消耗主要表现在大气和水的污染、生物多样性减少、生态的破坏与自然环境的退化、不可再生自然资源的过度开采等方面。

1. 环境污染

首先是大气污染。1978—2000 年，中国大气的主要污染物如悬浮颗粒物、二氧化硫等的排放尽管明显低于 GDP 的增长，所有受监测的城市大气中的颗粒物平

---

① 罗德明.经济转型与经济发展.北京：社会科学文献出版社，2002，580-585 页.
② Patha Dasgupta.贫困国家真的在"发展"吗？经济，2003（10）：16 页.

均浓度有明显下降，二氧化硫的平均浓度也大体稳定，但总量水平却仍然远远高于世界卫生组织规定的水平。世界卫生组织规定的大气悬浮颗粒物年日均值浓度为 60 ～ 90 微克/立方米，而 1996 年中国城市总悬浮颗粒物平均浓度为 309 微克/立方米，其中北方城市平均为 387 微克/立方米，南方城市平均为 230 微克/立方米。参加全球大气监测的北京、沈阳、西安、上海、广州 5 个城市的悬浮颗粒物指标均在世界浮尘污染最严重的 10 个城市之列。全国 600 多个城市中，大气环境质量符合国家一级标准的城市不到 1%。2000 年 4 月，我国修订了 1987 年颁布的《中华人民共和国大气污染防治法》，并于同年 9 月开始施行，进一步加大了对大气污染的治理力度。

其次是水污染。截止到 2000 年以前，由于工业的快速增长，人口和城市发展的多重压力，以及化肥和农药使用的大幅度增加，中国水资源已经普遍受到不同程度的污染，并且呈加重的趋势。全国七大水系中，污染最为严重的是辽河、海河和淮河。中国两大母亲河黄河和长江污染也日趋严重。由于气候的变化，加之上游用水的增加，黄河下游水量不断减少，断流的时间拉长，断流的距离扩大。1992 年黄河利津断面断流 81 天，河口断面断流 128 天。1995 年两地断流时间分别为 121 天和 153 天。断流的距离，20 世纪 70 年代平均为 130 公里，80 年代平均为 150 公里，进入 90 年代扩大为 300 公里，1995—1996 年进一步增加到 700 公里。而流域内的污水却不断增加。20 世纪 80 年代初，黄河流域年排污量为 21.7 亿立方米，90 年代初增加到 32.6 亿立方米，10 年间增加 50% 以上。两个因素相结合，致使黄河的水质不断下降。在水资源污染中，城市附近的水域污染尤为严重。全国 78% 的城市河段不适宜做饮用水源，50% 的城市地下水受到污染。华北地区有一半城市的河流监测断面的水质达不到最低的环境质量标准，即 V 类标准，这些河段的水甚至用于农业灌溉都不行。当前，我国多次修订了 1984 年 5 月通过的《中华人民共和国水污染防治法》，水污染的治理得到了更好地改善。

再次是固体废弃物污染。其主要来自工业生产和居民生活。一般生活垃圾是指在人们日常生活中产生的废物，包括食物残渣、纸屑、灰土、包装物、废品等。一般工业固体废物包括粉煤灰、冶炼废渣、炉渣、尾矿、工业水处理污泥、煤。据中国科学院生态环境研究中心 1991 年不完全统计，我国工矿企业每年产生的固体废弃物约在 6 亿吨，总堆存量达 66 亿吨，占地面积 536 平方公里。平均每年江河湖海排放盘达 1500 多万吨。我国城市固体废弃物一年产生 6000 多万吨。垃圾包围城市的局面日益严重。由于我国是人口大国、农业大国，又处于工业化后期和新型城镇化深入推进期，固体废弃物污染一直是我国一大难题，20 世纪 70 年代就将"废渣"治理作为环境治理的重点，不断通过完善法规制度标准，深入推进固体废物减量化、资源化和无害化。

2. 生态破坏

首先是森林减少。一是有林地的破坏。1989—1993 年，由于毁林开荒以及被征用、占用的有林地面积达 200 万公顷，平均每年 40 万公顷。由于不合理人为采伐、乱砍滥伐、森林火灾以及病虫害等原因，使有林地转为无林地、疏林地和灌木地面积达 756 万公顷，平均每年 151 万公顷。二是成过熟林[①]的减少，由于过分砍伐，忽视育林，致使成过熟林减少。与上一次清查相比，1989—1993 年清查发现，成过熟林蓄积量减少了 2.5 亿立方米，年均减少 5000 万立方米。现有的成过熟林主要分布在江河源头、高山、边远山区和交通不便的地方，开发难度较大。

其次是草地退化。在不合理利用下，草原生态系统逆行演替、生产力下降的过程称草地退化，也称草原退化。主要表现是草地植被的高度、盖度、产量和质量下降，土壤生境恶化，生产能力和生态功能衰退。长时间、大范围的草地退化，引起的不仅仅是草地本身生产力的下降，还造成生态环境恶化和对人类生存与发展的威胁。据内蒙古、新疆、青海等 10 省区不完全统计，1978—2000 年，我国被开垦的草地达 680 万公顷，其中大多是水草丰美的各类放牧场和割草场。开垦草地的结果常常是：农业吃牧业，风沙吃农业。

再次是水土流失和沙漠化。中国人口多，对粮食、民用燃料等需求大，所以在大力发展生产力水平的情况下，人们对土地实行掠夺性开垦，片面强调粮食产量，忽视了因地制宜的农林牧综合发展，把只适合林、牧业利用的土地也辟为农田，破坏了生态环境。据有关部门测算，1978—2000 年，中国水土流失面积约 360 万平方公里。虽然开展了大量的水土保持工作，但总的情况是，点上有控制，面上在扩大，水土流失的面积有增无减。水土流失最严重的是黄土高原，总面积约 64 万平方公里，到 2003 年，水土流失的面积已达 45 万平方公里。

由于不适当地开垦和放牧，植被遭到破坏，致使中国北方干旱、半干旱地区沙漠化土地面积不断增加。根据 1998 年国家林业局防治荒漠化办公室等政府部门发表的材料指出，我国是世界上荒漠化较严重的国家之一。根据全国沙漠、戈壁和沙化土地普查及荒漠化调研结果表明，我国荒漠化土地面积为 262.2 万平方公里，占国土面积的 27.4%，近 4 亿人口受到荒漠化的影响。据中、美、加国际合作项目研究，中国因荒漠化造成的直接经济损失约为 541 亿人民币。土地沙化是大风起沙的物质源泉。因此我国北方地区沙尘暴发生越来越频繁，且强度大，范围广。1993 年 5 月 5 日，新疆、甘肃、宁夏先后发生强沙尘暴，造成 116 人死亡或失踪，264 人受伤，损失牲畜几万头，农作物受灾面积 33.7 万公顷，直接经济损失 5.4 亿元。1998 年 4 月 15—21 日，自西向东发生了一场席卷我国干旱、半干

---

① 过熟林（overmature forest）是 2016 年公布的林学名词，成过熟林就是已经长成的树林。

旱和亚热带湿润地区的强沙尘暴，途经新疆、甘肃、宁夏、陕西、内蒙古、河北和山西西部。4月16日飘浮在高空的尘土在京津和长江下游以北地区沉降，形成大面积浮尘天气。其中北京、济南等地因浮尘与降雨云系相遇，于是"泥雨"从天而降。宁夏银川因连续下沙子，飞机停飞，人们连呼吸都觉得困难。

土地等生态环境是经济社会发展不可或缺的要素之一，伴随各国经济社会的快速发展，生态环境保护问题成为世界各国的焦点。我国于1986年就颁布了《中华人民共和国环境保护法》，并于随后几十年不断修订和完善，规定了生态环境开发的原则，展现了我国对生态环境保护的重视。

（五）关于成长阶段及其发展机能状况的简要评估

中国经济发展的成长阶段即从1978年到20世纪末，创造了人类发展史上罕见的发展奇迹——"中国奇迹"，而且种种迹象表明，"中国奇迹"还远未结束，它还将在21世纪继续演绎。

"中国奇迹"最引人瞩目之处就是经济高速增长，经济增长的质量和效率有较大提高，综合国力显著增强，人民生活水平大幅度提高。1978—1999年GDP年均增长速度高达9.5%（按可比价格计算），不仅实现了GDP翻两番的目标而且1998年中国的经济总量已跃居世界第七位，许多重要的工农业产品如钢、煤、水泥、化肥、电视机、谷物、肉类等的产量居世界首位，整个社会商品供求关系发生了重大变化，由商品短缺转变为相对过剩。世界银行的研究表明，1978—1995年，中国资本投入对经济增长的贡献为37%，劳动力数量的增长和质量的提高对经济增长的贡献为17%，因部门重新分配所造成的增长为16%，全要素生产率提高对经济增长的贡献为29%。[①]尽管粗放式增长方式在这一阶段尚未有根本改变，但全要素生产率提高对经济增长的贡献比前一阶段明显加大。1978年，中国10亿人口中有60%的人口生活在国际贫困线（每天1美元）以下，而1999年城乡居民的消费水平已经由1978年的184元提高到3143元，年均递增14.5%；城乡居民储蓄存款余额由1978年的210.6亿元增加到1999年的59621.8亿元，年均递增30.9%。到20世纪末，人民生活总体上达到小康水平。"中国奇迹"另一个引人瞩目之处，就是渐进式经济体制改革的成功，并且成为"中国奇迹"高速增长的主要原因之一。

"中国奇迹"充分说明，成长阶段是中国社会经济的发展机能发生重大变化的阶段。发展机能的重大变化主要表现在三个方面：一是由于物质资本、人力资本和知识资本（特别是物质资本）三大发展要素积累总量的大规模高速扩张，发

---

① 罗德明.经济转型与经济发展.北京：社会科学文献出版社，2页.

展机能内在所具有的发展能量不仅高速增强，而且达到了一个前所未有的高水平；二是由于制度资本较为成功地实现了由计划型制度资本向市场型制度资本的转型，因而发展机能也发生了质的变化，即由计划型发展机能转变为市场型发展机能，不仅发展机能的内在活力显著增强，而且其运行机制也发生了重大变化；三是制度资本转型的初步成功导致其与其他发展要素之间的耦合关系总体上有了较大改善，但五大发展要素之间不协调、不均衡的问题仍然相当突出。

改革开放前的中国经济发展经历了许多波折，出现过不少失误，但远远称不上失败。仅从经济增长的角度看，一个基本事实是，1952—1978 年国内生产总值年均递增 10.8%（按当年价格计算），即使是在 1977 年、1978 年，中国的经济增长率仍然达到 7% 和 12%，1952—1975 年间中国内部储蓄率和投资率高达 30%，外债占 GDP 的比率只有 4%。[①] 美国经济学家查尔斯·P. 金德尔伯格和布鲁斯·赫里克早在 1977 年就指出，中国在最近 1/4 世纪中的经济进步给大多数深思的观察者留下了深刻的印象。[②]

当中国在 1979 年开始进行大规模经济改革的时候，其已经拥有受过良好教育的人口以及发展良好的医疗保健体系，而且不存在土地拥有量的不平等（这种不平等常见于发展中世界，而且在中国土地改革以前也存在）。由于在教育、医疗保健和土地改革方面的进步，中国经济在改革之初就具有实力，而中国经济在其发展过程中能区别性地运用市场，也恰恰得益于此。

中印两国政府都已经进行了一段时间的努力（中国自 1979 年起，印度自 1991 年起），走向更开放的、参与国际的、市场导向的经济。尽管印度的努力近来有所成效，但是像中国那样瞩目的成绩还没有在印度出现。解释这一差异的一个重要因素在于以下事实：从社会准备的角度看，中国比印度超前很多；中国更好地利用了市场经济。尽管改革前的中国对市场是持非常怀疑的态度的，但对基本教育和普及医疗保健并不怀疑。当中国在 1979 年转向市场化的时候，人们特别是年轻人的识字水平已经相当高，全国很多地区有良好的学校设施。在这方面，中国大陆与韩国的基本教育情况相差不太远。在韩国，受过教育的人口也在抓住市场机制提供的经济机会上起了重要作用。与此对比，当印度在 1991 年转向市场化的时候，有一半成年人口不识字，而且至今这一情况没有多少改善。

中国的健康条件，由于改革前中国政府对医疗保健像对教育一样做了社会投入，也比印度好得多。说来奇怪，尽管这种投入的初衷并不是协助市场导向型经济增长，但它却创造了在中国转向市场化之后可以投入动态运用的社会机会。

---

① 张宇. 过渡之路. 北京：中国社会科学出版社，1997，147 页.

② [美] 查尔斯·P. 金德尔伯格，等. 经济发展，中文版. 上海：上海译文出版社，1986，427 页.

随着东亚和东南亚经济的高速发展，人们越来越清楚地认识到，并非仅仅是经济开放以及更大限度地依赖国内和国际贸易导致了它们经历了如此快速的转变。积极的社会变革包括土地改革、教育和识字的普及、更好的医疗保健服务。

中国的这种社会变革是在什么时候、如何发生的？这些社会变革的高潮是在改革前，即在 1979 年之前。土地改革、普及识字、扩大公共医疗保健等政策，对改革后的经济增长起了非常有益的作用。改革后的中国受益于改革前中国所取得的成果的程度，应该得到更多的承认。[①]

阿马蒂亚·森不仅通过分析中国改革前后经济和社会发展的内在联系说明和揭示了社会变革与经济变革之间的内在联系，而且对于我们认识和理解中国经济发展过程中发展阶段转换的内在联系，尤其是认识和理解改革前后经济发展的内在关系具有非常重要的价值。他那富有洞察力的深刻见解明白无误地告诉我们，计划经济时期打下的良好基础在 1978 年之后中国的改革与发展中发挥了重要作用。

制度变迁与经济发展阶段的变迁之间有着密切的关系。从经济发展历史过程的角度看，许多西方国家经济发展的早期都经历过的资本积累阶段，实际上是在资本主义制度的历史条件下为经济发展积累能量的阶段。第二次世界大战后，包括中国在内的许多发展中国家纷纷走上社会主义的发展道路。"社会主义在实践中一开始，就是作为对资本主义道路的替代而发生的。这一点具有历史的普遍意义。发达国家已经通过资本主义的演进道路，走在了历史发展的前头，没有也不需要什么制度捷径。作为后发展中国家，当需要有发展道路的转变时，历史会选择让他们举起社会主义大旗的。从这个意义上说，社会主义从来就不是发达国家与民族的事业。而且，越是不发达，就越需要探寻某种形式的制度捷径，越是需要一种资本主义道路的替代，越是需要社会主义。"[②] 用上述"制度替代"的眼光来看，中国改革开放前的经济发展阶段实际上是在社会主义基本制度的条件下，主要运用计划经济体制为经济发展积累能量的阶段。"在传统社会主义模式中，一个具有普遍性的重要特点，就是以政府的权威来强化资本的积累以及进行资本在各产业中的配置与运营。各种不同的社会主义，在这样做的具体形式上会有不同，并在程度上会有不同，但其倾向性却是十分一致的。在中国，具体是以政府财政融资的方式集中资本，以中央集权的指令性计划的方式进行配置，并通过国有化以后的工厂组织形式进行运营。"[③]

从私人物品生产和公共物品生产的角度来看，计划经济体制与市场经济体

---

① 阿马蒂亚·森.以自由看待发展,中文版.北京:中国人民大学出版社,2002,序言、34、35、256、259、260 页.

② 李建德.经济制度演进大纲.北京:中国财政经济出版社,2000,482 页.

③ 李建德.经济制度演进大纲.北京:中国财政经济出版社,2000,488 页.

制具有不同的"生产偏好"：计划经济比市场经济更适应于进行公共物品生产并且有很高的效率，具有明显的"公共物品生产偏好"，而市场经济在公共物品生产领域效率较低甚至会出现失灵；市场经济更适应于进行私人物品生产并且有很高的效率，具有明显的"私人物品生产偏好"，而计划经济在私人物品生产领域往往效率较低。从经济发展的角度来看，具有一定的公共物品供给水平，包括有形的社会基础设施如水利枢纽、交通路网等和无形的社会基础设施如基础教育、公共卫生等，是经济发展的重要基础和前提，也是运用市场机制进行私人物品生产和交易的重要前提条件。那种缺乏足够的公共物品供给和保障的市场机制必定是低效率的，其经济发展也必定是低效率的。改革开放几十年，中国经济之所以能够高速发展，并不仅仅是由于成功地进行了市场取向的经济改革，还在于改革前的计划经济时期已经为后来的市场取向的经济改革奠定了良好的公共物品供给这一重要基础，使得市场机制的"私人物品生产偏好"得到了较为充分的发挥。

那种把改革开放前的经济发展与改革开放后的经济发展简单对立起来的观点是片面的、肤浅的。正确认识和理解1978—2000年的成长阶段与前两个发展阶段即生成阶段和培育阶段之间的相互关系及内在发展演变逻辑，对于正确认识和理解中国经济发展阶段的演变过程，对于正确认识和掌握中国经济发展的规律乃至经济发展的一般性规律，都是非常重要的。

第三节　新中国社会经济发展阶段的第三理论层次分析

一、中国经济增长波动的阶段性分析

（一）中国经济增长波动的初步分析

从1953年到2000年中国GDP增长率的变动轨迹来看，中国经济增长的波动与经济发展阶段的变化和转换之间，具有较高的同步性和相关性。1953—1956年、1957—1977年、1978—2000年三个发展阶段之间的经济增长波动的特点有较大的差异（见表2-6）。

表 2-6　1953—2000 年中国 GDP 增长率基本情况

年份	GDP 增长率（%）	年份	GDP 增长率（%）
1953	15.6	1977	7.6
1954	4.2	1978	11.7
1955	6.8	1979	7.6
1956	15.0	1980	7.8
1957	5.1	1981	5.2
1958	21.3	1982	9.1
1959	8.8	1983	10.9
1960	-0.3	1984	15.2
1961	−27.3	1985	13.5
1962	−5.6	1986	8.8
1963	10.2	1987	11.6
1964	18.3	1988	11.3
1965	17.0	1989	4.1
1966	10.7	1990	3.8
1967	−5.7	1991	9.2
1968	−4.1	1992	14.2
1969	16.9	1993	13.5
1970	19.4	1994	12.6
1971	7.0	1995	10.5
1972	3.8	1996	9.6
1973	7.9	1997	8.8
1974	2.3	1998	7.8
1975	8.7	1999	7.1
1976	-1.6	2000	8.0

资料来源：解三明.中国经济增长潜力和经济周期研究.北京：中国计划出版社，2001，146 页.

1953—1956 年，经济增长的平均位势保持在 10% 左右的高水平上，波动的最大振幅（最高值与最低值之差）为 11.4%，最低水平为 4.2%（1954 年）。这一阶段经济增长的平均位势、波动的振幅和最低水平等主要波动特征指标值与改革开放以后的 1978—2000 年的主要波动特征指标值均极为接近，而且其最低水平值（4.2%）比 1979—2000 年的最低水平值（3.8%）还略高。相对于 1957—1977 年的经济增长波动而言，经济增长的波动性小很多。由此可见，这一阶段经济增长总体上呈现出以高速增长为主轴且伴随着较大波幅的经济波动态势。

1957—1977 年，经济增长的平均位势保持在 5% 左右的水平上，比前一阶段有了大幅度下降；波动的最大振幅高达 48.6%，最低水平为 -27.3%（1961 年）。这一阶段经济增长波动的主要特征可以概括为：振幅大、峰位高、谷位深、平均位势低、扩张长度短。由此可见，这一阶段经济增长总体上呈现出以低速增长为主轴且伴随着巨大波幅的大起大落型经济波动态势。

1978—2000 年，经济增长的平均位势保持在 10% 左右的高水平上，波动的最大振幅为 11.4%，最低水平为 3.8%（1990 年）。这一阶段经济增长波动的主要特征可以概括为：振幅减小、峰位下降、谷位上升、平均位势高、扩张长度延长。尽管这一阶段在平均位势、最大振幅、最低水平等三项指标方面与 1953—1956 年的相应指标非常接近，但由于 1978—2000 年的时间跨度是 1953—1956 年时间跨度的 5 倍多，所以 1978—2000 年的经济增长波动比 1953—1956 年经济增长波动自然要平缓许多。由此可见，1978—2000 年这一阶段，经济增长总体上呈现出以高速增长为主轴且伴随着波幅逐步递减、波动轨迹日趋平缓的经济波动态势。

（二）中国经济增长波动的理论分析

舒元、徐现祥一项研究成果表明，在现代经济增长理论中，只有 AK 类型增长理论能够与中国 1952—1998 年经济增长的典型事实相吻合。AK 类型增长理论强调资本边际生产率非递减，忽略技术创新对经济增长的引擎作用。中国经济增长主要依靠生产要素的投入，技术创新和技术进步不是中国经济增长的引擎。作为一种制度变迁的"探索适合我国国情的经济建设道路"才是中国 1952—1998 年经济增长的引擎，而且"探索适合我国国情的经济建设道路"的存在是 AK 类型增长模型能够刻画中国 1952—1998 年经济增长的根本原因。[①]

制度变迁与经济增长的高度相关性既是认识和理解中国经济增长的关键所在，也是认识和理解中国经济增长与发展阶段关系的关键所在。中国经济增长波动表现出明显的阶段性特征，实际上也印证了制度变迁、发展阶段与经济增长三者之间的

---

① 舒元、徐现祥. 中国经济增长模型的设定：1952—1998. 经济研究，2002（11）：3—11.

内在联系，同时也进一步印证了本书提出的发展机能及其阶段性变化理论的正确性。发展阶段不同，经济体制基础、经济运行机制和宏观调控手段不同，与其相适应的企业制度和经济增长模式不同，经济周期的内在传导机制不会相同，起主要作用的外在冲击及其机制也不会相同。[1]中国经济增长波动之所以会表现出三个明显的增长阶段，根本原因就在于中国的制度变迁经历了一个初始形态的社会主义市场经济到有商品的社会主义计划经济，再到社会主义市场经济三个不同的发展阶段。1953—1956年与1978—2000年的经济增长波动会表现出一定程度的相似性，绝不是一种偶然的巧合，根本原因就在于初始形态的社会主义市场经济与社会主义市场经济具有一定程度的相似性，也在于第一次体制转轨与第二次体制转轨具有一定程度的相似性，即经济体制中都具有市场与计划相结合的混合性体制因素。可以说，1953—1956年与1978—2000年经济增长波动的相似性这一重要事实，反过来又进一步印证了舒元、徐现祥的重要结论：制度变迁——"探索适合我国国情的经济建设道路"才是中国1952—1998年经济增长的引擎。

二、经济结构变动的阶段性分析

从总体上看，我们应该从这样一个角度来认识和分析中国经济结构的变迁——中国由20世纪中期一个发展水平很低的贫穷落后的农业国成长为21世纪初的"世界工厂"之一的制造业大国。从这个角度来看，中国多年来的工业化过程是认识和理解中国经济结构变迁的主线，把握了中国工业化进程的发展脉络也就等于基本把握了中国经济结构变迁的线索。纵观中国的工业化进程，我们可以将其划分为改革开放前后两个不同的阶段。

（一）中华人民共和国成立初期经济结构的状况

中华人民共和国成立初期，经济结构呈现出一个典型的传统落后农业国家的特征。农业在国民经济中占有绝对的份额，工业特别是现代工业部门在国民经济中仅占有很小的比重。按当年价格计算，1952年，在国民收入中，农业占57.7%，工业占23.1%，服务业占19.2%。在从业人员中，农业从业人员占社会总劳动力的83.5%，工业和服务业分别占7.4%和9.1%。在工业中，轻工业占工业总产值的64.5%，重工业占35.5%。在重工业中，主要以煤炭、生铁、钢、水泥等原材料工业为主，占50%以上。代表当时先进技术水平的现代工业部门，如汽车工业、石油化学工业、飞机制造工业、精密机床工业等，几乎是空白。在产业的

---

[1]　解三明.中国经济增长潜力和经济周期研究.北京：中国计划出版社，2001，151页.

空间分布上，绝大部分工业集中于东部沿海地区，广大内地除武汉、重庆等少数城市外，现代工业很少，土地面积占全国 60% 的西南、西北和内蒙古地区，工业产值仅占全国的 10% 左右。[①]

（二）改革开放前中国工业化进程的状况及产业结构变动的特点

早期西方国家的工业化过程通常是先发展轻工业再发展重工业。

但是，苏联为了在尽可能短的时间里赶上经济发达的资本主义国家，加强国防力量以抵御帝国主义的军事威胁和侵略，选择了通过优先发展重工业来快速实现工业化的战略，即以"生产机器以生产机器"作为带动工业增长火车头的费德曼模式。尽管中国注意到了苏联片面和过分强调优先发展重工业的教训，但中国在计划经济时期的工业化仍然具有明显的费德曼模式特征，采取了优先发展重工业的战略，用重工业推动整个工业经济的快速发展，用重工业产品装备轻工业和农业，用重工业作为基础构筑完整的国民经济体系。

中国在 20 世纪 50 年代初期确立了以重工业优先增长为核心的工业化战略目标。根据优先发展重工业的指导思想，"一五"时期，国家将全部工业建设投资的 88.8% 用于重工业，着重发展电力、煤炭、石油、钢铁、有色金属、基本化学、金属切削机床、发电设备、冶金设备、采矿设备、汽车、拖拉机、飞机等原材料、能源和机器制造工业，由苏联援助的 156 项重点工程，全部都是重工业。[②]在迅速发展的工业中，重工业增长尤为迅速，它在工业中的比重不断提高。1952 年，重工业总产值在工业总产值中的比重是 35.5%；到 1958 年已经超过了轻工业的比重，达到 53.5%；1960 年更是发展到在工业总产值中的比重高达 66.6% 的地步。此后，随着三年经济调整，过高的重工业增长速度受到抑制，1968 年重工业的比重回落到 46.3%，1978 年又回升到 56.9%。1949 年，中国的工农业净产值比为 15.5∶84.5，到 1970 年，这一比例达到了 50.5∶49.5，工业超过了农业。

新中国成立初期，中国的工业体系和国民经济体系残缺不全。经过近 30 年的建设，这种残缺不全的局面已经得到根本改变，中国不仅建立了汽车、电子、航空、航天等代表着现代工业发展方向和水平的工业部门，而且在卫星、原子弹、氢弹等尖端科学领域有了长足的进步。在钢铁、煤炭、石油、化工、纺织等传统产业部门领域，生产规模和技术水平方面都有了质的飞跃，初步建立了比较完整的工业体系和国民经济体系。[③]

① 罗德明.经济转型与经济发展.北京：社会科学文献出版社，2002，166 页.
② 同上，170 页.
③ 朱佳木.中国工业化与中国共产党.当代中国史研究，2002（6）：40.

自 20 世纪 50 年代末以后,中国继续实行"以钢为纲"和"两条腿走路"的工业化战略,导致经济结构扭曲、变形的问题相当严重。主要表现为,在第一产业占 GDP 的比重仍然较高的情况下,第二产业占 GDP 的比重却接近同期日本的水平,第三产业占 GDP 的比重又大大低于同期低收入国家的水平。这也是造成计划经济时期日常工业消费品短缺的根源所在。不仅如此,工业内部的结构也很不合理,采掘工业、原料工业发展明显滞后,而制造工业长期超前发展。1951—1978 年,三者的年均增长速度分别为 10.7%、12.4% 和 15.3%,彼此分别相差 1.7 个和 2.9 个百分点,比例为 1:1.16:1.43(见表 2-7)。

表 2-7 中国采掘、原料和制造工业总产值增长速度比较

时期	采掘工业 (%)	原料工业 (%)	制造工业 (%)	三者的比例(以采掘工业为 1)
"一五"	21.5	23.4	28.6	1:1.05:1.33
"二五"	6.0	7.5	6.1	1:1.25:1.62
1963—1965 年	6.2	13.5	18.8	1:2.18:3.03
"三五"	8.7	13.7	16.6	1:1.57:1.93
"四五"	10.5	6.6	12.7	1:0.63:1.21
"五五"	6.3	9.4	6.9	1:1.49:1.10
1953—1978 年	10.7	12.4	15.3	1:1.16:1.43

资料来源:罗德明.经济转型与经济发展.北京:社会科学文献出版社,2002,175 页.

(三)改革开放以来中国工业化进程的状况及产业结构变动的特点

改革开放以来,伴随经济高速增长,中国的产业结构发生了重大变化,而这种变化首先体现在中国工业化模式比改革开放前发生了巨大变化。改革开放以来,中国工业化模式的变化主要体现在两大方面:一是由费德曼模式转变为反费德曼模式,二是由封闭性的内源发展模式转变为开放性的外源发展模式。

卢荻的研究表明,改革开放以来,中国的工业化进程基本上是建立在下列因果纽带之上的:消费诱导投资带动整体需求增长,这样既能吸纳来自农业的劳动力转移,又能透过深化专业分工和学习效应等动态效率提升工业部门本身的生产率,形成生产与消费、工业与整体经济的良性循环,其实质是一种反费德曼模式。一方面是压抑积累以鼓励消费(特别是在改革开放前期的整个 20 世纪 80 年代),

另一方面是压抑生产资料工业以鼓励消费品工业的扩展。[①]

1978 年中国的进出口总额仅为 206 亿美元，到 2003 年已经达到 8512 亿美元。特别是 1992 年以来，中国吸纳外资的领域不断扩大，规模不断增加。到 1997 年底，中国已累计批准外商投资企业 30 多万家，实际利用外资 2200 亿美元。[②] 对外开放的不断扩大对中国工业化进程和经济结构的变动无疑产生了非常重要的影响。大量利用外资和引进国外先进技术以及贸易规模不断扩大，有力地促进了中国工业化过程中的资本形成。"学习效应"带来技术结构的快速提升，中国经济结构参与国际分工的程度不断提高，比较优势逐渐显现并日益增强。进口依赖的新兴产业在产出方面的快速扩展与传统产业在出口方面同样的快速扩展，两者相互促进，推动中国工业在国际分工中向严格依循比较优势演化。改革开放之前，中国经济结构的变动具有很强的内源发展的特点，而改革开放以来，中国经济结构的变动则具有很强的外源发展的特点。以外源发展的方式推动经济结构变动产生了明显的、积极的效果，但也带来了某些负面影响，主要是损害了自主创新能力的提高，具体地说，导致作为"工业之母"的装备工业发展缓慢，装备工业的技术水平与国际先进水平仍然存在很大的差距。据统计，20 世纪 90 年代中后期以来，我国全社会固定资产投资中，设备投资的 2/3 依赖进口，其中光纤制造设备的 100%，集成电路芯片制造设备的 85%，石油化工装备的 80%，轿车工业设备、数控机床、纺织机械、胶印设备的 70% 被进口产品挤占。

1980—1998 年，中国国民经济各个产业都有了很大发展，但它们的增长速度并不一样。其中，按不变价格计算，第一产业增加值增长 163.1%，年均增长 4.95%；第二产业增加值增长 816.8%，年均增长 11.7%；第三产业增加值增长 638.9%，年均增长 10.5%。以工业为主体的第二产业的增长速度比以农业为主体的第一产业快 2.5 倍以上，第三产业的增速也较快。这就必然导致产业结构的巨大变化。三个产业在国民经济中的比例关系已由 1980 年的 28.1%:48.2%:23.7% 改变为 1998 年的 18.4%:48.7%:32.9%。产业结构的这种变动，表明中国经济的工业化水平有了明显提高，工业和服务业构成了经济高速增长的主要内容。[③]

总的来看，改革开放以来中国三大产业之间的比例关系有了明显的改善，产业结构正向合理化方向变化。一是第一产业的比重虽有下降，但农业在主要农产品产量有了大幅度增长的同时，突破了农业就是种植业的框框，林、牧、渔业比重有了很大提高，大大改善了农产品的供给状况。二是第二产业在国民经济中的地位逐步上升，特别是工业有了较大发展，表明了国民经济工业化和国际化水平

① 卢荻. 变革性经济增长. 北京：经济科学出版社，2001，44—46 页.
② 庞松、陈述. 中华人民共和国简史. 上海：上海人民出版社，1999，607 页.
③ 罗德明. 经济转型与经济发展. 北京：社会科学文献出版社，2002，177 页.

的提高。工业内部的结构也有了较大改善,扭转了改革开放前片面发展重工业的"重重工业、轻轻工业"的局面,加快了轻工业的发展,使大多数消费品由供给短缺转变为市场充裕、供求平衡或供大于求。20 世纪 80 年代后期,又加快了重化工业的发展,使重工业基本改变了自我服务、自我循环的增长方式,增强了竞争能力,为经济的全面增长提供了物质基础。三是第三产业在不断增长,通信、交通有了很大改善,金融、房地产、旅游等产业迅速兴起,成为接纳农村剩余劳动力的主要产业,并为社会生产、人民生活提供了越来越方便的各类服务。

第三章　1997—2002 年：发展阶段的转换

从经济发展阶段的角度看，自 1997 年 10 月我国第一次出现物价的持续下降开始，标志着中国经济发展的第三个阶段即成长阶段接近尾声，开始进入两个发展阶段之间转换、过渡和调整的时期。1997—2002 年，中国经济发展阶段由成长阶段向强壮阶段转换与过渡，是此间发生通货紧缩的大背景。

第一节　相对过剩与结构性短缺并存

一、相对过剩的表现

1. 经济总量和生产能力的加速扩张成为出现相对过剩的基本因素

改革开放初的 1978 年，中国 GDP 仅为 3624 亿元，到 2002 年达到 102398 亿元，增长了近 28 倍；20 年平均增长速度为 9.8%，其中 1991—1998 年达到 10.8%。从 20 世纪 90 年代中期开始，钢材、煤炭、电力、有色金属、建材、石油化工等"瓶颈"行业供给紧张的状况得到缓解；到 1997 年和 1998 年，不仅一般加工工业出现普遍过剩，而且如煤炭、钢铁、电力等基础工业也出现了生产能力过剩。第三次全国工业普查显示，1995 年末，全国共有 726 万个工业企业，资产总额 88374 亿元。在主要工业产品中，有 80% 以上的产品生产能力过剩或利用不足。据对 285 种主要工业品的定量分析，有 18.25% 的产品（52 种）生产能力利用率（COR）在70% 以上，81.75% 的产品的 COR 低于 70%，其中 45.61% 的产品的 COR 在 50%

以下。[①]

2. 商品市场供求关系发生重大变化

中国经济由短缺向相对过剩转变的最主要表现是商品市场供求关系的重大变化。20 世纪 90 年代以后，中国商品市场的供求关系开始由短缺过渡到总量的基本平衡，供过于求的商品数量和比重逐年增大。到 20 世纪 90 年代中后期，尤其是1997 年亚洲金融危机以后，中国的商品市场已经实现了从卖方市场到买方市场的历史性变化。1997 年工业消费品已不存在供不应求的商品，1998 年农副产品也全部转变为供大于求，农产品出现了出售难、价格下降、农民增产不增收等问题。从 1997 年下半年的市场供求状况来看，工业消费品供过于求的比重为 36.9%，农产品供过于求的比重为 25.2%。严重供过于求的商品主要有化工、建筑材料、五金商品、家电商品、纺织品、日用杂品等。

二、结构性短缺的表现

在中国经济出现了比较明显的相对过剩以后，经济理论界便开始流行"中国经济已经由短缺经济转变为过剩经济"的观点。这种仅凭商品市场的低水平供过于求和低水平生产能力的过剩得出的"过剩论"是不准确的。从经济发展和整个社会生产的角度来看，中国经济并没有完全告别短缺变为"过剩经济"，而是存在着比较严重的结构性短缺。

1. 社会公共物品的严重短缺

社会公共物品的生产和供给远远不能满足社会发展、经济发展和社会公众对公共物品的需求，这突出表现在水利设施、社会整体防灾减灾能力建设、环境保护、城乡基础设施、农村基础教育、社会公共卫生和疾病防疫体系、社会保障体系、社会救助体系、公共安全保障体系等方面。比如，1998 年出现的特大洪灾及其造成的巨大损失充分证明社会公共物品的短缺已经到了相当严重的程度。洪灾的形成与成灾河流上游的植被遭受严重破坏、水土保持能力下降直接相关；洪灾造成巨大损失与水利设施建设投入不足、堤防年久失修、抵御洪水能力不足直接相关。2002—2003 年冬春之交爆发 SARS（非典型肺炎）危机，社会一度出现的被动局面再一次显示出社会公共物品短缺的严峻形势。

[①] 罗德明.经济转型与经济发展.北京：社会科学文献出版社，2002，257—258 页.

2. 部分产品特别是高技术产品严重短缺

处在世纪之交发展阶段转换时期的中国经济具有明显的"低水平生产能力相对过剩与高水平国际竞争能力严重短缺"的特征。相当数量的商品，如精密机床、大型机械、优质燃料和原材料、仪器仪表、大型集成电路、高档服装面料、各种食品、儿童玩具、化妆用品，甚至面粉、水果等，只要档次、质量和技术含量稍微高一点，国内生产与消费就对进口具有很强的依赖倾向。[①] 在经济全球化不断发展的条件下，如果一国经济具有很强的国际竞争能力，即使其国内（地区）市场容量狭小，也可以通过开拓国际市场使经济获得长期增长。日本和"亚洲四小龙"的经济发展历程都证明了这一点。随着欧美产业结构的调整和升级，欧美市场为部分产业发展留出了一定的市场空间。如果我国经济具有较强的国际竞争力，能够占领和填补一定的国际市场，过剩问题便会得到很大的缓解。国内市场消化不了，国际市场又难以进入，出现过剩难题就不可避免了。

三、关于相对过剩与结构性短缺并存的进一步探讨

（一）工业化相对超前与城市化严重滞后的尖锐矛盾是出现相对过剩与结构性短缺并存的深层次根源之一

纵观近现代以来世界上多数国家的经济发展历程，普遍的规律是经济发展的市场化、工业化和国际化，并由工业化带动城市化和农业现代化。在当代发展中国家的经济发展过程中，城市化超前于工业化是普遍趋势。新中国 50 多年来经济发展的一个重要特点却是工业化大大超前而城市化严重滞后，农业现代化和市场化进程更为缓慢，城乡二元经济问题非常突出并长期得不到解决。中国城乡二元经济问题有一个不同于一般发展中国家二元经济问题的显著特点，即它主要是由国家的发展战略和社会体制安排造成的，而不是基于自由竞争形成的，其根源在于过去长期实行"城乡分割、重工轻农、重城轻乡"的体制和政策，在很大程度上割裂了工业化与城市化之间的有机联系。由此可见，中国的城乡二元经济问题，不仅仅是一个刘易斯通常所说的二元结构问题，还有一个"二元体制"的问题，并且首先是"二元体制"问题，其次才是二元结构问题。

中国在经历了几十年的发展之后，农业的就业份额和农村人口占总人口的比重仍然很高，将大多数人口排除在工业化的直接进程之外。农村人口占我国总人

---

① 刘加秋. 次高增长阶段的中国经济. 北京：中国社会科学出版社，2002，39 页.

口的比重较大，农民收入较低，农村经济增长缓慢，农民的物质文化生活水平远远落后于城市。我国农业还是一个弱质产业，农业生产条件还比较落后，农业抗自然灾害能力和产出效率较低。我国农村综合经济实力较弱，农村第二、第三产业比重较低，农村经济结构不能适应市场经济发展的要求。

尤其值得注意的是，我国的城乡差别已经超过了合理的限度。按世界银行1997 年对 36 个国家的分析，城乡居民的收入比率一般低于 1.5∶1。2002 年我国城市居民人均可支配收入为 7703 元，农民人均纯收入为 2476 元，城乡居民人均收入比率为 3.11∶1。由于农民人均纯收入中相当一部分要用于再生产，再加上城乡在住房、物价、医疗、教育、文化和社会保障等非货币性的公共产品待遇上的巨大差距，城乡居民收入实际差别达到 5∶1 以上，已经处在两极分化的国际警戒线水平。合理适度的收入差距有助于刺激、拉动梯度发展和产业多层次升级，但我国城乡的巨大差别已经在很大程度上导致城乡资源和市场正常梯级传递链条的断裂，产业间相互支持的效应大大削弱。工业化严重超前于城市化和农业现代化，造成巨大的城乡差别，其结果是，一方面广大农村居民的生活水平和消费结构还较低，另一方面又出现工业生产能力及产品的过剩与闲置。

（二）新旧体制转换过程中由体制摩擦引起的政府职能失当是出现相对过剩与结构性短缺并存的另一个深层次根源

如前所述，具有一定的公共物品供给水平，包括有形的社会基础设施如水利枢纽、交通路网等和无形的社会基础设施如基础教育、公共卫生等，是经济发展的重要基础和前提，也是运用市场机制进行私人物品生产和交易的重要前提条件。如果缺乏足够的公共物品供给和保障，市场机制必定是低效率的，其经济发展也必定是低效率的。由于公共物品和公共服务具有消费和受益上的非排他性，市场机制本身不会自动生产和提供公共物品和公共服务，因此，为社会生产和提供公共物品和公共服务便成为政府的基本职能和职责之一。由于计划经济体制阶段打下一定程度的公共物品供给基础，所以在 20 世纪 90 年代以前，尽管政府在一定程度上忽视了公共物品和公共服务的生产和供给，但公共物品和公共服务不足的问题并不明显。进入 20 世纪 90 年代以后，计划经济体制阶段遗留的公共物品基础已经相当薄弱，同时经济快速增长和市场化进程的明显加快又导致整个社会以及经济发展本身对公共物品和公共服务需求的快速扩张，政府在一段时间里对公共物品和公共服务需求快速扩张的势头估计不足或有所忽视，对公共物品和公共服务的财政资金投入相对不足，从而造成了公共物品和公共服务严重短缺的局面。

87

另外，由于政府生产和提供公共物品和公共服务需要消耗大量的商品和劳务，既能拓展商品市场的需求空间，又能增加一部分人的收入，因此，公共物品和公共服务的严重短缺在一定程度上进一步加剧了商品市场上的过剩。政府在一个时期内忽视对公共物品和公共服务生产的投入，其主要原因是：在以经济建设为中心的市场化改革过程中，人们在理论上、思想上、观念上对计划经济的否定和对市场经济的推崇走向极端，在否定计划经济的同时忽视了政府为社会提供公共物品和公共服务的职能，在泼掉"脏水"时连盆里的"孩子"也一起泼掉了；在推崇市场经济的同时又忽视了市场不是万能的，市场机制在公共物品和公共服务的生产中是失灵的，陷入"爱屋及乌"的误区。其实，无论是计划经济还是市场经济，政府为社会生产和供给公共物品和公共服务的职能是一样的，而且市场经济体制下的政府应该比计划经济体制下的政府更加"专心致志"地履行好为社会生产和供给公共物品和公共服务的职能。由于适应市场经济体制要求的公共财政体制没有建立起来，各级政府在生产和供给公共物品和公共服务的财权与事权的划分上不清晰、不明确、不合理，极大地妨碍了政府这一重要职能的到位。

第二节　"缩长"之谜

一、"缩长"的主要表现

宏观经济运行的理论和历史表明，经济增长中宏观经济运行状态通常有五种：① 高增长、高通胀、高就业；② 低增长、低通胀、高失业；③ 高增长、低通胀、高就业；④ 负增长、负通胀（通货紧缩）、高失业；⑤ 低增长、高通胀、高失业。在这五种宏观经济运行状态中，① 和 ② 是较常见的两种，③ 是最佳的一种，④ 是最糟糕的一种，⑤ 是少见且复杂的一种，即 20 世纪 70 年代后期西方国家出现的所谓"滞胀"。从理论上讲，① 与 ② 是一对相反且对称的宏观经济运行状态，③ 与 ④ 也是一对相反且对称的宏观经济运行状态。由此推理，宏观经济运行中还应该存在"第六种状态"，它并且是一种与 ⑤ 状态（即"滞胀"）相反且对称的宏观经济运行状态，而且应该是与 ⑤ 一样少见又复杂。20 世纪 90 年代中后期，特别是亚洲金融危机爆发以来，中国经济一方面保持了较高的经济增长速度，另一方面又出现了严重的通货紧缩，这种较高的经济增长速度与严重的通货紧缩并存的宏观经济运行状况，正是与"滞胀"相反而对称的"第六种状态"，即"缩长"。其主要表现和基本特征是：

（一）在内外存在重大不利因素的情况下，中国经济保持在较高增长或者说"次高增长"的状态运行

受亚洲金融危机的影响，全球 GDP 增幅由 1997 年的 3.1% 下降到 1998 年的 1.9%，东南亚地区的经济增长速度大幅度下降，甚至出现了负增长。尽管中国经济也受到了亚洲金融危机和 1998 年特大洪灾的不利影响，但 1997 年以来，中国经济一直保持了 7% 以上的增长速度。2001 年美国经济进入衰退期，经济增长率由 2000 年的 5% 跌落到 2001 年上半年的 0.3%。到 2001 年下半年，占全球经济总量 70% 以上的美国、日本、欧盟三大经济体出现此前 20 年来第一次同时处在经济衰退状态的情况，全球经济遭受严重的通货紧缩和经济衰退的威胁。与此同时，中国经济不仅没有受到明显的负面影响，反而呈现出"一枝独秀，逆风飞扬"的回升态势，经济增长速度由 2001 年的 7.3% 回升到 2002 年的 8%。

（二）20 世纪 90 年代前后经济增长速度持续回落且持续时间较长

1992 年邓小平发表南方谈话之后，经济运行过热，经济增长速度高达 14.2%，并发生严重通货膨胀。随着治理通货膨胀的宏观调控政策的实施，中国经济增长速度开始逐年回落。在 1996 年中国经济成功实现"软着陆"之后，经济增长速度逐年回落的势头并没有就此打住，仍然沿着下降通道运行，一直下降到 1999 年的 7.1% 才止跌，2000 年回升至 8.1%。经济增长速度连续七年呈单边下降走势，这种情况在新中国经济发展史上是第一次出现，难以用经济增长的周期性规律给出有说服力的解释，这也在一定程度上说明了世纪之交中国经济发展阶段转换的复杂性。

（三）有效需求严重不足，严重的通货紧缩成为经济运行的基本状态

从 1997 年 10 月开始，我国的物价指数进入一个持续的下降通道之中，一直到 2003 年的上半年才开始掉头缓慢回升，其时间跨度之长是很少见的。经济生活中，企业惜投、银行惜贷、居民惜购的"三惜"现象突出，投资需求和消费需求不振。经济运行的常态不是表现为总需求大于总供给，而是表现为总需求小于总供给。

为了应对通货紧缩的威胁，中央银行多次下调银行利率，但物价指数下降的速度和幅度超过了利率下调的速度和幅度，实际利率一直在上升，银行存款一再攀升，银行存贷差余额居高不下，资金沉淀闲置的情况相当严重。通货紧缩已经成为世纪之交中国经济发展阶段转换期间经济运行的基本状态。

（四）就业压力巨大，失业问题非常严峻

胡鞍钢的大量研究表明，世纪之交的经济发展过程中，中国开始进入"高失业阶段"。全国城镇失业人口规模和真实失业率已创新中国成立以来的最高纪录，实际失业人口规模相当于 1980 年的 2 倍，且在不断增长，已经成为我国经济社会中最突出的问题[①]。在经济结构调整和深化体制改革的过程中，在传统正规部门（城镇国有集体单位）和传统产业中，大量的工作岗位被摧毁，大量的职工和从业人员被分流，失去了工作机会。与此同时，新型正规部门和包括个体、私营企业在内的非正规部门正在创造着大量新的工作机会。中国的就业岗位正在经历着一个创造性摧毁的过程，摧毁与创造并存，但创造的速度远远落后于摧毁的速度。大规模、突发性的"下岗洪水、失业洪水"爆发出来，对我国经济、社会、政治等方方面面产生了巨大的冲击，成为中国在世纪之交最为严峻的发展挑战[②]。1995 年，实际失业人员在 800 万人到 913 万人之间；到 2000 年，实际失业人员已经达到了 1695 万人，增加了近 1 倍，实际失业人员数年平均增长率达到了 14.5%。[③]（见表 3-1）

表 3-1　20 世纪 90 年代中期以来我国城镇真实失业率

年份（年）	1993	1994	1995	1996	1997	1998	1999
失业率 (%)	4.48	4.76	5.85	7.50	8.1	8.32	8.69

资料来源：刘迎秋. 次高增长阶段的中国经济. 北京：中国社会科学出版社，2002，279 页.

二、理论界关于"缩长"问题初步研究综述

厉以宁是较早注意到"缩长"现象并提出这个问题的经济学家。2000 年他在香港访问时，向国外人士提出了这个"令人困惑"的问题：中国经济发生了为期

---

① 胡鞍钢. 影响决策的国情报告. 北京：清华大学出版社，2002，135 页.
② 胡鞍钢. 全球化挑战中国. 北京：北京大学出版社，2002，213 页.
③ 同上，215 页。

不短的通货紧缩，各类物价持续全面下跌，但是中国经济仍能保持较快的增长，而不是负增长，这是没有见过的。[①]

董辅初对当时"缩长"现象的初步分析是：第一，从价格的全面持续下跌到发生经济的负增长有一个过程并有一段或短或长的时滞。第二，"缩长"现象是否一定会导致经济的负增长，要看通货紧缩的强度和持续时间的长短。目前虽然通货紧缩尚未终止，但其强度已大大减弱，有望于近期终止。第三，"缩长"现象是否导致经济负增长，还应考虑政府是否干预和干预作用的大小。第四，中国的经济增长下降缓慢和存货增加额大，与占国内生产总值增加额的比重高颇有关系。[②]

王建认为，消费价格指数 1999 年为 -2.4%，2000 年为 -1.3%，2001 年上半年为 -2.5%；城镇登记失业率 1999 年为 3.1%，2000 年为 3.6%，2001 年上半年为 4% 以下。经济增长率上升说明需求在扩张，而需求扩张一般都会带来物价上涨和就业增加，这种"缩长"的现象如果是在几个月内出现也许不足为怪，但如果是已经持续了几年而表现出一种趋势，则说明必然有重大的经济因素导致这种趋势，并且不会马上消失。不论是世界 200 年的工业化历史、第二次世界大战以来的历史，还是近 10 年以来的世界历史，都没有出现过中国这种增长、通胀与就业关系的奇怪组合，破解中国"缩长"现象之谜具有极为重大的理论与现实意义。破解"缩长"现象之谜，是摆在中国经济理论界的一项重大课题，也是中国经济理论工作者责无旁贷的历史责任。

王建认为，中国最特殊的国情即"二元结构"是产生"缩长"现象的主要原因。从产值结构看，我国已进入中等发达国家水平，但从就业结构看，我国仍属于低收入国家。这种产业结构所形成的最大问题，就是当我国产业能力已经能够满足一个中等国家居民消费的时候，我国的人口主体却仍处在低收入水平，这样就造成了社会总供给与总需求之间循环关系的断裂。"二元结构"的另一个侧面，是城乡收入水平的悬殊差距，城市人口虽少，但是人均收入水平是农村的 3 倍，这样，城市人口反而成了社会消费的主体，而随着城市人口的消费进入到汽车和住房时代，中国的产业结构随之升级，进入到资本与技术密集型的重化工业时代，由此产生对劳动力的排斥。所以，在生产增长的同时，农村劳动力转移停滞，使社会总供需之间的矛盾更加突出，就形成了"缩长"的局面。由此而言，破解中国经济"缩长"的局面，也需从打破"二元结构"入手。[③]

王小广认为，经济回升主要是受短期利好因素的刺激，真正反映内在增长的

[①] 参见：吴庆. 也谈"通货紧缩中一个令人困惑的问题". 中国经济时报，2000—07—12.
[②] 参见：董辅初. 通货紧缩中一个令人困惑的问题. 中国经济时报，2000—05—12.
[③] 见中国经济信息网"50 人论坛"。

因素如消费、物价则呈现相反的走势，表明经济增长的内在动力依然不足。物价持续走低与消费增长的回落有直接关系。通货紧缩是一种内在的长期趋势，是长期累积的结构性矛盾和体制性矛盾的综合体现。通货紧缩并不意味着经济衰退或萧条，我国的通货紧缩实际上反映为经济增长率的适度下降或持续调整，这就是所谓的"缩长"现象。在中长期结构调整和体制转变的过程中，货币增长以及利率政策本身与物价走势的关系趋弱。这主要是因为实体经济与货币经济之间存在明显的脱节，或者讲，货币政策的传导机制失灵。[①]

范从来运用国际经济的历史资料以及国际货币基金组织对 100 多个国家价格总水平与经济增长实证分析的框架，对中国 1999 年以来的价格总水平与经济增长之间的关系进行了实证分析。他认为，通货紧缩会导致经济增长率的下降，判断通货紧缩对经济增长的影响，必须区分通货紧缩的初始条件以及通货紧缩的速度和幅度。法国经济学家、诺贝尔经济学奖获得者莫里斯·阿莱斯的研究表明，从长期来看，价格水平的变动与工业生产的变动之间不存在显著的相关关系，不能将通货紧缩与经济衰退简单地画等号。或者说，不能简单而笼统地将价格总水平的负向变动与经济衰退画等号，没有证据显示长期性通货紧缩一定导致实际经济增长率的下降。根据我国学者对经济增长率、失业率和通货膨胀率关系方程的研究，1993—1998 年，我国通货膨胀率每下降 1 个百分点，失业率上升 0.182 个百分点。1991—1998 年，通货膨胀率比上年下降 1 个百分点，经济增长率相应于潜在增长率下降 0.256 个百分点。仅 1998 年因通货膨胀率由上年的 0.8% 变为 -2.6% 所引起的 GDP 增长率就比潜在增长水平低了 0.87 个百分点；失业率比上年上升 1 个百分点，经济增长率相对于潜在增长率下降 2.116 个百分点；仅 1998 年因失业率比上年增加 11.1 个百分点，所引起的 GDP 增长率相对于潜在增长水平下降了 2.33 个百分点。这表明，我国短期性通货紧缩与经济增长率和就业率之间的关系是符合实证分析的：短期性通货紧缩会导致经济增长率下降和失业率上升，并通过失业率的上升进一步引起经济增长率下降。从确保经济稳定增长的角度来看，通货紧缩时期我国货币政策的制定必须意识到短期性通货紧缩与经济增长率之间存在的正相关关系，防止短期性通货紧缩引发经济衰退。[②]

①　王小广.经济增长与通货紧缩并存的成因和对策.经济学动态，2002（10）：4.
②　范从来.通货紧缩与经济增长：实证分析.江苏行政学院学报.2001（3）：59.

第三节 新短缺经济 [①]

一、"新短缺经济"的含义与表现

到 20 世纪末期，我国生产力水平已经迈上了一个大台阶，商品短缺状况基本结束，从市场供求关系的角度来说，我们已经基本告别了短缺经济。经济发展的体制环境已经发生了重大变化，社会主义市场经济体制已经初步建立，市场机制在配置资源中日益明显地发挥基础性作用。在这种情况下，我国的经济生活与经济运行出现了一些新情况、新特点和新问题。"新短缺经济"就是具有发展阶段转换时期显著特点的经济现象，它是指在我国经济发展的体制环境发生了重大变化之后，在资源配置越来越多地依赖市场机制的情况下，我国社会经济生活由于信用短缺和经济秩序短缺而导致资源配置的社会交易费用较高，经济运行的质量、效率、效益较低的经济状态和经济现象。

新短缺经济的主要表现是：① 社会信用关系混乱，社会信用状况低下，社会的信用意识和信用观念淡薄，逃债、废债、赖债的情况时有发生，在企业改革过程中，借破产之名逃避银行债务的情况不在少数。② 一些地方假冒伪劣商品泛滥，制假售假活动猖獗，既损害了合法经营企业和广大消费者的正当权益，又给广大消费者的生命财产带来严重危害。③ 建筑工程领域中招投标弄虚作假现象较多，"豆腐渣"工程问题频频发生，建筑工程的质量问题给社会公共安全带来严重威胁。④ 骗税、骗汇、走私、制售假币、合同欺诈、虚假广告、非法集资、非法传销等经济犯罪活动和经济领域的腐败现象相当严重。⑤ 证券市场经济秩序混乱，一些上市公司、会计中介机构与证券公司相互勾结，提供虚假会计报表，发布虚假公司信息，不法机构投资者和庄家幕后违规操纵股价，大肆掠夺广大中小投资者的财富。⑥ 一个时期以来，全国各地频繁发生了一系列重大特大安全生产恶性事故，给国家和人民生命财产造成巨大损失。⑦ 据媒体报道，全国各地恶意拖欠民工工资总额达 1000 亿元，严重损害了广大民工的合法权益，给社会增添了新的不安定因素，恶意拖欠民工工资成为经济生活中的一大公害和毒瘤。

[①] 参见：李跃. 新短缺经济及其治理. 探求，2002（1），42 页.

新短缺经济与传统意义上的短缺经济存在着明显的区别：首先，从基本特征来看，两者存在明显不同。传统意义上的短缺经济的基本特征主要表现为各种物资、商品、资金、能源等实物性要素资源的短缺；新短缺经济的基本特征主要表现为社会信用和市场秩序等非实物性要素资源的短缺。其次，从它们产生的体制背景、体制环境和体制条件来看，两者存在明显不同。计划经济体制是在传统意义上的短缺经济产生的体制背景、体制环境和体制条件，而新短缺经济则是在社会主义市场经济体制初步确立的过程中出现的。由此可见，新短缺经济和传统意义上的短缺经济是两种性质不同的短缺经济。传统意义上的短缺经济属于计划经济的范畴，新短缺经济属于市场经济的范畴。前面所说的实物性的结构性短缺仍然属于传统意义上的短缺经济的范畴，而不是这里所说的新短缺经济的范畴。从传统意义上的短缺经济到新短缺经济的过程，既反映我国经济发展水平发生了阶段性变化，又反映了我国经济体制发生了重大变迁。新短缺经济的出现，标志着制约我国经济发展的"瓶颈"发生了重大变化，经济发展在受到相对过剩困扰的同时，我国经济发展又面临着新短缺经济的严峻挑战。

二、新短缺经济的实质及产生的原因

从制度经济学的角度来看，以社会信用短缺和市场秩序短缺为基本特征的新短缺经济，其实质就是适应社会主义市场经济发展要求的市场制度、文化环境和道德规范的短缺，其核心是制度短缺或者说制度有效供给不足。从根本上看，新体制的生长速度明显地落后于经济发展和社会生产力发展所提出的要求，是新短缺经济产生的深层次根源。

（1）传统意义上的短缺经济基本消失，商品供求关系由供不应求到供过于求的重大变化导致竞争越来越激烈。迫于竞争的压力和快速致富的心理，一些企业和个人便采取不正当竞争的手段参与竞争，通过背信弃义的经济行为逃避经济责任，谋取更多的物质财富。

（2）在由计划经济体制向市场经济体制转轨的过程中，特别是在体制转轨已经越过临界点，经济发展的体制环境已经发生了重大变化的情况下，计划手段和行政手段对经济活动的控制管理力度有所削弱。而新的市场制度、市场规范和经济行为规则还很不健全，体制和制度缺位、错位的问题严重，社会信用制度和信用体系没有建立起来，企业、团体和个人缺乏信用档案和信用记录，社会缺乏信用信息的披露规则和渠道，由此形成的制度和体制空洞是新短缺经济产生的根本原因。在存在制度和体制空洞的经济状态下，失信者和违规者很少因其行为受到严厉处罚并付出惨重代价，甚至还获得暴利；守信者和守规者难以获得建立在信誉基础上的经济利益，甚至还蒙受损失。其结果是市场信用和经济秩序的建立缺乏足够的激励机制和约束机制。在这种情况下，经济活动的参与者在经过多次市场博弈之后，必然建立起大家都不守信守规的均衡。

（3）政府改革的进展与社会主义市场经济发展的要求不相适应，精简政府机构人员和转变政府工作的任务还远远没有完成。在政府工作中，工作效率不高、行政职能错位、行政行为失范、政府有效作为不足而不作为和负效作为太多等问题比较严重。政府既当"裁判员"又当"运动员"、地方保护主义成为市场经济秩序混乱的重要根源之一。

（4）社会主义法治建设的进展与社会主义市场经济发展的要求不相适应，司法监督不力，司法中存在的司法不公、地方保护主义和司法腐败等问题也是市场经济秩序混乱的重要原因之一。

（5）社会主义市场道德建设和市场文化建设的状况与社会主义市场经济发展的要求不相适应，经济活动中既缺乏来自微观经济主体的自我道德约束功能，又缺乏以道德为依据的社会舆论监督功能，市场机制因缺乏相应的道德机制和文化背景的支持与配合而发生一定程度的变形、走样和失效。

三、新短缺经济的危害

现代市场经济是信用经济。信用关系即债权债务关系渗透到市场经济活动中的每一个部门、每一个环节、每一个角落，成为市场经济中最普遍、最复杂、最重要的经济关系，成为连接政府、企业、团体、个人最重要的纽带。信用关系、信用体系和信用制度是市场经济正常运行的重要基础。现代市场经济是道德经济。市场道德是市场交易活动中的行为规范，它通过经济活动参与者的自我约束和相互约束来促进市场交易活动的顺利进行。道德约束机制作为市场经济内在的约束力量也是市场经济正常运行不可或缺的重要基础。现代市场经济是法治经济。现代法治是确保市场公平竞争、维护市场秩序、保障市场主体正当权益的重要力量，现代法治作为市场经济的外在约束机制和保护力量是市场经济正常运行的重要保证。

新短缺经济与市场经济作为信用经济、道德经济和法治经济的根本要求是相悖的，与我们建立一个完善的社会主义市场经济体制的目标也是相悖的，其危害性是巨大的。

（1）从微观的角度来看，新短缺经济导致市场微观主体从事经济活动的交易成本成倍增长，各种交易风险和交易障碍显著增加，这将大大抑制企业和个人从事经济活动、参与市场竞争的积极性。一个时期以来，民间投资一直启而不动、波澜不兴，企业投资活动的社会成本高、信用风险大是重要原因之一。

（2）从宏观的角度来看，新短缺经济导致市场机制配置社会资源的功能扭曲，社会交易费用剧增，社会系统性风险增大，大大损害了经济发展的效率和质量。信用不足引起以现金结算的交易量上升，社会的现金货币需求量增加，商品流通和货币流通的社会流通费用加大；企业逃避银行债务使得发生系统性金融风险的可能性增大，整个社会的金融安全度下降；深沪股市几年以来持续性的下跌初步显现了资本市场过度失信产生的金融风险；信用、信誉、信任不足增加了资本与技术对接的难度和成本，不利于"科教兴国"战略的实施；市场秩序混乱加大了收入分配差距，增加了社会的不安定因素。

第四节　由成长阶段转向强壮阶段的理论分析

一、发展阶段转换过程中的主要特征

国务院发展研究中心课题组的一项研究成果认为[①]，世纪之交中国经济发展的阶段性变化主要表现在以下六个方面：

（一）综合国力显著增强

1978—2000 年，中国经济年均增长 9.52%，是全世界最快的。2000 年，中国国内生产总值（GDP）达 8.94 万亿元人民币，按可比价格计算，相当于 1978 年的 7.4 倍。按当年汇率折算，突破 1 万亿美元。世界银行的资料表明，2000 年我国 GDP 总量排在美、日、德、法和英之后，居世界第六位。如果按照购买力平价计算，我国经济总量还有很大增加，排次也更提前。2000 年与 1980 年相比，GDP 总量增加 5 倍以上，在人口增加 3 亿的情况下，实现了人均 GDP 翻两番的目标，超过了改革开放初期确定的 20 年经济总量翻两番的目标。国民财富由少到多，主要工农业产品产量大幅度增加，一些重要产品产量跃居世界前列。20 世纪 90 年代中期以来，长期困扰中国经济发展和人民生活的商品供应普遍紧缺已经转变为相对过剩。市场供求总格局的这种变化，是一个带有根本性的转折，表明经济增长正在

---

① 参见：王梦奎，等.新阶段的中国经济.北京：人民出版社，2002，3—12 页.

由供给约束为主的阶段转变到需求约束为主的阶段。

科技事业突飞猛进。1997年科学家和工程师达到166.6万人，居世界首位，是我国经济发展的优势之一。门类较为齐全的科研体系初步形成，在原子能、生物工程、高能物理、航天、自动化和新材料等高新技术领域，我国已经跨进世界先进行列。教育事业蓬勃发展。据联合国教科文组织统计，中国小学入学率和中学入学率均高于世界平均水平。医疗保健逐步改善，国民健康水平显著提高，当时的人口平均期望寿命71岁，高于世界平均水平（66.5岁）；婴儿死亡率下降到33.2‰，低于世界平均水平（54.3‰）。据联合国《2001年人类发展报告》，中国人类发展状况位居世界中等行列，人类发展指数由1980年的0.553上升为1999年的0.718，不仅高于中等发展水平国家的平均指数（1999年为0.684），而且首次超过世界平均水平（1999年为0.716），在162个国家和地区中名列第87位。

（二）人民生活实现两个历史性跨越

城乡居民衣食住行条件正在发生质的飞跃。1979年以来我国城乡居民消费水平增速位居世界前列，消费水平连续登上几个大台阶。居民消费结构和生活质量明显改善。1978—2000年，城乡居民的恩格尔系数分别由57.5%和67.7%下降到39.2%和49.1%，总体低于50%，表现出小康生活的一个特点。居民消费从注重消费品数量的增加转变为同时注重生活质量的提高。耐用消费品迅速升级换代，消费结构已从温饱型农产品消费过渡到小康型工业品消费，部分向比较富裕型的服务类消费迈进。城乡贫困人口大幅度减少，农村贫困人口由1978年的2.5亿人减少到2000万～3000万人，占农村总人口的比重由30.7%下降到3%左右。

（三）工业化进入中期阶段

伴随工业化进程，产业结构呈现出明显的由低级到高级、由严重失衡到基本合理的变动趋势。从我国产业结构、制造业实力以及出口结构来看，可以做出这样的判断：我国已经由工业化初期阶段进入中期阶段。根据是：第一，在农产品总量迅速增加的前提下，第一产业在GDP中的比重和种植业产值在农业中的比重明显下降。1978—2000年，农业发展迅速，农产品供给实现了由长期短缺向总量基本平衡、丰年有余的历史性转变；同时，第一产业增加值在GDP中的比重由28.1%下降为15.9%，第一产业内部结构发生积极变化，种植业比重下降，林业、牧业、渔业比重上升，农业单一生产结构转变为多种经营，传统农业开始向现代农业过渡。第二，在人口总量增加3亿的情况下，农业劳动者比重由70.5%下降到50%。第二产业增加值比重由48%上升到50.9%，第三产业增加值比重由23.7%上升到33.2%，长期制约我国经济发展的原材料、能源和交通运输等"瓶颈"基本得到缓解，现代服务业正在兴起。第三，已经建成比较完整的工业体系，制造业能力比较强大，有一定科技水平，能够为国民经济提供相当部分的技术装备；交通、运输、通信设备日益发达，为经济增长创造了有利的基础设施条件。工业增长迅速，结构调整和科技进步的贡献日益明显，高新技术产业成为拉动工业乃至整个经济增长的重要力量，工业生产对需求变化的适应性逐步增强。第四，农产品等初级产品在出口量迅速增加的情况下，在出口商品构成中所占比重大幅度下降。从 1980 年到 2000 年，初级产品出口量所占比重由 50.3% 下降到 10.2%，工业制成品出口量比重由 49.7% 提高到 89.8%；高新技术产品出口从无到有，其出口额占出口总额的比重达 14.9%。中国经济结构的变化，呈现出由满足基本需求为主转向逐步适应消费升级和需求多样化的趋势，这是工业化加速阶段的新特征。

（四）已经由计划经济体制初步转变为社会主义市场经济体制

所有制结构日趋多元化，公有制为主体、多种所有制经济共同发展的格局不断演进，经济运行的生机和活力增强。商品市场发育迅速，生产要素市场体系初步形成。计划、金融和财政相互配合、相互制约的宏观调控体系基本确立，间接调控手段逐步完善，国家宏观调控能力明显提高。收入分配方式逐步适应市场经济的要求，按劳动和按其他生产要素相结合进行分配的方式刺激了微观经济效率的提高。由于推行政企分开，政府管理经济的职能发生积极转变。在经济体制转轨的过程中，市场配置资源的范围日益扩大，层次由浅入深，基础性作用显著增强，国民经济的市场化程度明显提高，在世界的排名逐步上升。对我国经济的市场化程度目前缺乏精确计算，但国内学者的多数测算结果表明，20 世纪 90 年代末期我国经济的市场化程度已超过 50%。据加拿大出版的《2001 年世界经济自由度报告》1980—1999 年，中国经济自由度指数由 3.2 提高到 5.8，位次由第 101 位（107 个经济体）上升到第 81 位（123 个经济体）。经济改革是经济快速增长的强大动力。

（五）全方位对外开放的格局基本形成

中国经济呈现出越来越明显的国际化趋势，正在由有限领域的开放转变为全面的开放，由主要根据短期需要实行开放转变为根据长远发展目标和国际惯例实行开放，由对部分国家和地区开放转变为对整个世界贸易体系开放。对外贸易增长迅速，1978—2000 年，进出口总额由 206.4 亿美元增加到 4742.9 亿美元，排名由世界第 32 位上升到第 8 位；外贸依存度（进出口总额 /GDP）由 1980 年的

14.4% 提高到 43.9%；出口总额由 1978 年的 97.5 亿美元增加到 2492 亿美元，成为世界第七大出口国，部分行业和产品的国际竞争力增强。引进外商投资迅猛增加，1993 年以来连续七年保持发展中国家第一、全球第二（仅次于美国）。利用外资质量逐步提高，全球 500 家最大跨国公司已有 400 多家来华投资。人民币实现了经常项目和部分资本项目可兑换，汇率保持基本稳定。外汇储备由改革开放之初的 8.4 亿美元增加到 2001 年的 2000 多亿美元，1996 年以来一直居世界第二位（仅次于日本），为应对国际金融危机和维护我国信誉提供了坚实依托。正是有了这种实力，中国才能在亚洲金融危机中承诺和坚持人民币不贬值，为亚洲经济和金融的稳定作出了重要贡献。加入世界贸易组织，标志着我国主动参加经济全球化进程，在更大范围和更深层次上发展开放型经济，也反映出国际社会对我国经济发展和改革的认同。

（六）社会结构发生重大变化

社会结构发生深刻变迁，社会的法治程度显著提高。计划经济体制下那种以职务、单位、户口为主界定人们身份的等级化、封闭式社会结构，正在转变为市场经济体制下重视能力、知识、贡献的平权化、开放式社会结构。社会成员的选择自由空前扩大，新的社会分层趋势日益明显。利益主体从单一化走向多元化，政府、单位、家庭、个人之间相对独立的利益关系逐步得到社会普遍认可，社会组织管理方式正在由单向指令型向双方契约型转变。民主与法治建设得到加强，公民权利保障程度逐步提高。言论自由和学术自由不断发展，人们的精神生活空前活跃。中国社会正处于前所未有的剧烈变革时期，人们的生活方式、行为方式和思维方式都在经历着深刻变化。在新旧矛盾交织和不断演化的复杂情况下，中国保持了政治稳定、民族团结和社会安定，社会凝聚力和对变革的承受能力逐步增强。这为经济建设和改革开放的顺利推进奠定了宝贵的社会基础。

二、理论界关于发展阶段转换与新阶段问题研究综述

无论是决策层还是理论界，对中国社会经济已经进入了一个新的发展阶段的认识和判断达到了高度一致。中国共产党十五届五中全会的决议最早明确提出，进入 21 世纪，我国进入了全面建设小康社会、加快推进社会主义现代化的新的发展阶段。经过改革开放 20 多年之后，中国社会经济发展的阶段性特征已经发生了本质的变化。中国社会经济发展阶段性本质变化的具体内容是什么？中国社会经济发展阶段性本质的变化具体表现在哪些方面？中国社会经济发展新阶段的本质

究竟是什么？理论界对上述问题有不同的观点。

理论界对中国社会经济发展进程特别是改革开放以来中国社会经济发展进程的阶段性研究，已经取得了不少研究成果。贾保华从中国改革开放的历史进程的角度来研究中国社会经济发展的阶段性问题[①]，他以改革开放目标的实现程度为主要依据，判定中国社会经济发展已经进入"后改革开放"时期。我们暂且把这种观点简称为"改革开放阶段论"。贾保华对进入 21 世纪的中国经济的阶段性特征、面临的主要实际问题等方面进行了比较深入的分析，但无论是从经济理论的角度还是从语言语义表达的角度，用"后改革开放"来概括 21 世纪初中国社会经济的阶段性都是不准确的。"后改革开放"这一概念容易产生的最大歧义就是，改革开放对于当前的中国社会经济发展的重要性下降了，改革开放的基本国策对推动中国社会经济发展的重要性变成次要的因素了。很显然，这不符合中国社会经济发展的实际。美国学者丹尼尔·贝尔是在第二产业增加值占 GDP 总值的比重下降到第二位、工业在国民经济中的地位下降、第三产业在国民经济中的重要性迅速上升的背景下提出"后工业社会"概念的，由于"后工业社会"这一概念准确、贴切地反映了社会经济发展的实际状况和发展变化趋势，因而获得了广泛的认同。在深化改革和扩大开放的重要性不仅没有下降反而进一步上升的情况下，提出"后改革开放"概念就缺乏科学性和学理性了，与丹尼尔·贝尔当年提出"后工业社会"概念的科学性和学理性相去甚远。

刘迎秋运用美国经济学家罗斯托的经济发展阶段理论，主要从经济增长过程的角度来研究中国在世纪之交的社会经济发展的阶段转换问题，得出的基本结论是：中国社会经济发展在世纪之交发生阶段转换，就是已经走完了起飞阶段，转入自我持续增长的"次高增长"新阶段[②]。我们暂且把这种观点简称为"增长阶段论"。"增长阶段论"只注意研究了中国经济发展新阶段的经济增长特征，而经济增长并不等于经济发展，经济增长的阶段性特征只是经济发展的阶段性特征之一，以经济增长的阶段性特征解释经济发展的阶段性特征，显然是不全面、不准确的。从 2003 年中国经济增长高达 9.1% 的情况来看，"次高增长"，只是在 1997—2002 年，即由上个发展阶段末期和新的发展阶段初期所构成的"发展阶段转换"期间的经济增长特征，而不是整个新的发展阶段即强壮阶段的经济增长特征。

三、从"初级阶段过程论"看发展阶段转换与新阶段的本质

国务院发展研究中心课题组的研究成果中讲到的中国经济发展的阶段性变化

---

① 贾保华. "后改革开放"时期的中国经济. 中国经济时报，2002—07—13.
② 刘迎秋. 次高增长阶段的中国经济. 北京：中国社会科学出版社，2002.

的六个方面，归纳起来主要是"三个重大变化"：一是生产力水平迈上了一个大台阶，商品短缺状况基本结束，市场供求关系发生了重大变化。我国的综合国力达到了一个新水平，人民生活总体上达到了小康水平。市场上大多数商品供应充足，基本上告别了商品短缺时代。二是社会主义市场经济体制初步建立，市场机制在配置资源中日益明显地发挥基础性作用，经济发展的体制环境发生了重大变化。三是全方位对外开放格局基本形成，开放型经济迅速发展，对外经济关系发生了重大变化。"三个重大变化"实际上表明，进入21世纪以后，中国社会经济发展的大环境发生了重大变化，即经济和社会发展的市场环境、体制环境和对外经济环境都发生了重大变化。

"三个重大变化"的出现既是判定中国社会经济发展进入新阶段的主要依据，又是中国社会经济发展进入新阶段的主要标志。中国社会经济发展进入新阶段的本质就是社会主义初级阶段的历史进程从初期进入到中期。与前一阶段相比，进入新阶段的中国社会经济发展发生的最根本的本质性变化就是，社会主义初级阶段主要矛盾的具体形态从低级形态运动到中级形态。这种阶段性的本质变化具体表现在：

第一，一方面，人民群众的温饱问题基本解决，人民生活水平有很大提高，全国总体上进入小康水平；另一方面，社会生产力跃上一个大台阶，人均收入水平、城乡居民消费结构、产业结构、城乡基础设施等方面都有了很大提高和改善，因而人民的物质文化需要与社会生产之间的矛盾总体上有很大缓解。

第二，尽管主要矛盾在总体上有很大缓解，但是在进入新阶段之后，初级阶段主要矛盾运动及其变化趋势变得更加复杂，不确定性增加，解决矛盾的难度不仅没有减小反而有所增大。新阶段主要矛盾运动及其变化趋势的复杂性主要表现为：人民群众的物质文化需要的增长和实现已经呈现很大的不平衡性，社会生产的发展水平同样呈现很大的不平衡性，而且两者之间的不平衡性是不对称的，由此引发不同地区、不同行业、不同社会阶层和不同的利益集团之间的利益矛盾在一定时期内呈上升趋势；在中国加入世界贸易组织，从而全面融入世界经济的情况下，外部环境的变化既为中国社会经济发展和初级阶段主要矛盾的解决提供了机遇也带来了风险，不确定性有所增加；有效需求不足、通货紧缩和相对过剩的出现，一方面说明初级阶段主要矛盾双方的相互关系发生了重大变化，在社会生产仍然是矛盾主要方面的情况下，人民的物质文化需要对社会生产的反作用明显增强；另一方面也说明，初级阶段主要矛盾已经由数量矛盾为主转变为数量矛盾与质量矛盾并存，部分商品出现相对过剩，并不是初级阶段主要矛盾已经解决的标志，而是数量矛盾下降、质量矛盾上升的表现，换句话说，在"有没有"的问题基本解决之后,"好不好"的问题日益突出;人民的物质文化需要正在发生结构变化,物质需要在向更高层次发展的同时,精神文化需要正在快速增长,物质和精神文化需要日益呈现出多样化、个性化和外向化的特点。

第三,市场经济体制的基本建立,不仅意味着中国社会经济发展的体制基础发生了重大变化,同时也意味着中国社会生产方式发生了重大变化。由于社会生产方式仍然是初级阶段主要矛盾的主要方面,只有继续深化改革,建立更加完善的市场经济体制及其良好的运行机制,推动社会生产方式朝着先进生产力发展要求的方向变革,才能使进入新阶段的初级阶段主要矛盾运动朝着良性的方向运行。在新阶段,继续深化改革面临双重任务:一是前一阶段改革开放尚未完成的任务,比如国企改革、事业单位改革和农村改革,尤其是垄断部门的改革等。二是对在前一阶段改革开放中产生和出现的问题和偏差进行"再改革",比如城市贫苦问题、基础教育改革过程中产生的办学金钱化以及其他与基础教育改革过程中出现的相类似的"泛市场化"问题等①。

---

① 李跃.中国社会经济发展"新阶段"的本质是什么.中国经济时报,2002—08—17.

第四章　经济发展新阶段——数字经济的发展

2016 年，中国数字经济持续蓬勃发展，总体规模稳居全球第二，增长速度位居全球前列，是推动我国经济发展质量变革、效率变革、动力变革的重要引擎。其中，基础型数字经济呈平稳增长趋势，融合型数字经济已成为我国数字经济发展的主要动力，在制造业转型升级的大背景下，为我国的经济发展持续注入新动能。

第一节　数字经济保持快速发展势头

近年来，中国数字经济发展势头良好，自 2013 年首次超过日本跃居全球第二位以来，领先优势不断加大，与美国的差距也在逐渐减小，数字经济增速更是位居全球"领头羊"位置，虽然其占 GDP 比例与发达国家相比仍有差距，但总体来看，中国数字经济发展潜力十分巨大。

一、中国数字经济总体规模稳居全球第二

2016 年，中国数字经济同比增速达 18.9%，总量达到 22.6 万亿元人民币（折合 34009 亿美元），相比 2015 年增加 3.97 万亿元，稳居全球第二位，领先排名第三位的日本（22935 亿美元）11074 亿美元，与排名第一位的美国的差距仍较为明显，仅达到美国数字经济总量（108318 亿美元）的 31.4%，如图 4-1 所示。总体来看，中国数字经济发展态势良好，呈现快速上升趋势，对整体经济的发展起到了至关重要的作用。

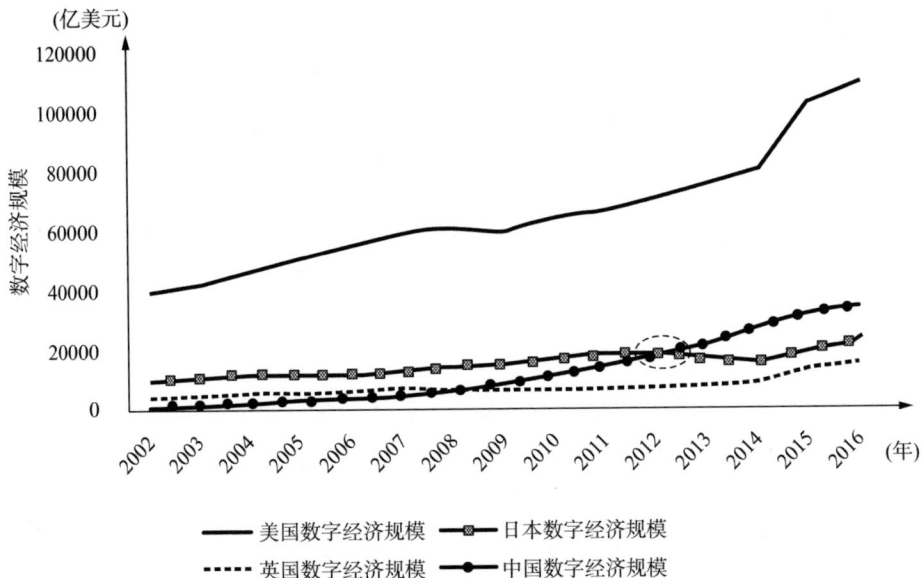

图 4-1 中国与全球主要国家数字经济规模比较

资料来源：中国信息化百人会.中国信息经济发展报告，2017.

二、数字经济占 GDP 的比例较低、增速较快

近年来，世界主要国家数字经济总体保持增长势头，在各国国民经济中的重要性持续提升。从中国、美国、日本、英国四国数字经济规模占 GDP 比例情况看，2016 年中国数字经济占 GDP 的比例为 30.3%，显著低于全球其他主要国家，分别比美国（58.3%）、日本（46.4%）和英国（58.6%）低 28%、16.1%、28.3%，在国民经济中的重要作用尚未完全发挥出来。尽管中国数字经济占 GDP 的比例不高，但增速优势明显。2016 年，中国数字经济增速高达 18.9%，分别比美国（6.1%）、日本（17.0%）和英国（11.5%）高出 12.8%、1.9%、7.4%。未来几年，在高增速带动下，中国数字经济占比将有望逐渐逼近全球主要国家的平均水平，数字经济在推动中国经济社会发展、构建全球竞争新优势的重要作用将愈发凸显，如图 4-2 所示。

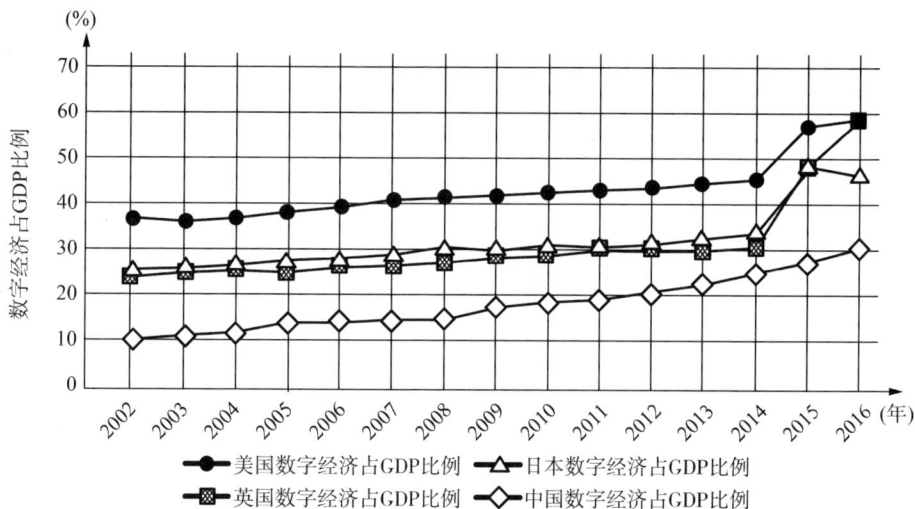

图 4-2 中国与全球主要国家数字经济占比比较

资料来源：中国信息化百人会 . 中国信息经济发展报告，2017.

第二节 数字经济占比与贡献呈"双高"态势

当前，我国经济已由高速增长阶段转向高质量发展阶段，正处在转变发展方式、优化经济结构、转换增长动力的攻关期。在总体经济增速放缓的背景下，数字经济增长逆势而上，2016 年中国数字经济占 GDP 的比例高达 30.3%，数字经济对 GDP 增长贡献率高达 58.7%，有力地促进了我国经济创新力和竞争力的持续提升，成为加快建设现代化经济体系、带动国民经济高质量发展的重要引擎。

一、数字经济占 GDP 比例保持上升势头

自 2002 年以来，中国数字经济增速一直高于 GDP 增速。尤其是 2011 年之后，中国 GDP 增速逐年放缓，而数字经济的增速却连续走高，与 GDP 增速的差距逐渐拉大，并带动中国数字经济占 GDP 的比例持续上升。2016 年，中国数字经济增速 18.9%，是 GDP 增速（6.7%）的 2.8 倍，数字经济占 GDP 的比例上升至 30.3%，相比 2015 年提高 2.8%，是 2002 年数字经济占 GDP 比例的 3.3 倍，如图 4-3 所示。

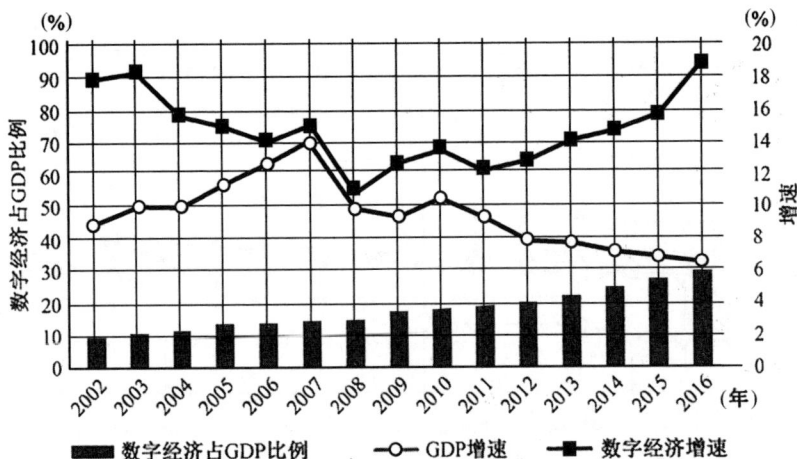

图 4-3　2002—2016 年中国数字经济占比与增速情况

资料来源：中国信息化百人会．中国信息经济发展报告，2017.

二、数字经济对 GDP 增长的贡献率保持较高水平

2016 年，中国数字经济对 GDP 增长的贡献率达到 58.7%，从 2002 年至 2016 年，数字经济对 GDP 增长的平均贡献率高达 34.3%。现阶段我国实体经济增速持续放缓，在此背景下，数字经济增速逆势而上，呈现出加速增长的态势，其对我国 GDP 增长的贡献率不断攀升。另外，数字经济在直接创造价值收益的同时，也可以通过降低实体经济运行成本、提升全要素生产率等方式，间接对 GDP 增长作出贡献。数字经济在国民经济中的地位不断提升，已成为国家经济稳定增长的重要引擎，如图 4-4 所示。

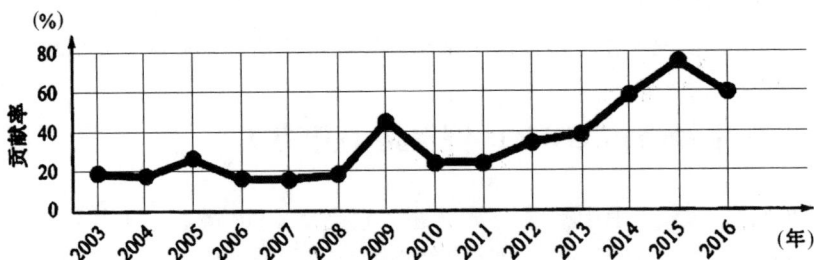

图 4-4　中国数字经济对 GDP 的贡献率

资料来源：中国信息化百人会．中国信息经济发展报告，2017.

第三节　基础型数字经济呈平稳增长趋势

从中国数字经济的发展历程来看，2007 年是中国数字经济内部结构发生变化的重要拐点。2007 年以后，基础型数字经济占数字经济比例逐年下降，但仍然保持稳定增长，并为融合型数字经济提供了有力的基础支撑。融合型数字经济增速与贡献率均创近年新高，是中国数字经济发展的主要动力。

一、数字经济内部结构演进呈明显阶段性特征

从 2002 年到 2016 年数字经济内部结构演进过程来看，中国数字经济内部结构变化呈明显的阶段性特征。2002—2006 年，随着基础型数字经济的发展，数字经济发展的基础条件逐步完善，为融合型数字经济发展提供了条件，基础型数字经济与融合型数字经济同步发展，二者在数字经济中的占比均维持在 50% 左右。2007 年之后，基础型数字经济发展相对成熟，增长趋于平缓。而融合型数字经济则依托中国量大面广的传统产业转型升级的旺盛需求，呈现高速增长态势，在数字经济中的占比逐年提升，逐渐占据主导地位。2007 年，中国基础型数字经济在数字经济中的占比大幅下降至 47.1%，相比前一年下降了 3.3%，成为中国数字经济内部结构突变的重要拐点。2016 年，中国基础型数字经济在数字经济中的占比仅为 22.8%。而融合型数字经济在数字经济中的比例已高达 77.2%，如图 4-5 所示。

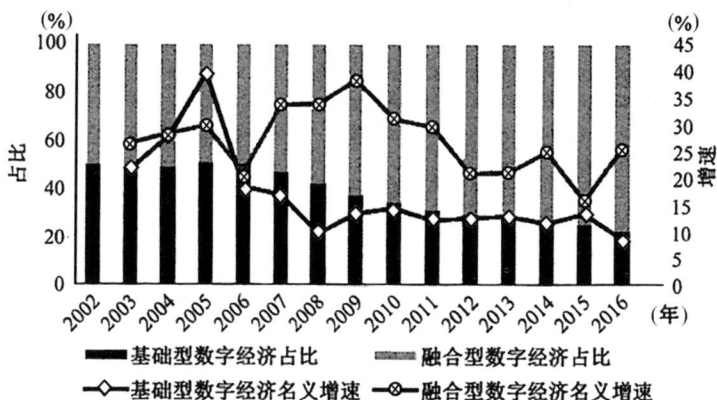

图 4-5　中国数字经济内部结构及增速比较

二、基础型数字经济继续保持稳定增长

2016 年，中国基础型数字经济规模为 5.2 万亿元，同比名义增长 8.8%，增速创近年新低。基础型数字经济占 GDP 的比例为 6.9%，占数字经济比例为 22.8%，同比降低 2.7%。由于融合型数字经济的高速增长，导致基础型数字经济对数字经济整体增长的贡献率相对降低，仅为 10.6%，相比 2015 年下降 12.4%，如图 4-6 所示。

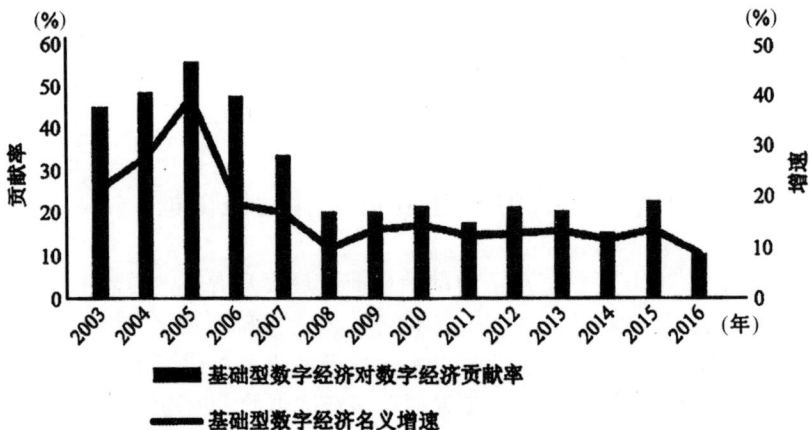

图 4-6 基础型数字经济增速与对数字经济整体增长贡献率

三、融合型数字经济的增速与贡献率均创近五年新高

随着信息通信技术与实体经济持续融合渗透，从 2003 年至 2016 年，除 2015 年外，中国融合型数字经济常年保持 20% 以上的高速增长态势，对中国数字经济发展的贡献愈加突出。随着中国产业加速转型升级，2016 年中国融合型数字经济规模增至 17.4 万亿元人民币，名义增速高达 25.7%，达到近五年来的最高点。融合型数字经济的高速增长有效推动了中国数字经济的全方位发展，对数字经济总体规模增长的贡献接近九成（88.2%），已经成为驱动中国数字经济增长的重要引擎，如图 4-7 所示。

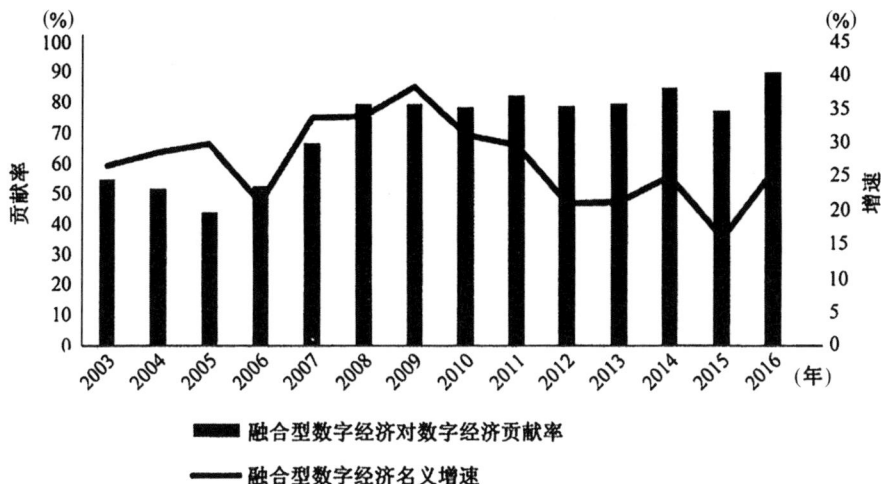

图 4-7 融合型数字经济增速与对数字经济整体增长贡献率

第四节 基础型数字经济结构稳定

中国基础型数字经济始终保持稳步增长，内部结构较为稳定，电子信息制造业保持稳中有升的态势，复苏势头持续向好；电信业转型步伐加快，业务总量与收入增速同步提升；软件产业平稳发展，占基础型数字经济的比例不断提高；互联网产业保持高速增长成为拉动数字经济快速增长的重要动力。

一、电子信息制造业复苏势头持续向好

随着国内蓬勃的电子产品市场需求和中国企业核心技术的不断突破，中国电子信息制造业出现了持续复苏迹象。2016 年，电子信息制造业主营业务收入实现 12.2 万亿元，同比增长 9.4%；增加值达到 2.75 万亿元，同比增长 36.5%，与 2015 年 9.1% 的增长率相比，提高了 27.4%，增速提升幅度较大。同时，电子信息产业占 GDP 比例增至 3.7%，相较 2016 年提高了 0.72%，占 GDP 比例延续了自 2015 年以来的增长势头，如图 4-8 所示。

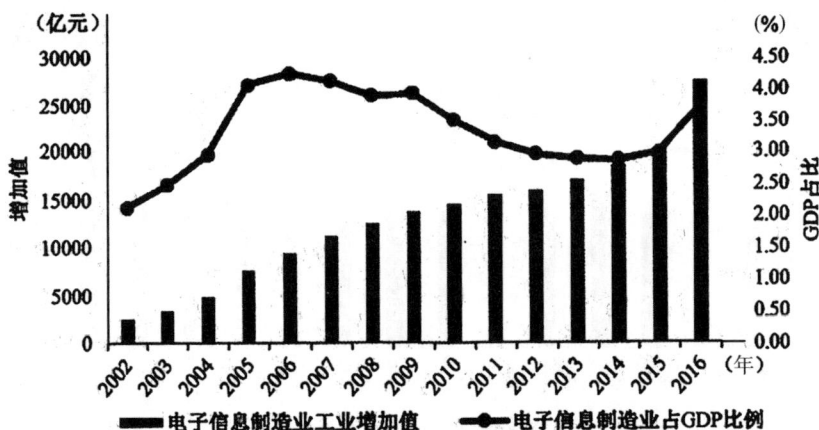

图 4-8　2002—2016 年电子信息制造业增加值情况

21 世纪初，集成电路行业成为电子信息制造业的一大热点。行业内国际巨头的频繁并购重组，使得集成电路行业进入机遇与挑战并存的发展阶段。在全球集成电路产业 GDP 增长率低于平均 GDP 增长率的背景下，2016 年我国集成电路行业的产业规模仍保持着大约 20% 的增长速度，行业年投资额超过 1000 亿元，创新能力进一步提升，产业整体实力显著增强。集成电路产量方面，在 2010 年的大幅提升之后，我国集成电路产量始终保持稳定增长态势，为数字经济发展奠定了物质基础，如图 4-9 所示。

从机遇与挑战看，一方面，云计算、大数据、工业互联网的快速发展，正带动集成电路行业高新技术产品需求的爆发式增长，相关政策营造的良好发展环境，也为集成电路行业带来前所未有的发展机遇；另一方面，国内集成电路行业持续创新能力不足等内在问题，以及频繁并购带来的不稳定因素，使得我国集成电路产业发展仍然面临较大挑战。

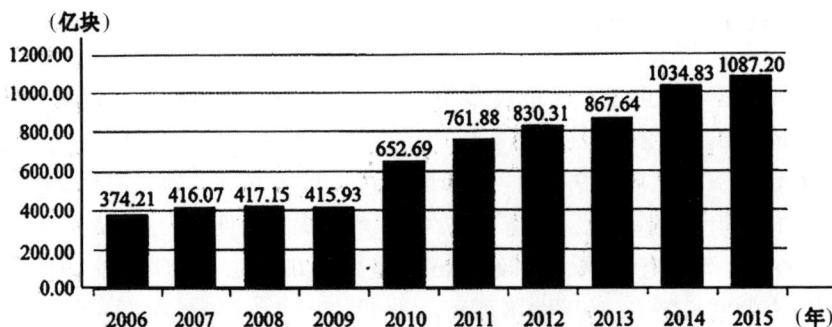

图 4-9　2006—2015 年我国集成电路产量情况

二、电信业运行平稳，业务总量与业务收入实现"双增"

2016 年，电信业务总量完成 35948 亿元，同比增长 54.2%，比上年提高 25.5%；业务收入完成 11893 亿元，同比增长 5.6%，比上年回升 7.6%[①]。其在经过连续两年的收入下滑之后，增长速度重新回归正值，行业转型的成效开始显现，未来有望取得进一步发展。随着"提速降费"指导意见的贯彻落实，电信行业的业务总量与收入增速差距有所扩大，如图 4-10 所示。

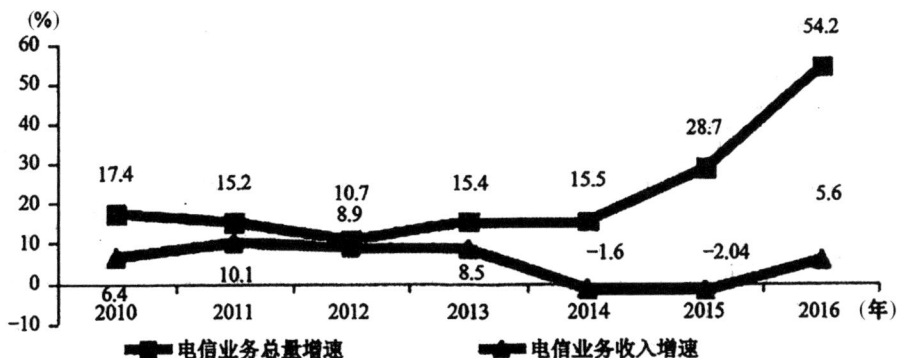

图 4-10　2010—2016 年电信业务总量与业务收入增长情况

资料来源：工业和信息化部．通信运营业统计公报，2016．

三、软件产业稳定发展，收入增速有所回落

自 2002 年以来，中国软件产业始终保持快速发展态势。从主营业务收入增速的变化规律可以看出，中国软件产业的扩张速度呈阶段性变化特征。2002—2005 年是超高速增长期，软件业务收入持续保持 40% 以上的增速超高速增长，并于 2005 年达到了 2002—2016 年的最高增速 62.2%；2006—2011 年是振荡增长期，软件业务收入的增速在 20%～40% 持续振荡；2012—2016 年是平稳增长期，软件业务收入仍然保持较高速的发展态势，但增速却在逐渐回落，由 2012 年的 31.5% 降至 2016 年的 12.6%。然而，软件业占基础型数字经济比例仍呈现平稳增长态势，2016 年占比增至 32.5%，相比 2015 年增加 1.1%，如图 4-11 所示。

---

① 　工业和信息化部．2016 年通信运营业统计公报．

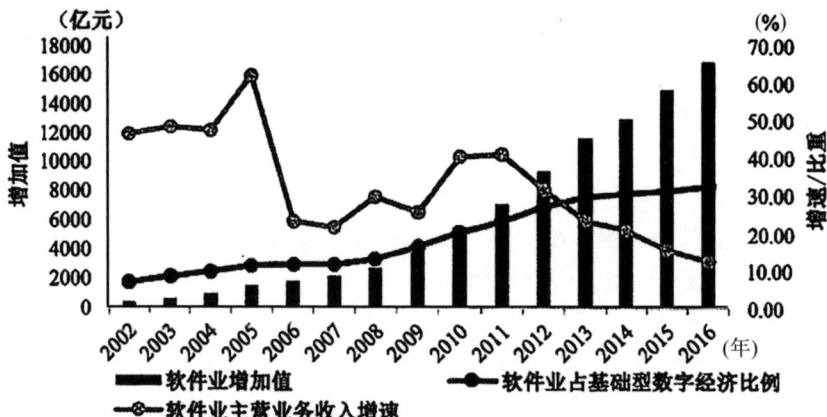

图 4-11 2002—2016 年软件产业发展变化趋势

资料来源：工业和信息化部.中国电子信息产业统计年鉴（2016 年软件篇）.

四、互联网产业增势迅猛，互联网用户规模不断扩大

互联网产业自 2010 年以来，逐渐为数字经济的发展贡献重要力量，经过几年的迅猛发展，已经成为基础型数字经济的一个重要组成部分。2016 年，中国互联网用户规模高达 7.31 亿户，普及率达到 53.2%，超出全球平均水平 3.1%，全年共计新增网民 4299 万人，增长率为 6.2%。其中，手机网民占比达 95.1%，手机支付习惯已经形成。2016 年，企业的计算机使用、互联网使用及宽带接入已经全面普及，分别达到 99.0%、95.6% 和 93.7%，同比分别提高 3.8%、6.6% 和 7.4%，如图 4-12 所示。

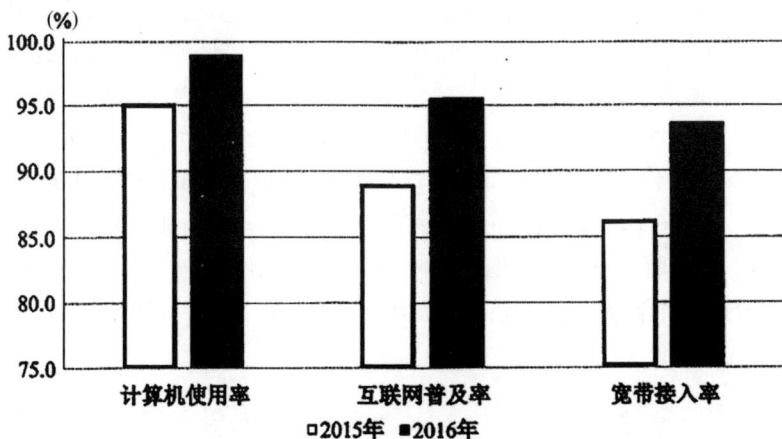

图 4-12 2015—2016 年计算机、互联网、宽带普及情况

资料来源：第 39 次中国互联网络发展状况统计报告.

互联网产业发展推动支付方式转变，我国移动支付业务保持快速增长。2016年，银行业金融机构共处理电子支付业务 1395.61 亿笔，金额 2494.45 万亿元。其中，网上支付业务 461.78 亿笔，金额 2084.95 万亿元，同比分别增长 26.96% 和 3.31%；移动支付业务 257.10 亿笔，金额 157.55 万亿元，同比分别增长 85.82% 和 45.59%。非银行支付机构累计发生网络支付业务近 1639.02 亿笔，金额 99.27 万亿元，同比分别增长 99.53% 和 100.65%。2013—2016 年，国内非银行支付机构移动支付笔数从 33.77 亿笔增加到 970.51 亿笔，年复合增长率超过 195%[①]。与网络支付相比，移动支付凭借其便捷性与高效性的优势，取得了快速增长，逐渐占据电子支付市场的重要地位。

第五节 融合型数字经济快速发展

基础型数字经济的发展与融合型数字经济的进步总是相辅相成、相伴相生。随着信息基础设施逐步完善，信息通信技术持续创新发展，不断向实体经济的研发、生产、销售、流通、服务等各个环节渗透融合，创新生产方式与商业模式、重塑产业组织与制造流程、重构企业与用户关系，推动了全要素生产率持续提升，培育催生了一系列新模式新业态，引领我国制造业提质增效、转型创新，并加速向制造强国的战略目标迈进。

一、2017 年全国两化（信息化和工业化）融合发展水平为 51.8，数字经济持续与各类企业的生产经营活动渗透融合

两化融合发展水平，既是对中国企业信息化和工业化融合发展水平的整体量化评估，也是对中国融合型数字经济发展水平和变化趋势的全景描绘。2017 年，全国两化融合发展水平达到 51.8，增速达 2%，各类企业两化融合发展水平均有一定程度增长。从不同规模企业来看，企业两化融合发展水平和企业规模呈正相关关系，大型企业是两化融合整体提升的重要增长极，小微型企业发展活力显现，两化融合水平较上年增长 2.4%；从不同性质企业来看，国有企业两化融合水平处于领先地位，分别比民营和外商投资企业高出 15.5%、8.9%，但外商、民营企业作为国民经济发展的生力军，近几年两化融合发展水平涨幅均超过国有企业；从不同生产类型来看，混合型行业在推进两化融合过程中，除了面临离散行业和流

---

① 资料来源：2017 年 3 月央行公布的 2016 年支付体系运行总体情况。

程行业推进两化融合过程中的难点，还要解决流程生产和离散生产衔接的问题，信息技术与业务融合的难度相对较大，两化融合发展水平低于流程和离散行业，以装备制造、电子信息等行业为主的离散型生产企业在两化融合发展水平和增长态势上均超过流程型和混合型企业，如图 4-13、图 4-14 所示。

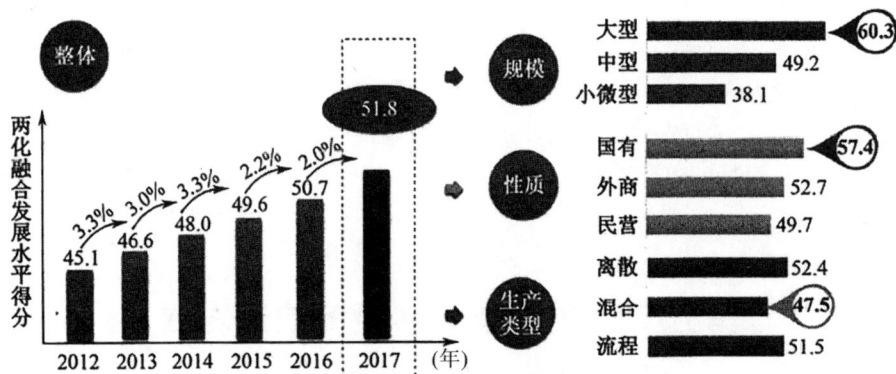

图 4-13　2017 年全国两化融合发展水平概况

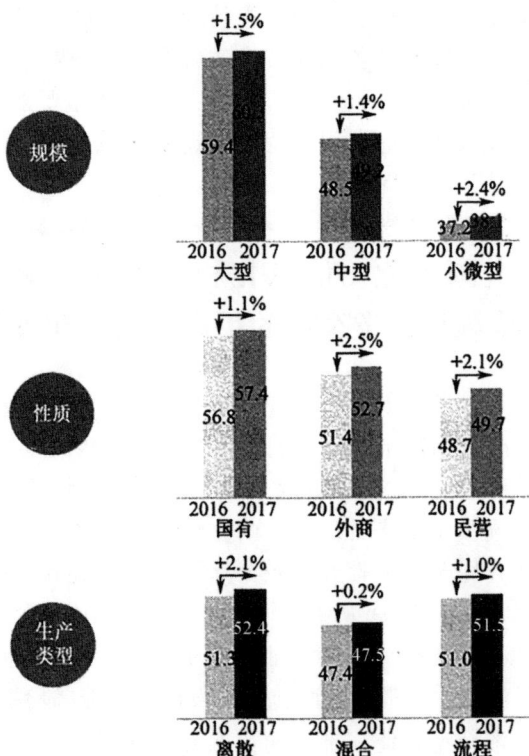

图 4-14　2016—2017 年全国各类企业两化融合发展水平提升情况

二、新型基础设施亟待夯实，工业互联网平台 IaaS、PaaS、SaaS 发展态势各异

（一）提升新型基础设施支撑水平，夯实融合型数字经济发展基础

自动控制与感知、工业软件、工业互联网、工业云平台等是融合型数字经济发展的重要新型基础设施。我国新型基础设施产业体系尚不完善，对融合型数字经济发展的支撑能力有待提升，如图 4-15 所示。

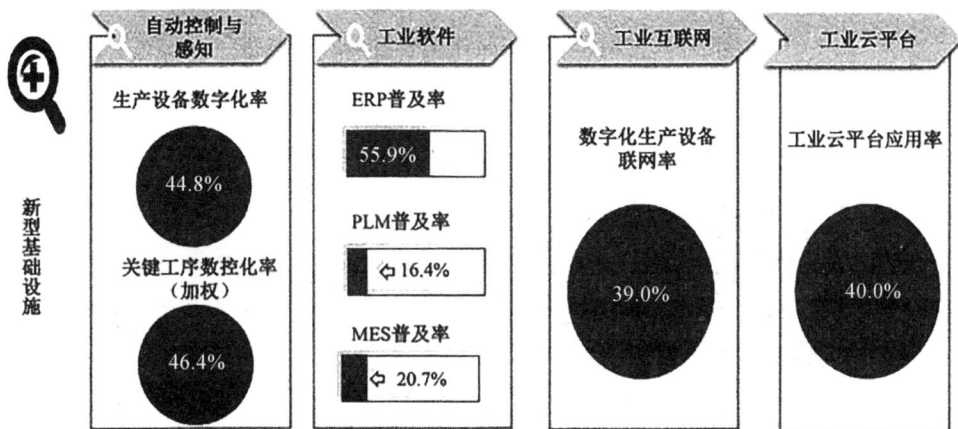

图 4-15　2017 年全国新型基础设施情况

（1）在自动控制与感知方面，高端智能硬件装备多由国外把控，其售价、使用和升级成本均很高。国产工业设备制造水平达不到先进工艺技术要求，尤其是嵌入核心工艺的生产装备及大型成套装备的国内供给能力不足。生产设备数字化水平不足已成为我国工业企业普遍存在的短板。2017 年我国生产设备数字化率仅为 44.8%、关键工序数控化率[①]为 46.4%（34.1%），各省级行政区生产设备数字化率、关键工序数控化率如图 4-16 至图 4-18 所示。

---

① 关键工序数控化率是指规上工业企业关键工序数控化率均值。流程行业关键工序数控化率是指关键工序中过程控制系统（如 PLC、DCS、PCS 等）的覆盖率；离散行业关键工序数控化率是指关键工序中数控系统（如 NC、DNC、CNC、FMC 等）的覆盖率。算术平均值反映该指标企业平均水平，按照企业规模设置权重的加权平均值反映该指标国家（行业、区域）的综合水平。《中国制造 2025》中使用的是算术平均值。

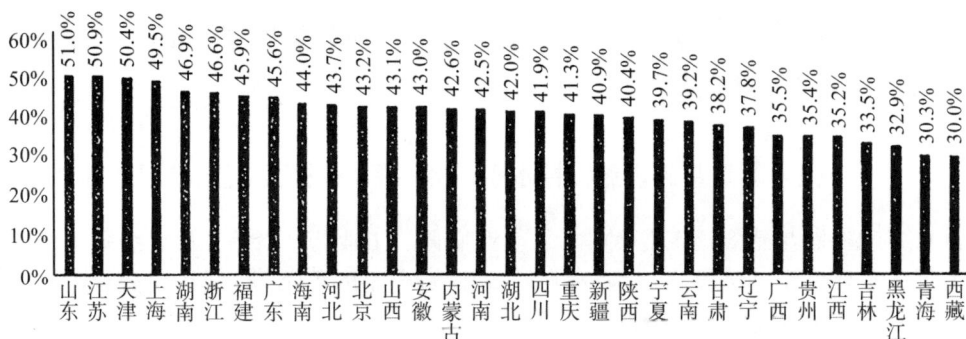

图 4-16　截至 2017 年 10 月底，各省级行政区生产设备数字化率

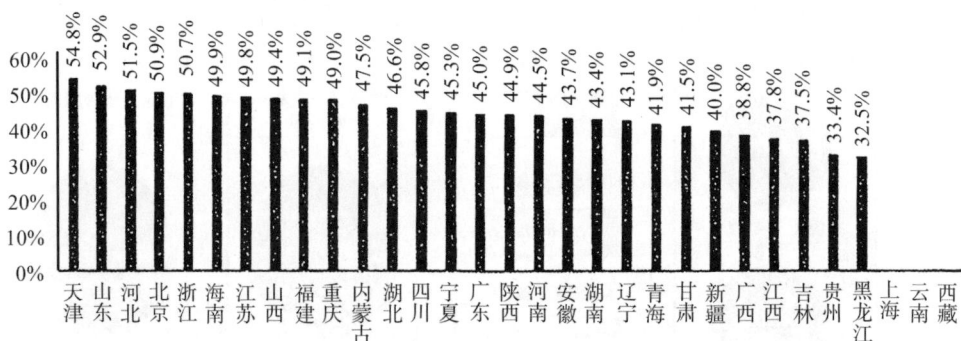

图 4-17　截至 2017 年 10 月底，各省级行政区关键工序数控化率（加权平均）

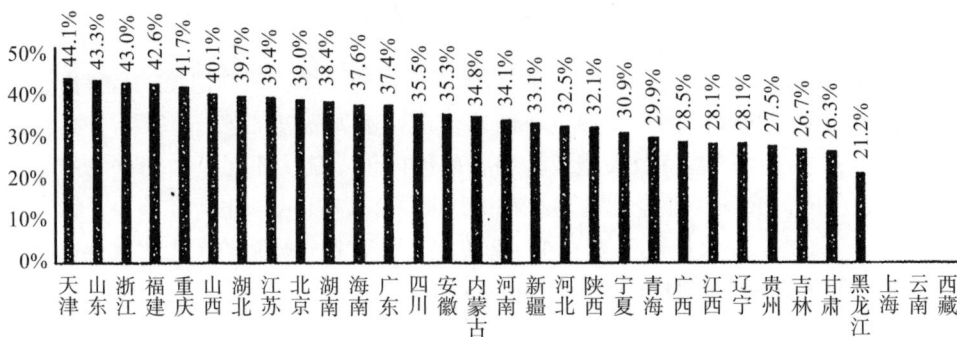

图 4-18　截至 2017 年 10 月底，各省级行政区关键工序数控化率（算术平均）

（2）在工业软件方面，越是个性化定制需求高的软件，普及率越低。企业资源计划（ERP）制定于企业经营管理层，通用性较高，普及率高达 55.9%。产品生命周期管理（PLM）、制造执行系统（MES）等软件与企业生产关键工艺流程、状态信息和基础生产数据息息相关，需要针对企业特点做大量个性化开发，其普及率较低，分别仅为 16.4%、20.7%。各省级行政区 ERP、PLM、MES 普及率如图

4-19 至图 4-21 所示。

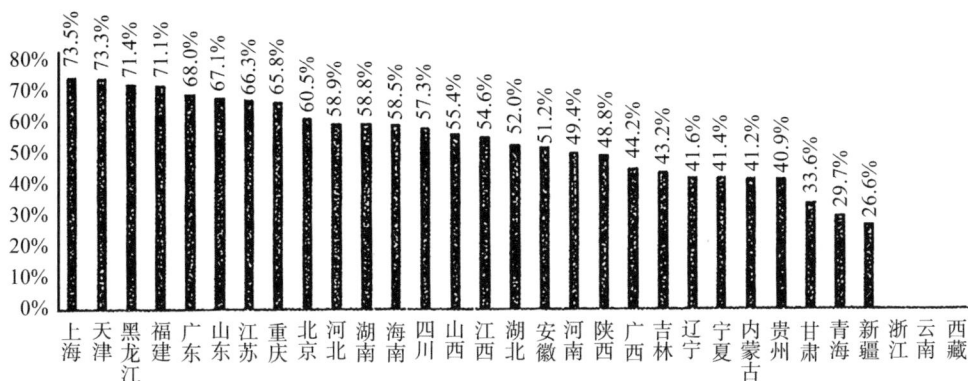

图 4-19　截至 2017 年 10 月底，各省级行政区 ERP 普及率

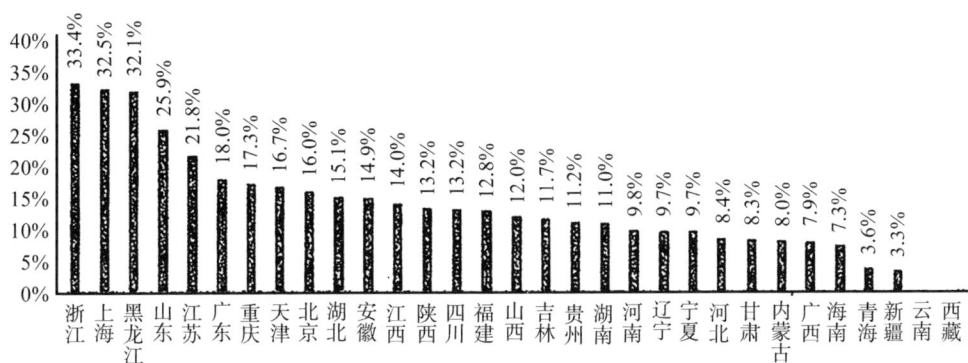

图 4-20　截至 2017 年 10 月底，各省级行政区 PLM 普及率

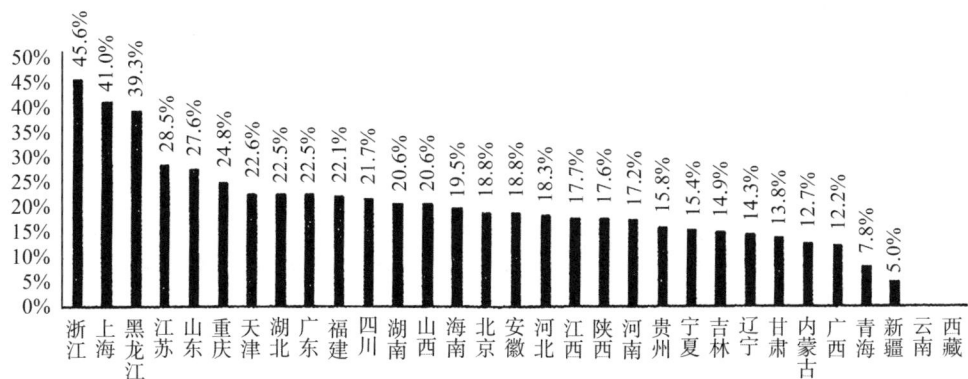

图 4-21　截至 2017 年 10 月底，各省级行政区 MES 普及率

（3）在工业互联网方面，我国国产生产装备数字化水平有待提升，部分

进口生产设备通信协议不兼容，导致生产设备集成互联水平不足，2017年数字化生产设备联网率仅为39.0%；各省级行政区数字化生产设备联网率如图4-22所示。

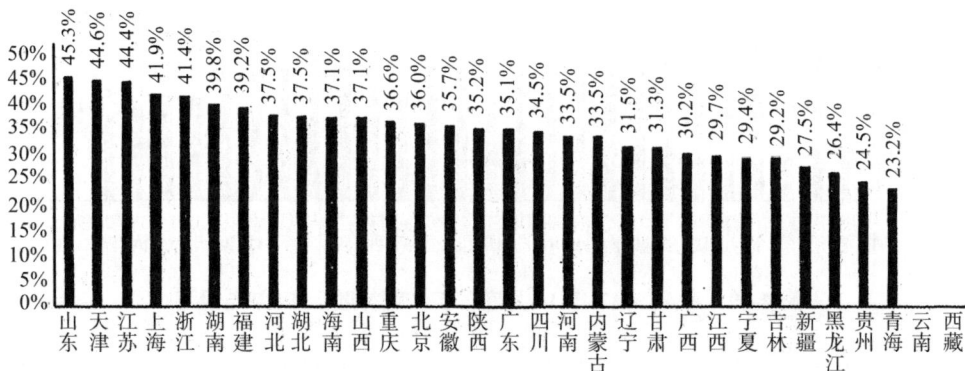

图 4-22　截至 2017 年 10 月底，各省级行政区数字化生产设备联网率

（4）在工业云平台方面，自 2013 年以来，中央和地方相继出台了一系列促进工业云发展的政策，为工业云发展营造了良好的政策环境。但受云平台技术水平、服务质量、用户接受程度、市场需求大小等方面的影响，我国企业云平台使用率较低。2017 年我国工业云平台应用率为 40.4%，较 2016 年提升了 6.9%。各省级行政区工业云平台应用率如图 4-23 所示。

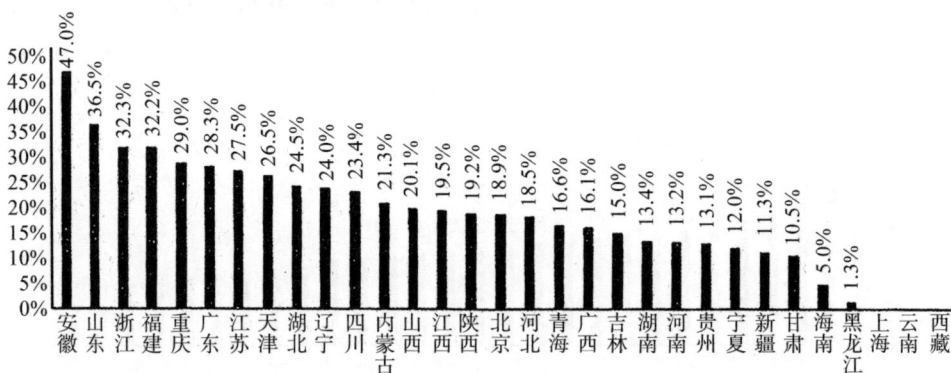

图 4-23　截至 2017 年 10 月底，各省级行政区工业云平台应用率

（二）工业互联网平台呈现 IaaS 寡头垄断，PaaS 以专业性为基础拓展通用性，SaaS 专注专业纵深的发展态势

工业互联网是实现生产制造领域全要素、全产业链、全价值链连接的关键支撑，是工业经济数字化、网络化、智能化的重要基础设施，是互联网从消费领域向生产领域、从虚拟经济向实体经济拓展的核心载体。工业互联网平台是工业互联网的核心，我国工业互联网平台建设在 IaaS（基础设施即服务）、SaaS（软件即服务）、PaaS（平台即服务）等方面呈现出以下特征：一是 IaaS 发展成熟度较高、技术创新迭代迅速，呈现寡头垄断的态势。2017 年，在我国 IaaS 市场中，阿里、腾讯、金山分别以 47.6%、9.6%、6.5% 的份额领跑全国市场[①]。二是由于工业化发展历程短、制造技术与管理知识经验缺乏、工业企业两化融合发展水平参差不齐，我国多数工业 PaaS 在工业 know-how（技术诀窍）和专业技术方面积淀不足，与美国、德国等全球主要国家差距显著。然而我国完整的产业体系带来了巨大的应用需求和发展潜力，为平台培育和壮大提供了土壤。未来工业 PaaS 开发建设应在专业性基础上向提供通用能力方向发展。三是 SaaS 发展受 PaaS 赋能不足的约束，潜力尚未发挥出来，均处于萌芽阶段，正逐步深入制造业细分行业领域，同时，中小型企业的 SaaS 应用需求最迫切、服务量最大、价值创造最直接。

（三）我国工业互联网平台建设已取得初步进展，整体发展水平与国外尚存差距

2017 年以来平台发展步入快车道，仅我国就有数十个平台产品发布。我们以航天云网、树根互联、东方国信等国内典型工业互联网平台建设为例，进行工业 APP、工业 PaaS、IaaS 数据采集层等方面的建设情况对比。我国工业互联网建设已取得阶段性突破，并且在 IaaS 基础设施层面与国外工业互联网平台的建设水平相当，但在工业 PaaS、IaaS 数据采集层等方面仍与国外先进水平存在一定差距。一是在工业基础和工业 know-how 方面差距显著，与发达国家相比，中国正处于由工业大国向工业强国转变时期，工业领域的知识积淀尚未深厚，在产品研发、装备和自动化系统、工业控制和工艺流程等领域亟待进一步积累。二是我国在设备数字化、网络化方面存在较大差距。尤其是中小企业基础薄弱，设备改造和数据采集难度较大，数据采集等基础环节存在明显障碍。三是在 PaaS 层架构方面，国外先进工业互联网平台具备将核心经验知识固化封装为模块化的微服务组件和工具的开发能力，而我国工业 PaaS 刚刚起步，仍处于探索阶段。

---

① 资料来源：IDC 发布的 2017 年上半年中国公有云市场追踪报告。

三、我国企业两化融合向中高级阶段发展的基础不断夯实，"综合集成"跨越稳步推进，融合型数字经济综合效能效益进一步凸显

按照《工业企业信息化和工业化融合评估规范》(GB/T 23020—2013)，制造企业信息化和工业化融合（两化融合）发展水平从低到高可分为起步建设、单项覆盖、集成提升、创新突破四个阶段。2017 年，全国 19.3% 的企业已经实现综合集成，这些企业比其他阶段企业竞争力高出 15.1%，经济社会效益高出 13.2%。在已经实现综合集成的企业中，15.2% 的企业处于集成提升阶段（高级阶段），这些企业单项业务信息化已基本全面覆盖，并不同程度地开展了关键业务系统集成基础上的资源优化和一体化管理；4.1% 的企业处于创新突破阶段（卓越阶段），在综合集成基础上实现了跨企业的业务协同和模式创新。此外，在 47.7% 单项覆盖的企业当中有 46.2% 的企业，也就是全国 22.0% 的企业关键业务环节信息化已全面覆盖，具备了开展信息化环境下的业务集成运作的良好条件，将在短期内进入集成提升阶段，加速"综合集成"跨越进程，如图 4-24 所示。

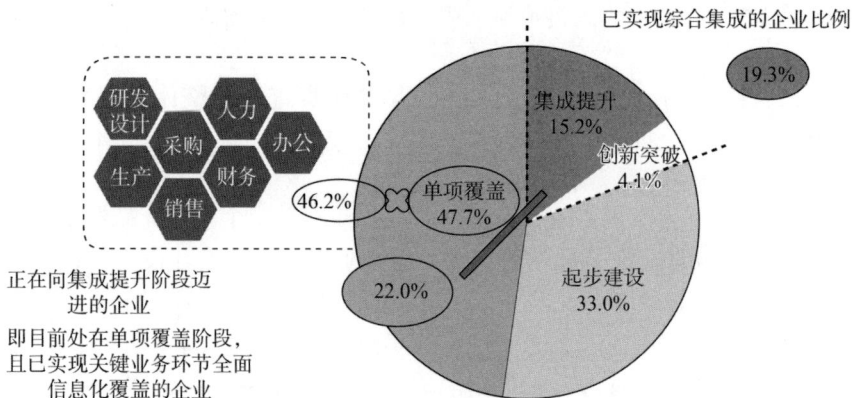

研发设计 人力 采购 办公 生产 财务 销售

正在向集成提升阶段迈进的企业
即目前处在单项覆盖阶段，且已实现关键业务环节全面信息化覆盖的企业

已实现综合集成的企业比例
19.3%

集成提升 15.2%
创新突破 4.1%
单项覆盖 47.7%
起步建设 33.0%

46.2%
22.0%

图 4-24   2017 年全国两化融合发展阶段分布情况

四、融合型数字经济催生新模式新业态，推动制造业转型升级

随着数字经济与制造业持续渗透融合，促进企业生产优化、组织变革、服务创新的效益不断显现。在制造业与互联网融合的大趋势下，网络化协同研制、服务型制造、个性化定制、平台化运营及智能制造已经成为企业转变发展方式、实

现创新发展的重点方向。新模式、新业态不断涌现，为制造业转型升级不断注入新动能。

（1）网络化协同研制蓄势待发。网络化协同研制是指企业基于互联网分布式协同环境，开展众包设计研发、网络化制造、公共云制造平台服务等模式创新，并行协同地设计、制造产品的过程。随着互联网由以人为中心的消费互联网向以企业和组织为中心的产业互联网演进，越来越多的企业开始进行网络化协同研制方面的探索，将用户与产业链上下游合作伙伴引入企业的研发生产业务活动中，基于互联网分布式协同环境，围绕打造用户价值，开展研发、生产、服务等方面的协同合作。2014—2017 年，我国离散制造企业中，实现网络化协同研制的企业比例由 25.2% 增至 31.2%，如图 4-25、图 4-26 所示。

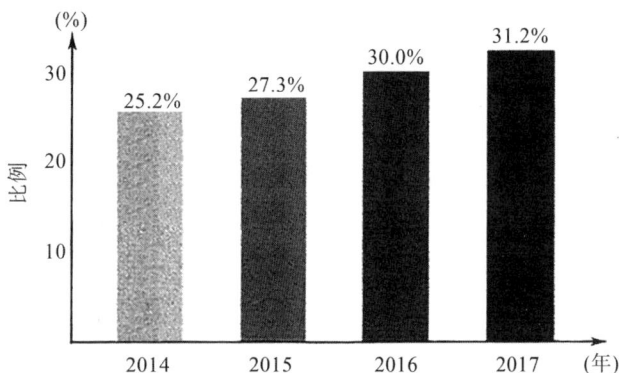

图 4-25　2014—2017 年我国离散制造企业中实现网络化协同研制的企业比例

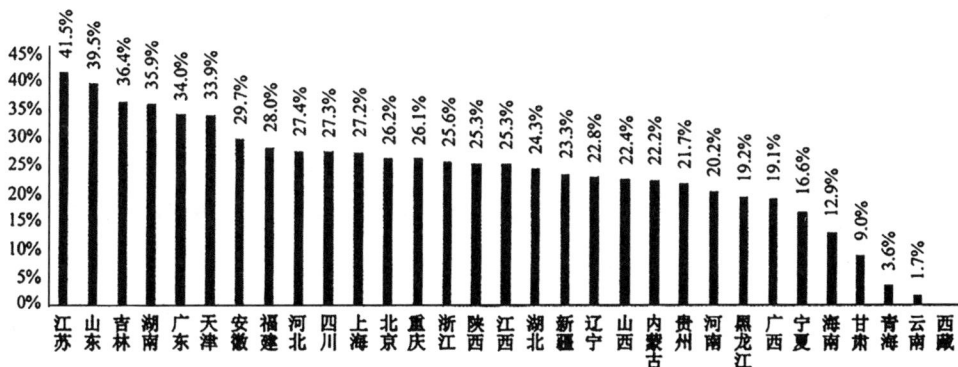

图 4-26　2017 年各省级行政区实现网络化协同的企业比例

（2）服务型制造亮点纷呈。服务型制造是制造企业通过创新优化生产组织形式、运营管理方式和商业发展模式，不断增加服务要素在投入和产出中的比例，推动产品和服务的融合，实现制造价值链中各利益相关者的价值增值的一种制造新模式。我国制造业长期以加工制造为主，处于价值链的中低端，加快从传统单一的制造环节向两端延伸、提高产品附加值是我国产业向高端发展的关键。促进制造业从生产型制造向服务型制造转变、由单纯提供产品向提供全价值链服务转变是新时期我国产业转型升级、抢占全球产业竞争制高点的关键。2014—2017年，我国离散制造企业中，开展服务型制造的企业比例翻了一番，由11.1%增长至24.3%，如图4-27所示。各省级行政区开展服务型制造的企业比例如图4-28所示。

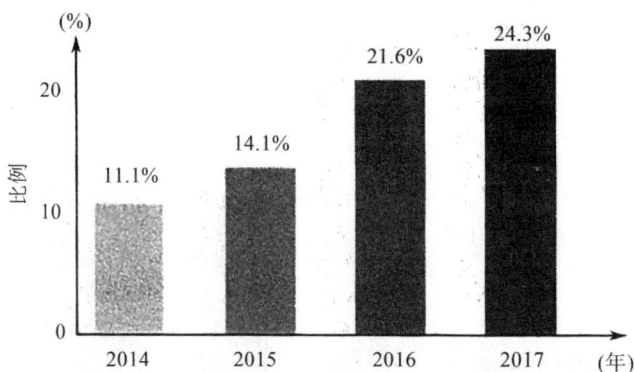

图4-27　2014—2017年我国离散制造企业中开展服务型制造的企业比例

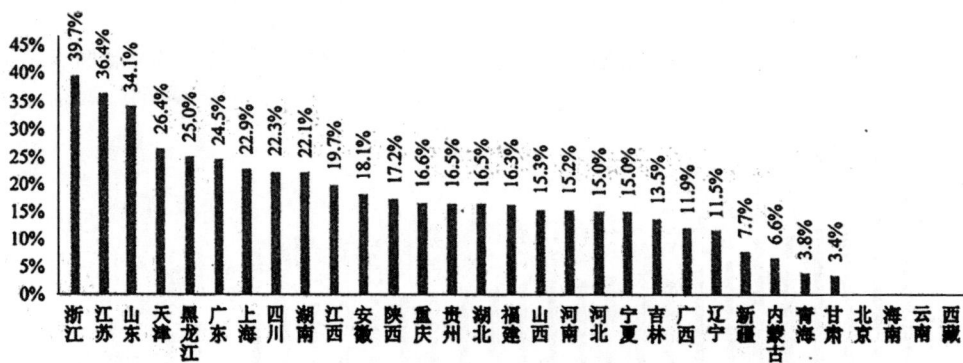

图4-28　2017年各省级行政区开展服务型制造的企业比例

（3）个性化定制加速发展。个性化定制是一种以用户为中心、数据驱动生产的制造新模式，是企业提升竞争力的重要抓手。当前，个性化定制成为企业转型升级和创新发展的重要方向。企业利用互联网采集并对接用户个性化需求，通过企业横向、纵向和产品全生命周期数据集成，建立起数据自动流动的生产体系，开展基于个性化产品的研发、生产、服务和商业模式创新，促进供给与需求精准匹配，以有效满足市场多样化需求。作为个性化定制发展成效最为显著的离散制造业企业，2017 年开展个性化定制的比例为 7.3%，相比 2016 年增加了 1.9%，如图 4-29 所示。各省级行政区开展个性化定制的企业比例如图 4-30 所示。

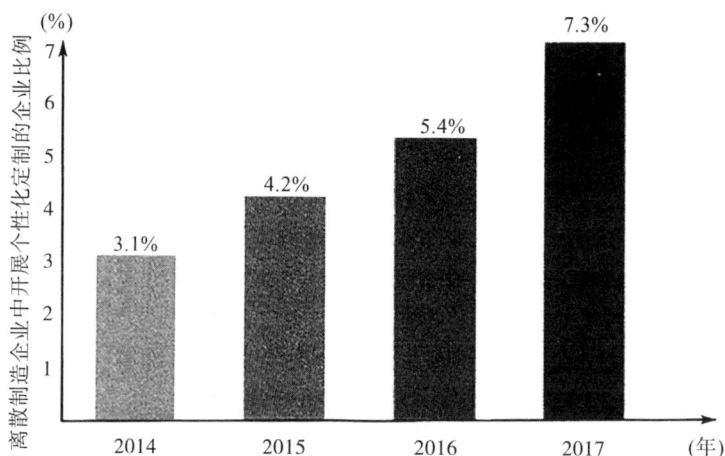

图 4-29　2014—2017 年我国离散制造企业中开展个性化定制的企业比例

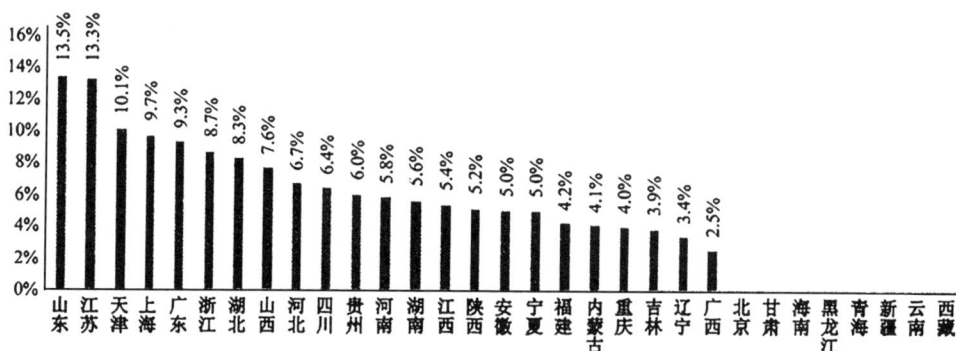

图 4-30　截至 2017 年 10 月底，各省级行政区开展个性化定制的企业比例

（4）平台化运营如火如荼。目前，我国的平台化运营正步入全面实施、快速迭代、自我完善的新阶段，基于平台的制造业新生态正逐渐形成。工业云作为一种新型的网络化制造服务模式，融合先进制造技术和新一代信息技术，以公共服务平台为载体，通过虚拟化、服务化和协同化汇聚分布、异构的制造资源与制造能力，可实现制造需求和社会化制造资源的高质高效对接。"双创"平台是制造业与互联网融合的重要引擎。大型企业凭借管理、技术、渠道、人才、资金、信息化等优势，建立基于互联网的"双创"平台，高效汇聚、开放、配置各类创业创新资源，为中小企业和企业内员工提供各类创业创新服务，在推动大企业焕发增

长新活力的同时，逐步营造资源富集、创新活跃、高效协同的"双创"新生态。以工业云平台、"双创"平台为代表，平台化运营新模式在全国范围内发展如火如荼。2017 年，全国工业云平台应用率达到 40.4%，重点行业骨干企业"双创"平台普及率达到 70.4%，相比 2016 年分别增加了 6.9%、23.4%，如图 4-31、图 4-32 所示。各省级行政区工业云平台应用率、"双创"平台普及率分别如图 4-33、图 4-34 所示。

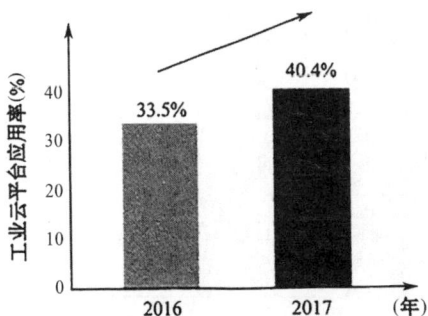

图 4-31　2016—2017 年全国
工业云平台应用率

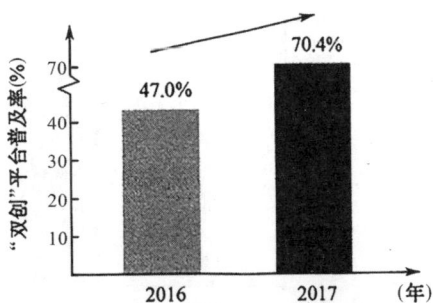

图 4-32　2016—2017 年全国重点行业
骨干企业"双创"平台普及率

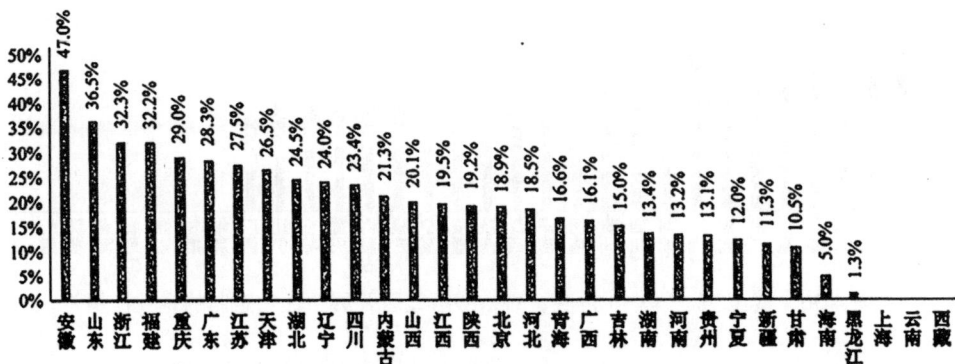

图 4-33　2017 年各省级行政区工业云平台应用率①

---

① 图中缺少数据的省份因样本量不足，测算结果无法反映该省的水平，暂不反映。下同。

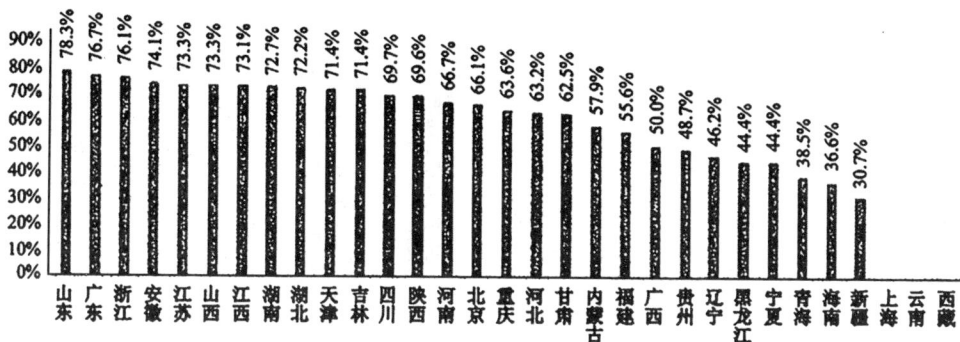

图 4-34　2017 年各省级行政区"双创"平台普及率

（5）智能制造基础亟待进一步夯实。企业要系统、有效地推进智能制造，较高的装备数控化程度、基本实现综合集成是最初级条件。我们可依据国家标准《工业企业信息化和工业化融合评估规范》（GB/T 23020—2013），结合企业关键工序数控化、管控集成、产供销集成等方面的情况，以智能制造就绪率间接表示我国初步具备探索智能制造条件的企业比例。据此测算，2017 年我国初步具备探索智能制造基础条件的企业比例为 5.6%，这些企业底层装备数控化程度高，管理信息化与底层自动化之间及内部供应链上采购、生产、销售、库存、财务等环节间实现了集成，并开始向智能工厂、智慧企业迈进。近年来我国一批具备智能制造基础和经验的企业逐步涌现，但整体来看，仍需不断夯实智能制造基础并有效推进智能制造发展，如图 4-35、图 4-36 所示。各省级行政区智能制造就绪率如图 4-37 所示。

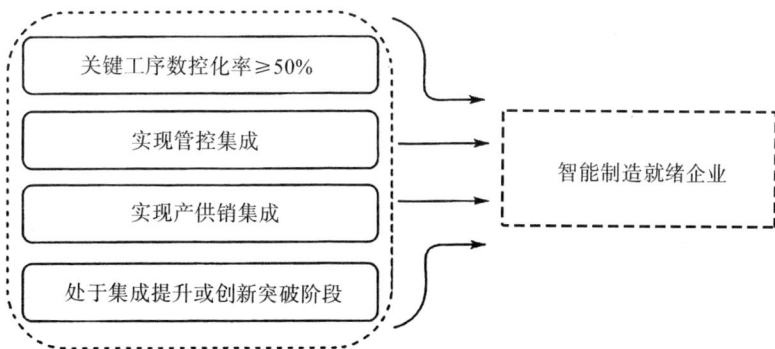

$$智能制造就绪率 = \frac{智能制造就绪企业}{全部企业} \times 100\%$$

图 4-35　智能制造就绪率指标测算说明

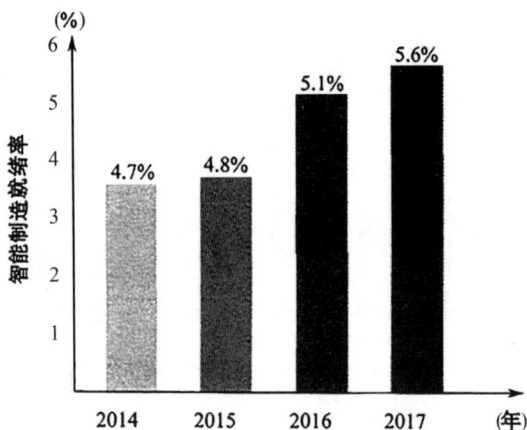

图 4-36　2014—2017 年全国智能制造就绪率

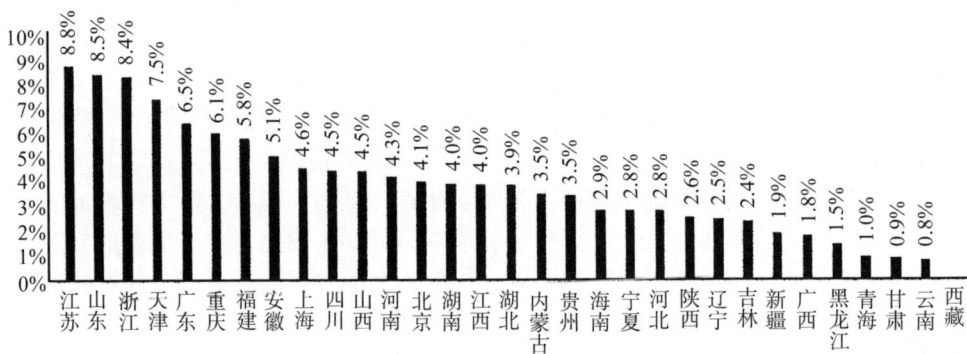

图 4-37　2017 年各省级行政区智能制造就绪率

五、电子商务持续创新，助力实体经济变革转型

电子商务作为数字经济与实体经济深度融合的焊接点，其本质就是充分发挥电子商务在汇聚产业全要素、优化产业资源配置中的作用，推动实体经济转型升级。2016 年，我国电子商务继续保持平稳发展态势，交易额达 26.1 万亿元人民币，同比增长 19.8%，直接或间接带动 3700 万人就业，社会经济影响不断深入。①

（1）工业电子商务不断渗透，成为引领企业创新、产业链协同和区域转型的重要引擎。从总体看，2016 年，我国工业电子商务稳步发展，工业企业电子商务交易额达 3.8 万亿元，同比增长 12.0%。2017 年，工业电子商务普及率为 55.4%，重点骨干工业企业采购普及率和网上采购率分别达 40.8% 和 26.9%，同比分别增

① 商务部.中国电子商务报告.

126

长 1.2% 和 1.7%；销售普及率和网上销售率则分别为 41.8% 和 22.1%，同比分别增长 0.7% 和 0.3%，如图 4-38 至图 4-41 所示[①]。从产业层面看，随着一批以找钢网、欧冶云商、易单网等为代表的垂直类、跨境类工业电子商务平台兴起，工业电子商务有力推动了上下游合力构筑安全可靠、敏捷高效的现代供应链，助力企业快速融入全球供应链体系，并推动制造业分享经济发展，促进产业链整体协作水平和综合竞争力的持续提升。从区域层面看，天津、广东、河北等省市通过"建平台、用平台"双轮驱动，依托工业电子商务有力促进了传统产业在线化、柔性化和协同化改造提升；以上海市宝山区为代表的工业电子商务平台集聚区，正在以行业骨干企业为牵引，以平台企业为支撑，聚合物流、金融、检测认证、产品追溯、云计算、大数据等支撑服务资源，探索形成协同创新和互动发展的区域产业新生态。各省级行政区工业电子商务平台普及率如图 4-42 所示。

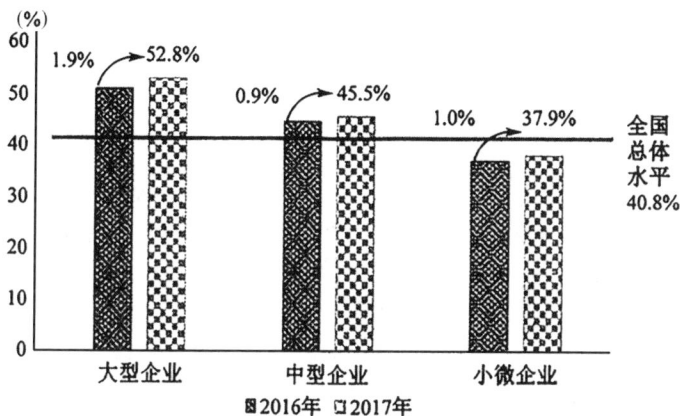

图 4-38　2017 年重点骨干工业企业电子商务采购普及率及其增长水平

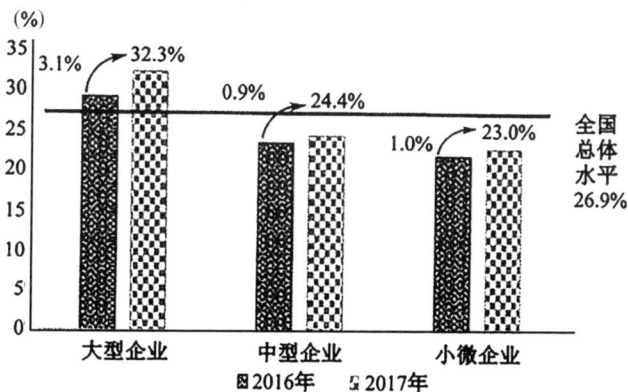

图 4-39　2017 年重点骨干工业企业网上采购率及其增长水平

① 资料来源：中国两化融合服务平台（www.cspiii.com）.

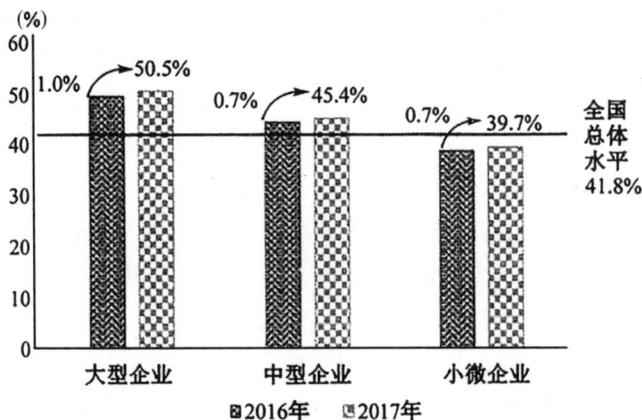

图 4-40　2017 年重点骨干工业企业电子商务企业销售普及率及其增长水平

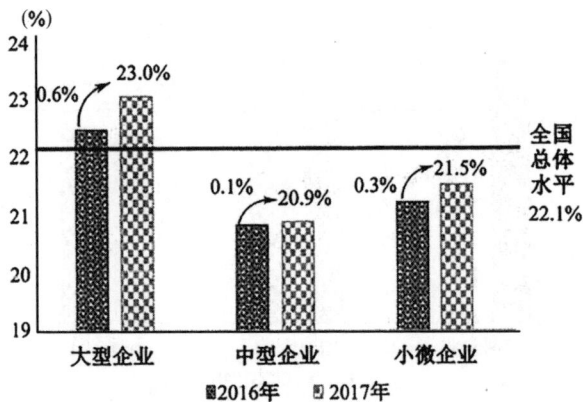

图 4-41　2017 年重点骨干工业企业网上销售率及其增长水平

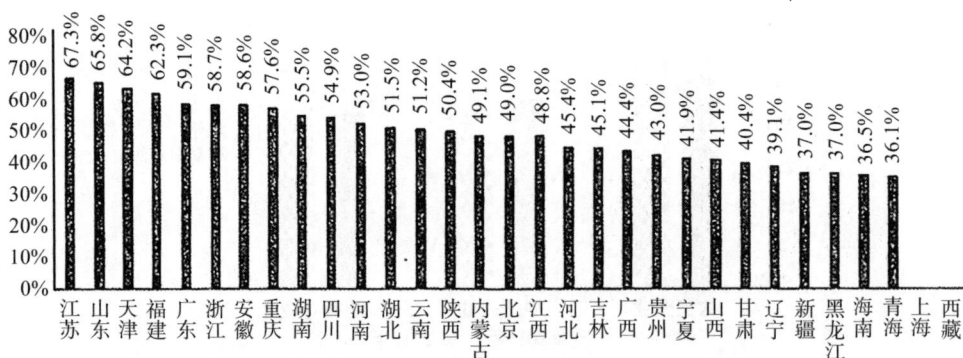

图 4-42　2017 年各省级行政区工业电子商务普及率

（2）零售电子商务全面布局，线上线下融合发展，开启零售新时代。2016年我国网上零售交易额继续保持快速增长态势，高达 5.16 亿万元，同比增长26.2%，拉动社会消费品零售总额增速 3%，我国世界第一大网络零售市场地位进一步巩固。前沿技术研发和投入进一步加大，如阿里巴巴着力推进数据智能技术和产品的研发，在人脸识别、AR（Augmented Reality，即增强现实技术）购物、云货架、无感支付、智能试装镜等技术上取得重要突破，为开辟零售新场景和新体验打造新基础。以线上平台为依托，零售行业重磅推出无人超市、多功能超市等线下零售新模式，阿里巴巴和京东先后推出淘咖啡、无人超市、天猫无人超市等无人零售新模式，基于智能技术打造了消费者自助完成进店、选购、结算、出店全部购物环节的全新购物体验。阿里巴巴在 2016 年 7 月还重磅推出含自主选购、现场加工、及时配送于一体的生鲜超市"盒马鲜生"，并获得良好反响。为实现零售的线上线下合作，2017 年，阿里巴巴持续入股银泰商业、三江购物、联华超市，并与百联集团、中国联通和海澜之家等实现战略合作；京东则联合腾讯入股永辉超市，携手打造"高端超市 + 生鲜餐饮"新业态，充分利用数字技术积极赋能传统零售产业，在推动线下实体降本增效提质的同时，进一步完善自身商业生态，加速重构商品流通体系。

第六节　新生型数字经济蓬勃发展

信息通信技术与传统产业的持续深度融合，不断催生出新技术、新产品、新模式，推动新生型数字经济的蓬勃发展。在新生型数字经济领域，我国培育形成了一批具有国际竞争力的骨干企业，生态体系不断完善，尤其在云计算、大数据、无人驾驶、人工智能等领域，数字经济全面迎来"黄金窗口"期。

一、云计算应用前景广泛，为小微企业赋能成效不断凸显

随着我国互联网的不断发展，作为推动社会生产工具转变的新型方式，云计算充分降低计算资源成本，满足我国广大企业的计算需求。近年来，云计算产业规模迅速扩大，2015 年我国云计算整体市场规模达 378 亿元，整体增速达31.7%，其中，专有云市场规模在 2015—2016 年从 275.6 亿元上涨到 345.8 亿元，年增长率达 25.0%，如图 4-43 所示。

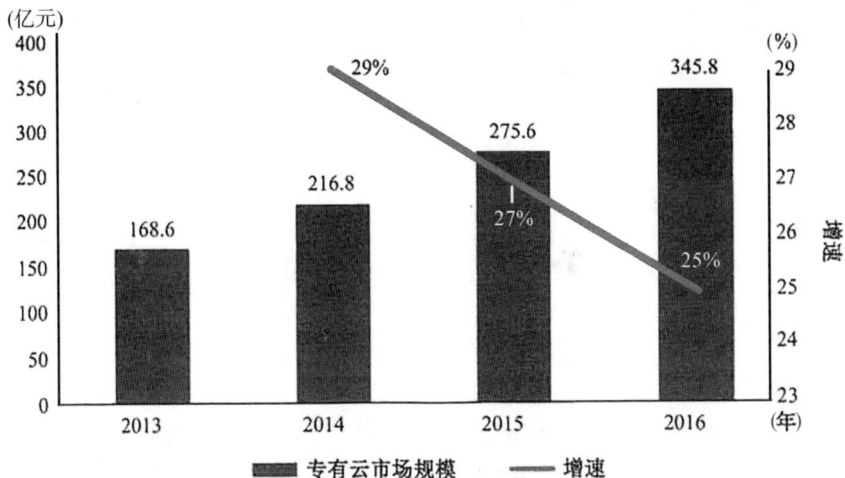

图 4-43　中国专有云市场规模及其增速

资料来源：中国信息通信研究院. 2016 云计算白皮书.

（1）云计算关键技术取得突破。云计算领军企业的单机服务器规模、数据处理能力极大提升，可支撑金融支付服务等业务的峰值达到世界领先水平；云计算系统解决方案取得突破性进展，可针对不同业务场景形成多套云计算解决方案，并在政府、政务、交通、医疗等领域取得广泛应用；随着数据中心绿色节能水平的不断提升，部分国内新建的大型数据中心能够综合利用各类节能技术，降低数据中心的能耗，提高能源的利用率；我国正深度参与云计算国际交流，我国企业在云计算相关国际标准制定中发挥着越来越重要的作用。

（2）云计算应用正在向传统领域加速渗透。以政府、金融业务为主要突破口，我国云计算应用正在向制造、交通、医疗健康等传统行业渗透。在制造行业，企业依托云服务助力消费者与企业互动创新模式的形成，以智能化、个性化、定制化为方向，开始由硬件制造商向"制造+服务"提供商的升级；在金融行业，云计算应用基于低成本、高灵活性的信息技术开拓互联网金融发展的新模式；在政务公共领域，云计算提升政府在优化资源配置、应急响应及决策分析上提高洞察力，有力推动政府管理模式创新和社会治理体系变革。

（3）云计算应用带动"双创"的效果明显。云计算的广泛深入应用大大降低了创业创新的技术门槛及信息化成本。目前，云计算已成为我国创业创新的重要基础支撑平台，聚集了大量新应用、新业态、新模式的开发团队，带动就业能力明显，取得了良好的经济效益。大量中、小、微企业已应用云服务，平均节省信息化成本约40%。云计算的发展也催生了分享经济等新型经济模式，带动广大企业和个人分享资源，创造多元化的增值业务。在云计算平台支撑下，一批分享经济平台如雨后春笋般快速发展，为数以亿计的用户提供服务。

（4）云计算服务商正不断强化其生态体系建设。云计算的巨头企业正纷纷打造以"我"为主的云生态，强化对云计算行业的掌控力。阿里云推动"云合计划"，计划招募 1 万家云服务商，共同构建生态体系，为企业、政府等用户提供一站式云服务；腾讯云发布"云＋计划"，五年投入 100 亿元打造云平台及建设生态体系，吸引云计算产业链上的长尾企业；浪潮发布"云腾计划"，计划三年内发展 3000 家以上合作伙伴；华为企业云与国内 100 多家各行业领先的合作伙伴、20 多个城市达成合作，扩展行业应用和计算能力；百度推出"云图计划"，携手行业合作伙伴共建生态圈，计划五年内投入 100 亿元打造百度云平台及生态体系。云生态构建已经成为云计算行业最具有竞争力的标志。

二、大数据产业进入快速增长阶段，产业集聚效应初步显现

发展大数据产业是发展现代服务业、推动经济结构调整、提升经济质量的有效手段，对经济社会发展乃至国家安全具有重要的战略意义。开发应用好大数据这一基础性战略资源，有利于推动大众创业、万众创新，改造升级传统产业，培育经济发展新引擎和国际竞争新优势。

（1）我国大数据市场规模持续扩大，数据源市场继续增长。大数据已成为数字经济这种全新经济形态的关键生产要素。大数据时代通过对数据资源的有效利用及开放的数据生态体系使得数字价值充分释放，驱动传统产业的数字化转型升级和新业态的培育发展，提高传统产业劳动生产率，不断培育新市场和产业新增长点。2016 年，我国大数据市场规模约达 2485 亿元，随着各项政策的配套落实及推进，当时的经济学界预计，2017—2022 年增速将维持在 30% 以上，到 2022 年，我国大数据产业规模或达 13626 亿元以上，如图 4-44 所示。丰富的数据源是大数据产业发展的前提，众多企业纷纷在该领域开展战略布局，各种形式的大数据产品层出不穷。2016 年，数据源市场规模约 200 亿元，随着市场对数据重视程度的提升，数据源市场规模将会继续增长，如图 4-45 所示。

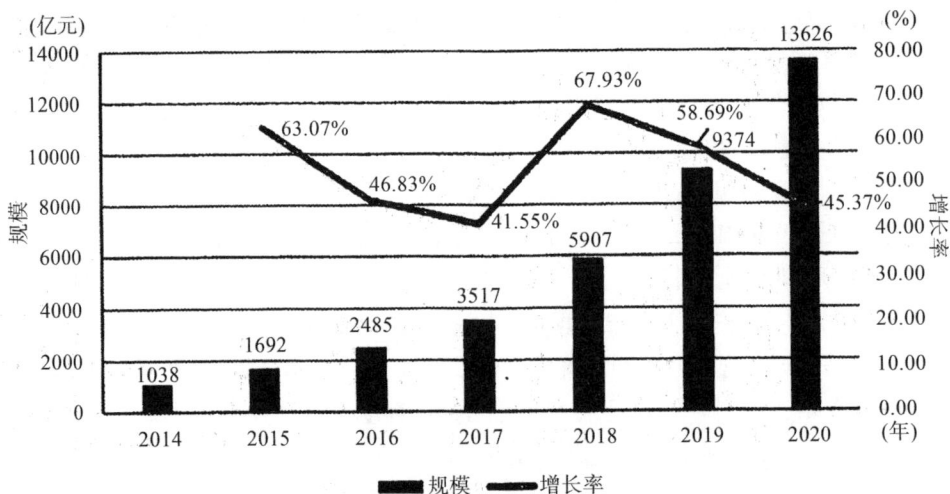

图 4-44　2014—2020 年中国大数据产业市场规模及增长率

资料来源：贵阳大数据交易所. 2016 中国大数据交易产业白皮书.

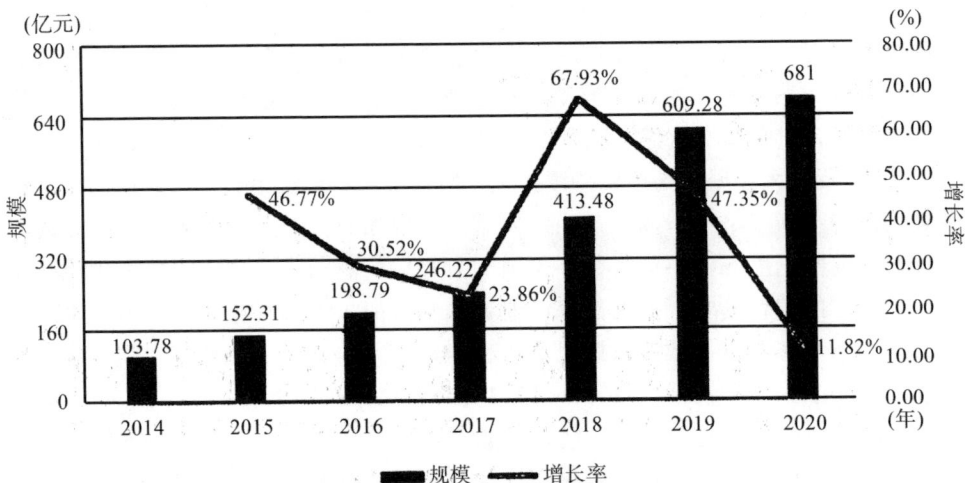

图 4-45　2014—2020 年中国数据源市场规模及增长率

资料来源：贵阳大数据交易所. 2016 中国大数据交易产业白皮书.

（2）大数据应用领域不断拓展，"互联网＋大数据"激发商业新模式。2016 年，大数据应用市场规模约达 410 亿元，并将步入高速发展期。当时预计，到 2018 年，应用市场规模将突破千亿元大关至 1713 亿元。到 2020 年，大数据应用的市场份额或将达到 40%，近 5450 亿元，如图 4-46 所示。依托电子商务的蓬勃发展，大数据应用领域进一步扩展，一系列基于大数据的互联网金融及信用体系类产品应运而生。

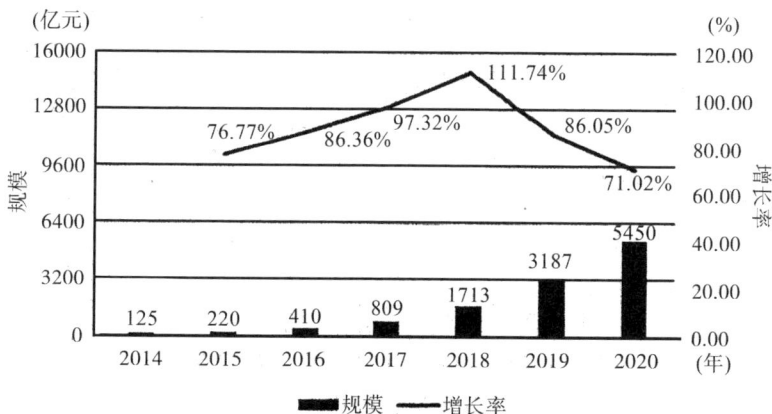

图 4-46　中国大数据应用市场规模及增长率

资料来源：贵阳大数据交易所. 2016 中国大数据交易产业白皮书.

（3）着力构建大数据产业生态体系，产业集聚效应初步显现。多地依托产业园加速大数据产业发展，苏、浙、粤等地充分发挥技术和人才优势筹建大数据产业园，也吸引众多知名企业和机构入驻；贵、川、渝等地凭借高海拔、低气温、低电价等优势和财税政策优惠顺势建成各具特色的大数据产业园。大数据产业发展集聚效应明显，京、津联手布局大数据走廊，凭借技术领先优势吸引大量资本投资和人才流入，分析服务、数据库开发等企业分布较为密集；珠三角地区凭借数据资源优势充分发挥大数据在产业管理、政府治理等方面的应用，呈现大数据企业加速聚集、配套服务体系不断完善的良好态势。

三、我国人工智能产业打造先发优势，开启数字经济新时代

作为一种革命性的新一代信息通信技术，人工智能正在越来越多的领域快速超越人类，并掀起有史以来最大幅度的科技变革。中国把人工智能放在国家战略层面整体布局、系统谋划，出台《新一代人工智能发展规划》(国发〔2017〕35 号)，提出到 2020 年，我国人工智能核心产业的规模将超过 1500 亿元，到 2030 年超过 1 万亿元，带动相关产业规模超过 10 万亿元的战略目标，并依托百度、阿里巴巴、腾讯、科大讯飞等领先企业，推动人工智能在自动驾驶、城市治理、医疗影像、语音识别等领域的融合应用，打造我国人工智能先发优势。截至 2017 年 6 月，中

国人工智能企业数量高达 592 家,占全球人工智能企业总数的 23%,人工智能领域相关投资高达 635 亿美元,占全球投资总额的 33.2%,人工智能企业数量与投资总额均位居全球第二位,仅次于美国[①]。

四、我国无人驾驶技术紧跟全球步伐,发展潜力巨大

无人驾驶汽车是未来汽车发展的方向,我国从 20 世纪 80 年代开始进行无人驾驶汽车的研发,1992 年成功研制出第一辆真正意义上的无人驾驶汽车。随着云计算、人工智能、通信及自动控制等新技术的不断进步,无人驾驶技术的发展速度正在加快,百度、腾讯、长安、一汽、上汽等互联网企业和汽车制造商纷纷在无人驾驶领域重点发力,受到了全行业的高度关注。[②]

（1）我国政府积极布局、高度重视无人驾驶技术的发展。得益于政府的大力支持,无人驾驶技术作为物联网技术的一部分,已经逐渐走出萌芽期,走上快速发展的道路,国际竞争逐渐进入白热化阶段。为加快提升无人驾驶技术水平,我国政府部门出台了多项政策措施加大支持力度,将无人驾驶技术提升至国家战略并作为汽车产业未来转型升级的重要方向之一,如《中国制造 2025》重点领域技术路线图、《"互联网+"人工智能三年行动实施方案》《新一代人工智能发展规划》等。2016 年 10 月发布的《无人驾驶技术路线图》更是制定了三个五年阶段需要达到的目标,加速无人驾驶汽车的生产和销售[③],如表 4-1 所示。

表 4-1　我国无人驾驶领域相关政策（部分）

发布时间	政策名称	主要内容
2015 年 7 月 4 日	《国务院关于积极推进"互联网+"行动的指导意见》	推动汽车企业与互联网企业设立跨界交叉的创新平台,加快智能辅助驾驶、复杂环境感知、车载智能设备等技术产品的研发与应用
2015 年 10 月	《中国制造 2025》重点领域技术路线图	将"智能网联汽车"作为十大优势和战略产业之一,力争到 2025 年达到国际领先地位或国际先进水平
2016 年 5 月 23 日	《"互联网+"人工智能三年行动实施方案》	推进无人驾驶汽车的技术研发、应用与生态建设

---

① 腾讯研究院. 2017 全球人工智能人才白皮书.

② https://share.iclientifeng.com/news/shareNews?forward=l&aid=119392113#backhead.

③ 中国发布无人驾驶技术路线图助力自动驾驶发展,2016—10—27,http://auto.gasgoo.com/News/2016/10/2605413441346037 0442678.shtml.

续表

发布时间	政策名称	主要内容
2016 年 7 月 28 日	《"十三五"国家科技创新规划》	重点发展电动汽车智能化、网联化、轻量化技术及自动驾驶技术；推动增材制造、智能机器人、无人驾驶汽车等技术的发展
2016 年 11 月 29 日	《"十三五"国家战略性新兴产业发展规划》	加速电动汽车智能化技术应用创新，发展智能自动驾驶汽车
2017 年 7 月 8 日	《新一代人工智能发展规划》	发展自动驾驶汽车和轨道交通系统，加强车载感知、自动驾驶、车联网、物联网等技术集成和配套，开发交通智能感知系统，形成我国自主的自动驾驶平台技术体系和产品总成能力，探索自动驾驶汽车共享模式

（2）国内无人驾驶产业生态较为完善，汽车、科技巨头频繁发力加大研发投入力度。我国无人驾驶产业生态较为完善，在智能零配件、整车、技术、内容等方面形成了较为成熟的商业模式和应用实践，其中互联网巨头和传统车企作为市场主要竞争者，推动了无人驾驶行业的发展，如图 4-47 所示。百度、阿里巴巴、腾讯等互联网巨头开始抢滩无人驾驶市场，建立专业团队研发领先技术，并以自身强大的地图导航系统及大规模用户优势，推动无人驾驶汽车行业的发展。百度于 2015 年成立了自动驾驶事业部，聚焦于自动驾驶汽车的技术研发、生态建设与产业落地，2016 年首次成功进行了全程自动驾驶测试，2017 年推出"Apollo 计划（自动驾驶计划）"，开放无人驾驶软件平台，致力于实现"三年商用五年量产"的目标。腾讯成立自动驾驶实验室，通过收购、联合车企共同研发等方式，大力推进自动驾驶技术发展和商业化推广应用。阿里巴巴发布了全新 AliOS 系统，将推出搭载该系统的智联网汽车，进军车联网。[①] 传统车企也加紧无人驾驶技术战略布局与应用的步伐，上汽无人驾驶汽车公开路测，并计划在未来 10 年实现全环境下的自动驾驶功能；长安汽车圆满完成远距离无人驾驶路测，并计划在 2025 年实现真正的自动驾驶，从而实现产业化。[②]

---

① http：//www.sohu.com/a/198175413_104421.
② http：//tech.sina.com.cn/it/2017-12-07/doc-ifypnsin6991456.shtml.

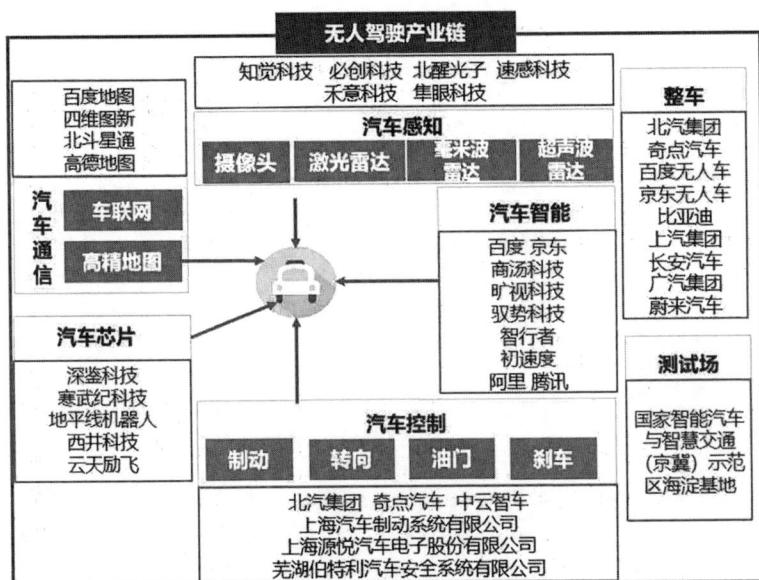

图 4-47　国内无人驾驶企业分类

（3）我国无人驾驶技术发展水平紧跟全球步伐，高级驾驶辅助系统（ADAS）应用广泛。无人驾驶技术往往需要经过五个级别方可达到完全自动驾驶阶段，国外基本处于多种功能自动（自动驾驶 2 级）到受限自动驾驶（自动驾驶 3 级）的过渡阶段。谷歌无人驾驶公司 Waymo 以其先进的技术名列全球无人驾驶技术公司首位。而我国整体处于个别功能自动（自动驾驶 1 级）到多种功能自动（自动驾驶 2 级）的过渡阶段，百度无人驾驶技术水平位列全球第七，研发测试车辆已达到全无人驾驶的最高级别（自动驾驶 4 级）①。高级驾驶辅助系统（ADAS）作为无人驾驶技术的初级阶段②，目前市场应用范围最广，渗透率快速提升，如图 4-48 所示。

---

① 2016 年国内外无人驾驶汽车发展历程现状及路径趋势探讨，2016—03—1. http：//www.chyxx.com/industry/201603/396451.html.

② 智能汽车．从 ADAS 到无人驾驶（上），2016—06—21.http：//www.sohu.com/a/8478 2289_114877.

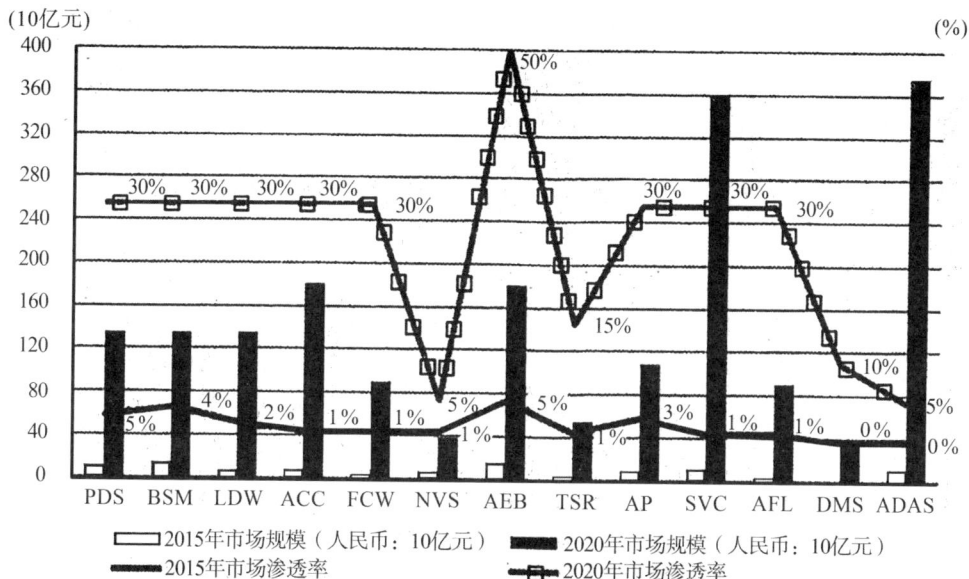

图 4-48 中国 ADAS 市场规模及预测（2014—2020 年）[1]

（4）我国无人驾驶大规模应用尚未开启，但未来市场潜力巨大。当前，我国无人驾驶技术的研发紧跟全球领先步伐，但无人驾驶汽车的大规模投入应用还有很长一段路要走。虽然大规模应用尚未开启，但我国汽车行业已成为世界第一大汽车市场，产销规模连年第一[2]，国内庞大、强劲的市场需求将为无人驾驶汽车行业的发展提供独有的市场机遇，助推中国成为全球主要市场。波士顿咨询公司（BCG）预计，15 年内中国将成为全球最大的无人驾驶汽车市场，占全球需求量的至少 1/4[3]；美国 IHS 汽车信息咨询公司[4]预测，到 2035 年，全球无人驾驶汽车的销量将达到 2100 万辆，而中国将拥有超过 570 万辆无人驾驶汽车[5]。为便于无人驾驶技术的研发与测试，为大规模应用营造适宜环境，我国政府部门正加紧研究制定智能网联汽车规范，组织起草智能汽车创新发展战略[6]，确保把握无人驾驶发展先机。

---

① 资料来源：The Swedish Trade&Invest Council，Autonomous driving&the next generation of transport in China，2016.12.

② 中国汽车工程学会. 新能源与智能汽车技术路线图，2016—11—26.

③ http://news.xinhuanet.com/imfo/2016-04/26/c_135311959.html.

④ 美国 IHS 公司是一家全球供应商，致力于为油气等重要行业的客户提供关键数据信息、决策支持软件以及相关服务。

⑤ http://tech.sina.com.cn/it/2017-12-07/doc-ifypnsin6991456.shtml.

⑥ http://auto.sina.com.cn/zz/sh/2017-09-11/detail-ifyktzim9516446.shtml.

第七节　福利型数字经济强劲发展

分享经济是福利型数字经济的主要代表。在现阶段，分享经济主要表现为利用网络信息技术，通过互联网平台将分散资源进行优化配置，提高利用效率的新型经济形态。作为全球新一轮科技革命和产业变革下涌现出的新业态新模式，分享经济正在加快驱动资产权属、组织形态、就业模式和消费方式的革新。

近年来，分享经济在全世界都取得了长足发展。美洲、欧洲、非洲、亚洲等地区均涌现出大量分享经济企业，市场规模得以高速扩张。2017 年 8 月，美国银行发布的报告显示：新兴市场，特别是亚洲的新兴市场，将成为全球分享经济最为强劲的长期增长引擎。某种程度上，分享经济的发展已经成为影响一个国家或地区的重要力量。尼尔森报告显示，一些东南亚国家将分享经济列为影响该地区的首要颠覆性科技趋势（5 分制得 4 分），拉丁美洲（4 分）和印度（3.5 分）对其排名的要求也很高。

当前，全球分享经济已经从最初的汽车、房屋迅速渗透到快递、货运物流、人力、金融、机械、农业等领域。据普华永道预计，P2P（peer to peer lending，个人对个人）借贷和众筹、人力资源、在线短租、交通出行及流媒体音乐视频等将成为增长最快的垂直领域，2013—2025 年的年复合增长率将高达 17% ～ 63%，如图 4-49 所示。

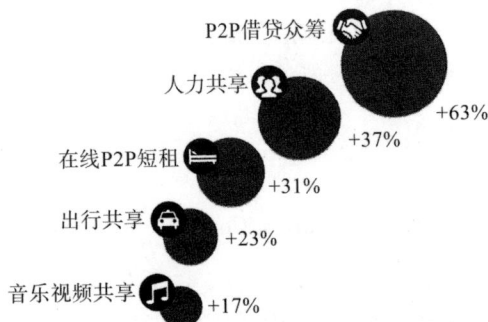

图 4-49　2013—2025 年共享经济主要领域年均增速 [1]

P2P借贷众筹　+63%
人力共享　+37%
在线P2P短租　+31%
出行共享　+23%
音乐视频共享　+17%

---

[1]　来源：PwC，即普华永道会计师事务所（Price waterhouse Coopers）.

面对分享经济的迅猛发展，一些国际咨询机构纷纷发表相关研究成果。如英国市场调研公司 Juniper Research 的研究结果显示，2017 年全球分享经济的市场规模为 186 亿美元，到 2022 年将达到 402 亿美元。美国咨询机构 BIA/Kelsey 的报告显示，2016 年美国分享经济的潜在市场规模约为 7850 亿美元，欧洲市场约为 6450 亿美元。据美国银行估计，共享经济目前的市场规模约为 2 万亿美元，预计还将大幅增长。由于统计范畴有所差别，虽然不同咨询机构之间得出的市场规模差异较大，但有一点是相同的，即未来 5—10 年，全球分享经济将保持高速发展态势，分享经济大趋势是不变的。

中国分享经济发展已经走在世界前列。2018 年 2 月中国互联网协会分享经济工作委员会发布的《中国共享经济发展年度报告（2018）》显示，2017 年中国参与分享经济人数超过 7 亿人，市场规模约 4.9 万亿元，较上年增长 47%。

进入 2017 年，中国分享经济迎来新一轮发展高峰，共享单车、共享雨伞、共享充电宝、共享篮球、共享睡眠舱、共享健身房、共享宿舍等各种各样的新业态新模式不断涌现。2021 年 2 月，国家信息中心分享经济研究中心发布的《中国共享经济发展报告（2021）》显示，在 2020 年共享经济增速因疫情影响而出现显著回落的情况下，考虑到宏观经济可能出现的强劲复苏，预计 2021 年增速将有较大回升，速度有望达到 10% ～ 15%；未来五年，我国共享经济的年均增速将保持在 10% 以上。

第八节 中国的数字经济跻身全球领先行列

中国的数字化发展不断取得新进展，在世界舞台上的角色日益醒目，对全球经济的影响力也逐渐扩大。2017 年 5 月，习近平总书记在"一带一路"国际合作高峰论坛开幕式上提出，我国要坚持创新驱动发展，加强在数字经济、人工智能、纳米技术、量子计算机等领域的合作，推动大数据、云计算、智慧城市建设，打造一条数字丝绸之路。

一、中国跻身全球数字经济引领者行列

近年，越来越多的中国企业通过并购、商业模式扩展、技术供应等方式积极参与数字经济全球化，中国已位居全球数字经济发展的最前沿。中国已成为全球

数据流动的主要参与国，能够对全球跨境商品、服务、金融和数据流动产生明显影响。目前，我国数字服务领域已实现净出口，2012—2016 年连续保持年均 100 亿～150 亿美元的贸易顺差。中国日渐成为全球数字化投资大国，对全球数字经济初创企业的影响迅速扩大。2014—2016 年，中国的对外风险投资总额达到 380 亿美元，约 80% 的投资流向发达经济体，其中又有 75% 流入数字经济相关领域。中国向海外拓展数字化驱动的商业模式，如无桩共享单车企业现已进入新加坡、英国和美国市场；美图秀秀积极寻求全球拓张，在海外多地设立分公司。[①]

二、中国数字经济激活"一带一路"沿线国家发展转型潜力

中国积极与"一带一路"沿线国家在数字经济领域开展合作，既激活了沿线国家的发展活力，也带动"中国品牌""中国方案"走向世界。①数字经济基础可以加强与"一带一路"沿线国家信息通信基础设施的互联互通，打造互联互通生态链，构造网络空间命运共同体。截至 2017 年第二季度，中国已与"一带一路"沿线 12 个国家建成 34 条跨境陆缆和多条国际海缆，直接联通亚洲、非洲、欧洲等各个国家。②数字经济动力带动毗邻发展中国家数字化水平有效提升，缩小与发达国家之间的数字鸿沟。2016 年，中国借助"一带一路"信息化建设，沿线国家信息社会水平同比增速达到 2.78%，高于全球 2.10% 的增长速度[②]。③以数字经济为牵引，阿里巴巴（中国）有限公司、华为技术有限公司、腾讯控股有限公司、联想控股股份有限公司、京东集团等国内先进企业积极参与技术创新和模式应用的国际推广，源源不断地将"中国品牌""中国方案"带到沿线各国，助力中国品牌出海拓展，助力沿线国家经济社会发展[③]。

---

① 麦肯锡全球研究院. 中国数字经济如何引领全球新趋势，2017—09.
② 外交部和发改委"一带一路"国际合作高峰论坛. http://www.cac.gov.en/2017-05/ll/c_1120954714.html.
③ 国家信息中心"一带一路"大数据中心."一带一路"大数据报告（2017）.

第五章　经济发展新阶段——网红经济的崛起

其实，纵观整个世界的经济发展史，我们就会发现，网红经济并不是第一次以个体经济的形象出现。翻开欧美一些知名企业的发展史，我们就会发现，它们常常是被冠以个人或者家族姓名的企业。这实际上就很能说明一个问题，一个人是否具有强大的人格魅力，往往能够影响着客户的最终选择。

将这一点延伸到网红经济的发展上，如果一个网红具有较高的知名度或者人格魅力，一定程度上也就拥有了强大的变现能力。

互联网技术的大发展催生了很多的经济模式，粉丝经济、共享经济、数据经济，现在一种全新的网红经济模式席卷而来。2015年被业内人士认为是网红经济在移动互联网时代的一次试水，2016年则堪称是"网红元年"。更多的网红在这个开放、创新的时代闪亮登场，更多的企业摸索出全新的经营模式，一场围绕着人格魅力以及品牌拟人化虚拟形象所进行的商业革命正在拉开帷幕。

如果说在多年以前，网红还仅仅只是停留在概念炒作阶段，那么现在，网红已经迎来了全新的价值变现。在这个各种全新的经济模式不断爆发的年代，不少知名的网红经纪公司通过扶持网红、与网红合作等方式已经获得了实实在在的收益。

第一节　网红催生的网红经济

网红们在自媒体时代风起云涌，形成各自的领地，各路红人尽显招数，通过微博、微信、直播、短视频或是各大论坛获取粉丝。网红一度成为一个贬义词，大众对他们通过出格言行博取关注度的行为不屑一顾。但是，就在我们对这个群体持观望态度时，这一代网红正构筑起一股巨大的新经济力量。

网红经济的产生，不是一个偶然的现象，而是一个必然的结果。网红的快速发展，必然导致网红经济的产生。如果说在网红 1.0 时代，这些网红还满足于粉丝数量的增加、粉丝的关注和夸赞；进入 2.0 时代之后，网红已经在考虑如何将粉丝的点赞和夸奖变为真金白银。

一、网络营销的商业变现方式

网红追求变现，对于他们来说，仅仅在社交平台上拥有庞大的粉丝数量是不够的，他们更需要一个商品销售的平台。电子商务的发展，恰恰给这些网红提供了便利。很多网红在各大线上平台开设自己的商店，而网上店铺强大的变现能力，也促成了网红经济的产生。

严格讲，网红不是一个新鲜的事物。但是，在消费趋势变化、传统电商发展面临瓶颈以及自媒体快速发展下促成的网红经济，却是在最近几年才出现的。毕竟实现"网红"到"网红经济"的跨越，需要资本和商业模式等方面的配合。电商的快速发展、消费趋势的变化和消费者获取信息方式的转变都促成网红经济的产生。

从广义上说，网红经济是粉丝经济中的一种。它的运作模式是简单的"前端 + 后台"。年轻时尚的达人负责在线上店铺中（前端）以貌美如花之姿容吸引粉丝、获得万千宠爱并维持黏度；网红背后的"后台"则负责整体的运营、产品设计与供应。团队运作将"前端"网红吸引来的流量变现，让粉丝心甘情愿地"剁手"。原本普普通通的人，也就在顺理成章中成为网红，并迅速制造出一种经济现象——网红经济。

简要地说，网红经济是以时尚达人为形象、以红人的品位为主导，通过选款和视觉推广在社交媒体上聚集人气，依托庞大的粉丝人群进行定向营销，从而将粉丝转化为购买力。当然，网红让粉丝心甘情愿地掏钱从而达到变现的目的的方式有很多。现如今，大多数网红不再满足于单纯的线上时尚品位展示。他们有时候会更加活跃于线下领域，为商家站台；做模特甚至跑通告演出都成了家常便饭。然而，在众多方式中，设立自己的品牌，创造属于自己的公司，已经成为网红变现的重要方式。毕竟网红和老板这两个称号，很多人还是会选择后者。

短时间内获得较大的关注度和购买率，让个人品牌迅速发展，从而赚取第一桶金的模式是网红经济的最大优势。但是，仅依靠网红成就一个品牌并非屡试不爽。因为，网红只是起到了催化剂的作用，商品能否长远地发展下去，还取决于商品本身的质量。一旦商品出现问题或者粉丝不买账，再优秀的网红也拯救不了无人问津的商品。

二、网红产生的核心要素

网红的诞生需要一定的契机与土壤，其中，有三个核心要素必不可少，这就是情感认同、兴趣集中以及娱乐需求。

（一）情感认同

也许我们都有这样的经历，当我们在网络上看到了某篇文章能够引发我们的同感，我们就会不由自主地进行转发与跟帖。网红所必备的一个要素就是能够与广大的网友产生情感的共鸣，让网友们在对其所陈述、所表现的内容表示出情感认同的同时喜欢上自己，进而发展成为自己的粉丝。

就拿网红第一人 papi 酱来说，在众多浓妆艳抹的网络女主播中，papi 酱的妆容几乎可以算作是素颜了。可是，这个素颜的 papi 酱为什么能够赢得诸多粉丝的追捧与热爱呢？很大一部分原因，就是因为她所发布的视频，总是能够引起人们的情感共鸣，让人们在会心一笑的同时，心有所感，有所触动。

比如，papi 酱的原创小视频《没事别逛家具店》，就讲述了其逛家具店的血泪史。

papi 酱在讲述这段经历之前，用了这样一段话："我最近在准备搬家，于是我和老胡到家具店去了一趟。我本来只想买一张桌子，但是这个世界从来就不让你好过。"听完 papi 酱讲完逛家具店的经历，大家不由得会心一笑，觉得这个女子简直是说到了自己的心坎里。

的确，对于女性来说，任何人都不缺少逛街的经历。逛街之时，女性那强大的联想能力，简直就是超强的购物推动器，看到什么都觉得自己家里需要，而且还能找到非常恰当的借口来说服自己进行购买。

不得不说，这个集美貌与才华于一身的女子，真的非常聪明。她非常善于捕捉人们的心理，创作出能够引起人们心理共鸣的东西。而这些东西也让她变得更加接地气，更受粉丝们的欢迎。

不仅是在视频唱红的时代，网红们需要重点建立起情感认同，在文字网红盛行的时代，同样也需要以情感认同来吸引粉丝。

郭敬明曾经写过一系列的青春伤痛小说，这些小说为什么那么受欢迎，很重要的一点，就是他表现出了一代人的心理历程，表现出了一代人的心理伤痛。他的文字、故事，好像再现了每位少男少女的青涩时代，触及了那个群体的灵魂。《悲伤逆流成河》《幻城》，他的作品以唯美感伤的文字，以及这些故事中所要传达的思想，真切地触及了那一代人的内心，让他们在偷偷流泪的同时，缅怀着自己的青春。

对于任何一个网红而言，其所表达的内容能够吸引粉丝产生情感认同都非常重要。这是网红吸引大量粉丝，发展网红经济的必要条件。

（二）兴趣集中

除了情感认同，还有一种要素，就是大家还要有共同的兴趣。只有具备共同的兴趣爱好，粉丝们才愿意与你交流互动，愿意会聚在你的旗号下。这也就是为什么知乎、天涯、微博等以传递内容为主的平台上可以诞生大量的大咖的原因。

共同的兴趣，有助于增强粉丝的黏性，让粉丝持续关注网红。

如果我们曾经关注过微博或者是那些知名的视频网站就会发现，那些能够长期霸占我们视线的，几乎都有一个共同的优势——善于发掘生活，擅长讲故事，勾起你的兴趣。比如"宋小君""庄雅婷""鹦鹉史航"等这些在微博上很红的作者总是能够举重若轻地将大家所感兴趣的话题，编织成出其不意的故事，或者温馨，或者伤感，步步生花，开成"奇葩"。

在当当网的销售平台上，有这样一本书，曾经一度占据着畅销榜的榜首，这本书就是《从你的全世界路过》。该书作者，就是"微博上最会写故事的人"——张嘉佳。自从 2013 年该书出版就收获了一路的荣誉：上市之后，连续两周位居当当网、亚马逊以及京东的图书总榜冠军。上架仅仅 6 个月销售超 200 万册，全国 16 城巡回，签售 19 场，签出了 16 万本图书。2014 年 3 月，该书入选"第五届中国图书势力榜①文学类十大好书"；12 月 11 日，该书获得亚马逊年度图书总榜第一名、Kindle②年度电子书收费榜第一名、京东年度青春小说榜第一名。张嘉佳也荣登亚马逊年度畅销书黑马作家榜的冠军之位。

张嘉佳作为一个会讲故事的人，他的文字或者明媚，或者温暖，又或者绝望，贴近人们日常的生活，引动着人们的阅读兴趣。而擅长驾驭文字的他，更是被称为"南大第一才子"。用文字，他吸引了众多与他有着共同兴趣爱好的人，共同来品味生活中的点滴波澜，共同来欣赏那些或许平淡但却让人心潮澎湃的故事。张嘉佳的成功不是偶然的，而是聚合在微博阵地上粉丝力量的一种爆发。聚合粉丝兴趣的网红，所创作出的产品，才可能赢得粉丝的买单。

---

① "中国图书势力榜"年度好书评选，系华南地区最大的图书评选活动。活动收集整理国内图书市场销售数据进行分析，并准备开展网络投票，兼顾大众口碑和专家评委的专业意见，最终评选出当年度最有影响力的 10 本文学类好书和 10 本非文学类好书，并邀请其作者和出版社代表赴广州领奖。

② Kindle 是由亚马逊 Amazon 设计和销售的电子阅读器。第一代 Kindle 于 2007 年 11 月 19 日发布，并于 2013 年 6 月 7 日进入中国，用户可以通过无线网络使用亚马逊 Kindle 购买、下载和阅读电子书、报纸、杂志、博客及其他电子媒体。

（三）娱乐需求

在生活节奏日益加快的移动互联网时代，娱乐需求已经成为人们日常工作之外进行消遣的一种主要方式。那些能够让人轻松一笑、精神放松的网络红人，也能收获很好的关注度。比如，曾经的网络红人"搬砖小伟""吃货蝙蝠侠""夏贱贱BOY"等。这些出身社会底层的草根网红，凭借着当下最热门的快手、秒拍，闯进了公众的视线。

这些草根网红的视频内容或者令人称奇或者惊悚，又或者让人不忍直视，但是这些视频有一个共同的特点——满足了网民重口味的需求。因此，在草根群体中俘获了大量的粉丝，与之相应的也就是丰厚的回报。

他们在拍摄这些视频的时候，需要承受极大的风险，但是他们却甘愿去这样做。因为他们很明白，在这个现实的社会，打工无法改变他们的命运，可是成为网红却让他们看到了一线希望。

以"搬砖小伟"为例，他在短视频APP"快手"上拥有上百万的粉丝，可实际上，这位拥有着众多粉丝的网红，却只是个初中一毕业就在工地上搬砖的农民。在他身上，甚至还残留着"网瘾少年"和"留守儿童"的印记。当年16岁的小伟踏上父亲的老路，走进了工地，可是因为身材瘦小，他并没有什么优势。为此，他萌生了健身的念头。渐渐地，小伟的身材越来越好，甚至已经拥有了八块腹肌，"搬砖小伟"这个ID（网名）便由此而来。

工作闲暇之余，小伟经常拍摄一些在工地的钢筋水泥之间"飞檐走壁"的视频，并把这些视频上传到"快手"上。他的这些充满危险性与刺激性的健身视频，经常会被顶上"快手"热门。而这也为小伟带来了丰厚的广告收入。小伟这样一个出身社会底层的草根网红，靠着每月的广告收入以及在工地上的工资，每月的收入能够达到3万元以上。

对于很多草根而言，出身似乎决定了他们未来的命运，他们一辈子似乎只能是面朝黄土背朝天，步先辈的后尘。然而，网络的高度发达，却让他们看到了另一个世界的疯狂。在这个虚拟的网络世界中，只要你能够提供新奇的内容，就有人会为你的汗水与付出买单。或许也正是因为这样，才会有无数的草根网红无所不用其极，为了博人眼球，甚至不惜自虐、自曝，刷新人类认知的底线。

相比于那些高端大气上档次的网红，这些出身社会底层的网红所获得的经济收入也仅仅是比他们这个层次高些而已。尽管他们费尽心思吸引网友的眼球，也只是赢得了各种中低端的广告植入，收入甚微。

一旦成为网红，其背后所蕴含的巨大经济价值，让越来越多的人对成为网红趋之若鹜。在他们看来，网红不像明星那样要求"高大上"的出身，只要自己能够提供吸引人的内容，就能获得大量粉丝。而粉丝，对于网红而言，就是最大的财富。

三、网红常见分类

网红最常见的分类有三种，即电商网红、内容网红与名人网红。下面，我们就来看一下这三类网红的特点以及经常出没的平台。

（一）电商网红

电商网红主要由一些小模特、小设计师或者是淘宝的卖家演变而来，他们的主要特点是年轻时尚、懂得搭配并且经营着淘宝店。他们很善于在社交媒体上利用美图来呈现自己的穿衣搭配、宣传自己的新品，在频繁与粉丝互动的过程中，在电商平台上实现变现。

电商网红与内容网红、名人网红不同，他们之所以会红，主要还是看颜值与气质。同时，还需要网红孵化机构的协助进行宣传造势，借助后者提供的店铺运营、供应链管理等达到变现的目的，并与网红孵化机构进行分成。如 2015 年淘宝的"618 大促"中，在销量排行前十的淘宝女装店铺中，有七家店铺为网红店铺，电商网红的数量达到了中国网红总量的一半。

2016 年 5 月 23 日，第一财经商业数据中心发布了《2016 中国电商红人大数据报告》，报告综合参考了国家官方统计、阿里集团大数据、新浪微博、优酷土豆以及第三方权威机构等多方数据，预估 2016 年红人产业产值将达 580 亿元，将远远超过 2015 年中国电影 440 亿元的票房金额。在综合考量了各电商网红的粉丝质量、变现能力以及未来成长性之后，报告还公布了电商红人的商业价值榜，其中，OnlyAnna、张大奕、LinForeverGirl 这三位时尚界网红位居前三。

从这些电商网红所爆发出的强大价值潜能，我们不难看出，网红经济已经成为新经济形势下的一个全新经济角色，体现出了互联网在供需两端所形成的强大裂变效应。不仅如此，电商网红还为制造商、设计者、销售者、服务者与消费者搭建了一条全新的链接，为互联网融合全新的经济模式带来了极大的活力。

不过，想要成为电商网红却并不是一件容易的事情，需要具备如下条件：

第一，必须要有敏锐的审美能力。对于电商网红来说，如果不具备敏锐的审美能力，也就失去了成为电商网红的资格，毕竟敏锐的审美能力是基于某个行业的基本判断能力，没有这个能力，根本就无法设计出最时尚靓丽的穿搭风格。

第二，要有极佳的个人魅力。个人魅力是一种无形无状的东西，但是具备个人魅力的人，却总是能够轻易吸引别人的眼球。对于电商网红来说，这种个人魅力或者是一种绝佳的气质，或者是一种亲和力，只要能够让粉丝买单，这种魅力就是值得认可的。

第三，拥有社交圈或者是生活圈的影响力。这一点的作用显而易见，只有在某些社交圈或者是生活圈中具备了一定的影响力，才可能将粉丝引流到电商平台，最终达到变现的目的。

（二）内容网红

内容网红，简单说来，就是靠着精彩的内容吸引粉丝、留住粉丝，让粉丝成为你的追随者。内容网红绝大多数是以自媒体的形式表现，主要通过微博大V、微信公众号等传递原创的内容，其形式多种多样，包括段子、漫画、评论、视频等。这些内容或者幽默风趣，或者犀利独到，或者有个性、有创意，往往能够成功吸引网友的关注与兴趣，使网友转化成为网络内容原创者的粉丝。与视频网红中的网络主播不同，内容网红并不要求内容创作者有多高的颜值，只要能够提供优质的内容就能获得粉丝的买单。

2016年5月，《罗辑思维》（互联网时代知识的运营商和服务商）创始人罗振宇曾策划了一次papi酱广告招标会。起拍价格为21.7万元，随即一路走高，最终定格在2200万元。这个价格，成为"新媒体史上第一拍"，重新定义了人们对自媒体以及网红价值的认识。其实，在自媒体刚刚开始显现出巨大的潜力之时，不少传统的媒体人就已经开始心痒难耐，甚至有很多的传统媒体人还辞了职，专门开设公众号干起了自媒体。一些小城市的草根网红也架起手机开始寻找全新的赚钱渠道。而像罗振宇、吴晓波这样早早开始经营自媒体，并且树立起自己品牌的优质内容传播者，更是已经笼络住了大批的粉丝。内容创作者的商业价值得到了前所未有的肯定。

在这种经济发展形势下，越来越多的内容创作者开始对网红这条路趋之若鹜。不少人甚至还不清楚自己究竟要创作什么样的内容，就仓促地投身到了内容创业的洪流中。也有不少自媒体在极短的时间内就斩获了丰厚的回报，但是在接下来的竞争中则可能会被残酷地淘汰出局。眼光独到的投资人在这众多的内容创业项目中仔细甄别，冷静而清晰地辨别哪些才可能是"内容红利"期真正的黑马。在内容网红大行其道的今天，优质的内容所带来的红利也已经超乎了人们的想象。

当然，在这个时代，想要做好内容，还需要注意这样一些问题：

第一，"内容红利"时代，竞争也在大幅加剧。随着微信成为越来越多人所依赖的社交平台，人们获取信息的方式也在逐渐发生变化。这就催生了"微信公众号"这样一个信息传递的平台，这个平台也成为自媒体最大的创业平台。在8亿多的微信用户中，80%以上的用户至少会订阅一个公众号，微信这个平台，让公众号具有了流量变现的能力。

而对于平台而言，优质的内容又成为留住用户的重要因素，因此内容的价值才再一次受到了人们的重视。如今，众多的门户网站，如百度百家、今日头条等平台开始重视自媒体的潜在价值，对自媒体采取大力扶持计划，为的就是能够吸引到诸多的优秀内容创作者到自己的平台安家。

内容与平台的关系表现得最紧密的就是"直播"。比如映客，因为涌现出了诸多的优质网络主播，在不足一年的时间里估值就超过了30亿元，而许多主播也借着映客这个平台名利双收。万合天宜首席财务官陈伟泓曾这样说："网红是自带流量的自媒体。"紫牛基金创始人张泉灵也认为，"最头部"的创业者才具有足够的投资价值。之前，她曾经与罗振宇一起投资过papi酱，目前papi酱的价值估量已经达到了3亿元。

随着微信公众账号等内容输出平台的注册用户不断创新高，内容平台的竞争也在不断加剧。内容创业已经从野蛮生长迈进了一个崭新的阶段。在这个阶段，内容输出有三种突出的表现：从单一的图文形式向图文、语音、视频与直播等综合模式转化；内容输出平台的多极化；内容创业模式的多元化。这三个方面的表现，无一不说明，"内容红利"期也并不是一片太平，而是充满着激烈的竞争与挑战。

第二，在做好内容的同时，想好如何变现。在互联网经济大潮不断汹涌的时代，内容创业者在创作内容的时候已经不单单只是因为热爱，而是为了变现。这就要求内容创业者，在思考如何做好内容的同时一定要想好如何变现。懒熊体育创始人韩牧这样说："如果只是内容本身，它的价值会非常有限。"因为考虑到了这一点，所以懒熊体育将自己进行了重新定位，从一个体育商业的报道机构转为"体育产业助推器"。

对于媒体而言，缺少的从来不会是内容，优质的内容只是它们获取用户的一种手段，媒体最终经营的其实都是用户。作为内容的创作者与平台方，所要做的，实际上就是通过内容来圈住用户，继而深度挖掘商业价值。

第三，避免走上内容创业的这些"坑"。著名的自媒体人魏武挥认为内容创业主要有四个坑：广告、电商、IP（intellectual property，知识产权）与估值。在自媒体盛行的时代，魏武挥认为，目前广告主的报价有点"虚高"。简单说明一下，在传统媒体时代，那些较好的杂志可能会有10万个订阅者，所以广告收费高一些无可厚非，但是一则公关软文在汽车圈里就能卖到10万元，他认为这个现象是不合理的。并且他还预言，"这个泡沫会慢慢破掉"。

而说电商是个坑则是因为，这是被绝大多数创业者认为最现实的变现模式。但魏武挥却提醒内容创业者们，他们想要涉足电商领域，则意味着要进入一个完全陌生的领域。而电商所包括的仓储、物流与客服又会造成成本的增加，这显然是得不偿失的。

对于最被人看好的 IP，魏武挥也认为需要谨慎对待。真正能够成为 IP 的内容，必须是那些经过多年积淀，被大众所认可的内容，比如说《哈利·波特》《魔兽》等。

想要成为内容网红，并不是一件轻松的事情。网红不仅要能够输出优质的内容，还需要注意一些浮华的"泡沫"与"深坑"。创业者只有谨慎、用心，小心前行，才可能成为真正有价值的内容网红。

（三）名人网红

所谓名人网红，就是指那些本身已经具有一些名气，走向网络社交平台实则是为了更进一步提升自己的人气，或者是为某个项目、活动、企业做宣传等。比如说曾经的微博话题女王徐静蕾、姚晨等，本身是名人，更是知名的微博大咖。乐坛小天王周杰伦与"国民老公"王思聪在游戏直播平台上对战《英雄联盟》，吸引了千万人观看；知名影星刘涛、娱乐明星杨颖以及陈赫等也纷纷入驻直播平台。甚至一些企业家李开复、雷军、罗永浩等也在网络上保持着极高的活跃度，不仅开微博发声，还在一些专业的互联网网站开辟了自己的专栏。

不仅国内的名人开始重视网络的圈粉效果，国外一些名人也纷纷开始挖掘网络的价值。英国著名的物理学家史蒂芬·霍金入驻新浪微博，开通个人微博，短短两天就成功圈粉超 300 万人。一些外国政要也纷纷开通了微博，与网友进行亲密互动。

2016 年 4 月 12 日，霍金发布了自己的第一条微博，其中回顾了自己来中国的多次经历，用中英文双语问好更是拉近了他与中国网友的距离。这样一位似乎高高在上的精英居然在新浪开通了微博，网友的兴奋之情也是不言而喻的，这事件的舆论热度也是一直不曾消减。不仅霍金开始在新浪微博发声，一大批国外政要也开始借助微博向中国民众发出了友好的信号。比如印度总理莫迪、英国前首相卡梅伦、以色列前总统佩雷斯等。在沟通内容方面，这些国外的"名人网红"也很善于找到那些轻松、亲民的话题。当然，他们也会涉及一些比较严肃的话题，比如政治、经济、安全方面等。

当然，对于大多数微博来说，实际上并不是名人自己亲自在经营，而是专业的代管理人员为其操作。不过这并不意味着这些名人对自己的微博就不关心，相反他们非常关心自己的微博。像印度总理莫迪在开通微博之前就进行了充分的调研与准备，以色列前总统佩雷斯更是称"在微博平台与网友对话是个'好主意'"。随着互联网的不断发展，全球化已经成为一种趋势。名人们为了维持自己的人气，获得更多的支持，就会更加重视任何与粉丝互动的机会。很显然，网络就是这样一个必不可少的互动渠道。对于名人网红来说，在线上进行变现并不是其主要目的，为其本职工作做宣传，为其线下活动宣传造势，增强线下事业的变现能力，才是其运营的核心。

四、能够成为网红的必备要素

伴随着网红所爆发出的巨大经济价值，越来越多的人开始将视线瞄准网红这一领域。对于那些没有任何背景的平民草根而言，成为网红似乎是改变他们命运的捷径。网红经济所爆发出的巨大经济潜力，吸引着越来越多的人投身到了这个领域，他们或者是以极端的方式吸引观众的眼球，或者是以低俗的标题勾起观众的好奇。但是，在众多的网红之中，真正具有强大"吸睛"本事的，毕竟还是少数。多数网红其实处于一种半死不活、不温不火的状态。这很能说明一个问题，网红虽然具备巨大的可挖掘的经济潜能，但并不是每一个人都适合做网红，也不是每一个人都能成为网红。想要成为网红，必须具备以下一些硬件条件。

（一）颜值担当或才华横溢

综观那些当红的网络主播，几乎都是肤白貌美的美女或者是帅气有型的帅哥。网络上曾经流行这样一句话，"这是一个看脸的时代"。的确，如果我们浏览一些视频网站，就会发现这样一个规律，那些被关注最多、人气最高的主播，必定是那些颜值比较高的。诚然，美丽的人或者物总是能够让人感觉赏心悦目，也更容易吸引人们关注的目光。想要成为网红也是一样，如果相貌普通没有任何出奇之处，人们在浏览视频的时候，很可能就会因此直接掠过。相反，如果网络主播长得比较惊艳，让人看一眼就挪不开目光，想要看一看她到底在直播什么内容，这其实已经比其他的主播多了一些优势。

颜值高在主播这一领域，真的表现得那么明显吗？举个例子，我们就能对这一点深有体会。映客是一款视频APP直播软件，登录映客的绝大多数用户多是一线城市的白领以及一些海外的留学生。随着映客的名气越来越大，一些一线的明星以及网络红人也纷纷入驻映客平台，如刘涛、马可、王凯等。这些名人的入驻为映客带来了不少的流量，其中影视明星刘涛入驻仅仅1小时，便吸引了600万粉丝，这创下了视频直播领域的一个奇迹。撇开刘涛影视名人的身份不说，刘涛的超高颜值也是为她吸粉的关键要素。再加上刘涛自身的经历本身就有着传奇的色彩，她入驻直播平台会引起观众的纷纷关注也就是意料之中的事情了。

除了超高的颜值在做主播的时候会占据一定的优势，那些长相非常富有个性的网络名人也可能会获得不少的关注以及人气。比如，赵家班的一些东北二人转演员，也曾在花椒网上开直播，同样也收获了不少的关注与粉丝。

对于网红而言，颜值高是其成功吸粉的一个重要条件，但是如果你有绝对的才华，其实也可以用才华来吸引粉丝。比如很火的那个大脸胖子"小岳岳"。小岳岳是谁？这是众多网友对相声演员岳云鹏的一种谑称。看过岳云鹏相声的人都知道，岳云鹏的相声幽默风趣，包袱不断，而且经常挂在嘴边的一句"哎呀～我的天哪！"更是让众多的网友对他印象深刻。再加上岳云鹏那一脸贱贱的表情，登时戳中了观众的笑点。虽然没有出众的容貌，但是靠着过人的才华，岳云鹏依旧成为 2016 年排得上号的网红。《热血战歌》官方还请来了岳云鹏做游戏代言，"和小岳岳一起来战"的口号，曾经在 360 网页浏览器挂了很长一段时间。

没有颜值可以靠才华，如果你真的才华横溢，能够让广大网友为你买单，那么网红这条路也并非是行不通的。

（二）标签化与自我营销

出色的网红，必须要懂得让自己变得与众不同，必须要学会给自己贴标签。换句话说，就是要懂得自我营销。何谓标签化？简单举个例子，谈起对互联网业内动态比较权威的互联网专家，我们最先想到的是谁？李瀛寰、柳华芳、王吉伟、黑马等。谈起对热点新闻点评比较麻辣的网络名人，我们最先想到的又是谁？金星、蔡康永、小 S、罗振宇、王思聪等。说起最搞笑幽默的视频主播，你又会想起谁？papi 酱、林弯弯、张依依等。

一旦你能够形成自己的风格，给自己贴上标签，就会让更多的人记住你。比如，papi 酱在每一次短视频结束之后，都会这样介绍自己，"我是集美貌与才华于一身的姑娘 papi 酱"。随着人们一次次观看 papi 酱的视频，与 papi 酱接触得越来越多，人们也对 papi 酱这句自我介绍的话表示出了深深的认同。这是一个明明可以靠颜值吃饭，却偏偏要靠才华吃饭的姑娘。

当然，对于任何一个想取得一定成就的网红来说，光是能够给自己贴标签还不够，你还要学会自我推销。这是一个营销的时代，每天新生的网红有那么多，如果你不懂自我推销，粉丝又怎么能够记住你，又怎么能够对你的产品买单？说到这里，我们不得不提"国民岳父"韩寒。虽然韩寒为人很低调，但是不得不说，他是一个非常善于造势的主儿。2015 年，韩寒从一个作家、赛车手开始转型到影视界，成为一位新锐导演。在其导演的新片《后会无期》上映的前几个月里，韩寒充分利用起了其"网红"的身份，通过微博成功捕获了千万粉丝的心，从而顺利地将这部电影推向了市场。

那么韩寒究竟是如何一步步做到的呢？

第一，非常接地气的平民营销。韩寒是一位非常接地气的作家，他的文字幽默风趣，他为人不修边幅、平易近人，又很随和。很多明星不愿意去做的一些有损颜面的事情，韩寒做起来却非常随意。因此，韩寒成功地与网友们打成了一片，韩寒的这种平易近人的行为成功地让他在平民粉丝中赢得了诸多的好感。

第二，无厘头的情感营销。韩寒的微博中，经常会爆出一些语不惊人死不休的话语，比如"放心，小野不会嫁给你的""这个世界没有毫无道理的横空出世"等。对于绝大多数喜欢韩寒的人来说，他们其实是见证了韩寒的成长的。韩寒，已经不单单是一个简单的名字，而是一代人的回忆。在这个强社交时代，韩寒以其独特的社交风格，为小伙伴们增添了无数的快乐。哪怕其只是发布一张图片、一段文字或者一个表情，都能赢得小伙伴们的迅速围观。网友们在这种与韩寒互动的过程中，也认识了真正的韩寒。

第三，粉丝营销与口碑营销。众所周知，韩寒是新浪微博的大咖，关于微博，曾有人这样说："在微博时代，如果有 1000 万个粉丝，你就像电视播音员一样，可以很容易地让全国人民听到自己的声音。"而微博大咖韩寒所拥有的粉丝数量则达到 4000 多万人。这也就意味着，他所发布的每一条微博都会受到千万粉丝的关注。当然，韩寒的好口碑也并不是一朝一夕形成的，而是他多年经营的结果。这些年来，韩寒不管是在写作上还是在赛车上都取得过耀眼的成绩。这不免引来外界对他的质疑与诋毁，但是绝大多数情况韩寒所采取的方式都是"置之不理"。这种洒脱的行事作风，也颇得粉丝们的欣赏与喜爱，更让他们愿意无条件地支持他所决定去做的每一件事情。

第四，宠物营销。在《后会无期》中有一只宠物出现的频次让人意外，这就是马达加斯加。这只宠物搞怪、俏皮、蠢萌，赢得了不少少女的喜爱。这也为该电影增加了不少神秘色彩，为电影增加了更多的期待值。

除了以上几点，还有一个人其实也成为吸引众多粉丝留恋韩寒博客的重要因素。这就是韩寒的女儿小野。因为小野，韩寒才获得了"国民岳父"的荣誉称号。网友们对小野的喜爱，已经到了一种欲罢不能的境地。甚至有网友还戏称，"如果'岳父'再不放小野的照片，我们就罢看"。

韩寒的经验值得我们借鉴。在这个品牌都在人格化的时代，行业已经没有了疆域之分，只有做得好不好、专不专业之别。而今天的互联网营销，也已经不仅仅只是一种信息的传递，而是一种自我价值与自我品牌的推广。对于每一个网红而言，所要做到的不仅仅是要能够让网友喜欢你，更是要让网友成为你的铁忠粉丝，愿意支持你所做的每一件事情，愿意为你的事业与梦想买单。

（三）新鲜有趣的内容供应

内容新鲜有趣是吸引网民关注的必要条件。如果我们所发布的内容枯燥无味，连自己都没有重新去看一遍的欲望，别人又怎么可能会对你的内容产生兴趣呢？对于任何一位网红而言，持续有趣的内容输出都是保持他超高人气的必要条件。这些年，涌现出的网红不少，诸如"伟大的安妮""papi酱""桃太郎"等。他们爆红的一些共同之处在于所提供的内容或者能够引起人们的兴趣，或者能够引起人们情感的共鸣。

早前，"伟大的安妮"曾在微博发布过这样一组漫画，"对不起，我只过1%的生活"。该漫画一经发布，很快便获得了几十万次的转发。其实，只要对这组漫画有所了解的人都知道，伟大的安妮创作这组漫画的初衷是告知广大的粉丝，她将要开始创业做一款名为"快看漫画"的APP。虽然对伟大的安妮创业之事，网友们有着诸多的争议，但是不能否认的是，伟大的安妮这则微博为她带来了巨大的流量，更是为她初生的"快看漫画"带去了近百万的初始用户。这样庞大的初始用户量是很多初创业团队努力多年也无法做到的。

图文并茂的微博内容，向广大的网友们讲述了一个女孩为了追逐梦想而不断努力的故事。漫画的形式，让人读起来感觉轻松，而漫画的内容又非常励志，让人们在观看的过程中，不知不觉就热血沸腾，充满斗志。这样的微博内容是大家喜欢看的，也是易于被广泛传播的。

伴随着优质内容的不断涌现，越来越多的网红也渐渐意识到了这一点，想要红，必须要有好内容。那么究竟怎样才能成为一个优秀的网红呢？

首先，我们需要搞明白到底什么是网红。深究起来，网红其实与之前的自媒体、大V、意见领袖乃至更久远一些的博客大咖有着一些共通之处。当前这些网红，不论是在玩视频、写文字还是在秀事业线或者是在晒各种照片，都可以用一种共用的称谓来称呼他们，就是"互联网内容创作者"。我们不是霍金那样的世界级名人，不能做到触网即红。对于草根来说，怎样才能轻松凭借内容快速走红呢？找准卖点。就像是papi酱，她的原创视频都很短，只有几分钟而已，但是在这几分钟的短视频中，她的吐槽深入人心，让人很轻易就能生出认同感。比如，日本马桶盖、吐槽男女关系、"上海话+英语"、烂片点评、今天我毕业了等。在大家沉迷于玩小咖秀、迷女主播的时候，papi酱掀起的这股清纯吐槽风，给人耳目一新的感觉，很快便吸引了不少的粉丝。

其次，内容上要有创新。拿影评领域为例，对于任何人来说，影评都是一个零门槛的领域，但是想要在这个领域出彩，却并不是一件简单的事。毕竟这个领域的竞争者众多，而且各有风格，或者毒舌或者蒙太奇，想要在这种激烈的竞争中脱颖而出，很有一些难度。但是，一名叫作谷阿莫的少年却成功地突出了重围，成为一位影评界的网红。他将文字影评变成"有视频剪辑的解说＋不停顿的古怪""蹩脚的台湾腔配乐＋夺人眼球的标题＋一句高度概括的吐槽"。比如，他这样评价《消失的爱人》的剧情：疯子杀神经病逃回变态身边的故事。这样的另类评价风格，很有一些当年网友们恶搞《无极》时所发布的"一个馒头引发的血案"的无厘头之感。

创造优质内容是一个手艺活，必须要做到有所长、有所精。比如，写历史的人很多，但是作家"当年明月"换了一种方式来写《明朝那些事儿》，带着调侃的语调戏说历史，就这么毫无征兆地火了；关于读书的电视栏目观众寥寥，可是罗振宇的知识类脱口秀视频节目《罗辑思维》却被评点为"有种有趣有料"，成为最火的一档互联网卖书节目。

综合分析这些人的成名之路我们可以发现，他们站在了无数人曾经开拓过的地盘上，只不过，找准了一个曾被他人所忽略的边缘，用最上乘的手艺、匠人的精神，创造出了一种最独特的鲜辣美味来。成为网红，内容创造是一个重点，更是一个难点。但是，若想获得成功，就必须要付出更多的心思与努力，知易行难，方可大成。

五、网红经济的前景

"网红经济"的蓬勃兴起，很多人从中看到了商机，这也吸引了很多投资。时下，大众创业、万众创新的潮流渐起，万象更新，走向成功将有无限可能。通过集聚网络人气创业创新，只要不违反法律都应予以鼓励。但与此同时，"网红经济"作为一种新兴产物，缺乏成熟的商业模式，尚有诸多不确定因素。

（1）投资网红要承担很大风险。"网红经济"的实质是粉丝经济。网红变现的能力依赖于特定的粉丝群体和他们的黏性、忠诚度、转化度。而粉丝的不确定因素太多，喜好也时常有变。对于投资人来说，这种不稳定意味着投资风险。

（2）如果把网红当作一个品牌来运营，粉丝沉淀、购买转化，长尾效应口碑营销，再有一些节点性的爆点营销和事件营销，对热度再次拉升，吸纳新粉丝等活动周而复始。成名吸引流量只是第一步，后续还要有足够的曝光度，足够的话题炒作，足够的精准内容，最后才是足够的粉丝来变现。

（3）网红到底是新经济还是快消品？现在稍微有姿色的网红都会经营个人的服装品牌或者淘宝店铺，很大一部分原因在于卖衣服门槛低，挣钱快，转化率高，重复购买率高，资本直接变现的能力强。

　　这反映出网红的共同问题是：大多数打算趁自己还红的时候，快速挣到一笔钱然后再改行。这好比暴发户和企业家的区别，没有长期经营自身品牌的决心和能力，不变换方式完善自己的推广方式和渠道，这样的网红想要长效经营，可能性极小。从商业模式来讲，现阶段的"网红经济"并未寻找到规模化的标准商业路径；从网红本身来讲，其中不乏一些人以"低节操"进行内容表达，靠炒作来搏出位"想要在关注度上分一杯羹"，他们游走在行业的灰色地带，而这种违背主流价值观的内容也亟待监管，注定不会长久。但凡事都有发展的过程，对于"网红经济"这种新型的商业模式，我们应秉持乐观的态度。

　　在第二届世界互联网大会"互联网技术与标准"论坛上，阿里巴巴集团首席执行官张勇（花名：逍遥子）说："年轻一代对于偶像、对于同好者、对于明星的追逐，产生了新的经济现象，我想这个是全球范围内独一无二的。"在张勇看来，"网红经济"是一种全新的电商现象，网红通过自己在粉丝中的效应，将制作商、销售者和消费者紧密连接。不仅如此，设计者和服务者也融入其中，形成了一种全新的链接，展现了互联网全面融合的无限活力，这是网红经济时代的新模式。这一从淘宝产生的网红经济打造了许多电商奇迹，成为一种全新的电商现象，已经被很多像张勇这样的人看好。

　　据估计，网红经济市场的规模已经超过千亿元。在如此庞大的市场规模中，电商、打赏、广告、线下活动和付费服务成为目前网红变现的主要方式。走过粉丝吸附、大量扩张与沉淀三个阶段，网红社交资产慢慢形成，在"内容生产—营销推广—粉丝维护"的过程中，这些社交资产将逐步变现。现阶段，网红主要通过平台电商、社交电商、广告、付费等方式直接在社交平台上获利。无论是在淘宝电商、新浪达人通、微卖小店，还是通过线上吸附粉丝、线下导入业务，这些变现模式都与国外的网红有些细微的区别。

　　国内的运用模式基本是股份制。比如，投资一家网红服装电商，当年收益若是上亿元，基本不会留有库存，利益分配包括 40% 的毛利润率和 30% 的净利润率，另外 10% 的费用则包含约 6.5% 的运营费用、3% 的行政费和 0.5% 的流量营销费用。最后的利润和网红平分，当然也有股权上的合作。未来，随着"网红"职业人的出现，会有更多的投资商加盟或股份合作，实现利益共享。国外的网红通常在 Youtube 和 Instagram[①] 两个活跃平台上发布多以图片和视频为主的内容，他们与电商的合作模式多为分享股权，而非销售分成。

　　网红经济的本质其实是粉丝经济、眼球经济。网红经济是实体经济遇上注意

---

　　① Youtube 是一个视频短片分享服务网站。Instagram(照片墙) 是一款运行在移动端上的社交应用，以一种快速、美妙和有趣的方式将你随时抓拍下的图片彼此分享。

力资源产生的化学反应。在信息发达的网络时代，网红经济的产生是一种必然，因为这十分契合用户消费心理的个性化需求。相比传统经济，网红经济的运作就像做速食泡面一样，程序简单而且高效！

第二节　网红经济所产生的时代

有一位网络公司 CEO[①] 曾这样说："在未来，大公司很可能是被小公司打败的。"她说这句话的时候，举了这么一个例子，相比于那些大牌的明星，广大网民更愿意与谁交流？她给出了这样一个答案：网红。的确，相比于大牌明星的高冷，网红似乎更接地气，对粉丝们也更加随和，更有亲和力，更愿意去解答粉丝们的问题。所以她说，未来的大公司很可能是被一群小公司击败的，而未来大明星的地位也很可能会被一群网红取代。

企业很有必要问自己这样一个问题：我的粉丝在哪儿？我怎样才能够把一群人圈起来，让他们成为我的粉丝？我们首先要明白，别人为什么需要购买你的产品，他们出于一种什么样的原因来购买你的产品？只有那些因为共同需求而购买你产品的人，才可能会成为你的粉丝。这就需要我们充分利用社交行为的影响力。换句话说也就是，你的重点不是研究自己的产品卖掉了多少，而是研究在这群人的社交领域里，他们最常讨论的是什么，他们对你产品的看法是怎样的。

在这个社交便捷、智能手机盛行的时代，粉丝只需要一部手机，就能与你轻易对接。我们要做的是，当用户看到你的产品时，要有一种"那一个时刻，当下内心被击中的感觉"。也就是要善于制造"场景"。场景是什么？就是当你需要的时候，我恰巧在你身边，为消费者创造方便。消费者正需要，而你正好有，这就是网红经济下的营销优势。通俗一点讲，也可以称之为满足消费者的"惰性"。在这个方面做文章，也就诞生了"宅经济"。在未来的时间内，你提供给消费者的方便性越大，就越能够赢得更大的市场。

美国最大的亚马逊商场在 2015 年推出了一款名为 Dash Button[②] 的产品，这个产品是做什么的呢？当你需要某些刚性需求的产品时，点击这款产品的按钮，就能够让亚马逊把你需要的产品送过来。比如你正在洗衣服，而洗衣液快没有了，

---

① 首席执行官（司政），为一种高级职务名称。
② 中文名称：按钮，它与一般的 U 盘差不多大，用于购物。

你所要做的不是到店里去买,只需要点 Dash Button 按钮就可以。亚马逊的做法给我们提了两个醒:

第一,我们过去一直在研究商品究竟是要在线上卖掉还是在线下卖掉。其实,不论是线上还是线下,都是我们的战场。而亚马逊通过一个 Dash Button 按钮,直接将销售的卖场乃至竞争拉到你的家中。它把你的家作为了展示的重要陈列地,打破了线上与线下的界限。

第二,它顺利地阻隔了其他打折品牌闯进你视线的概率。你的"懒惰"造成了更加直接与快速的消费,而这也将成为未来最重要的消费模式。曾有业内专业人士预言,未来将会是小众化唱主角的大众市场。什么叫小众化的大众市场?直白点说,就是一个小众化的市场却可以引发绝大多数人对它的关注,并且使得自己想要推广的品牌获得持续的关注与品牌生命力。

社交经济的本质就是取得最高的成交转化率,而不是要求所有的人都来了解你,都能够买你的账。想要取得最高转化率靠什么?铁杆粉丝。什么是铁杆粉丝?简单来说,就是他非常非常爱你,并且会主动为你发声,做你的后盾。在未来,这种小众化的大众市场将会成为一种趋势。这就要求必须要有那么一小部分人是真心地喜欢你,没有理由地爱你、支持你。除了这种最高转化率,我们还需要考虑到频率。也就是说,这个粉丝一年能够光顾你多少次。在我看来,一年能够光顾你十几次的粉丝,远比那些一年只来一次,而一次消费过万的粉丝更有价值。因为,黏性所产生的社交影响力是不可估量的。

说了这么多,无论是最高转化率还是频率,其实都离不开当前最炙手可热的一个关键环节:网红。相比于一些大牌明星,网红更接地气,更容易受到网友的喜爱,也更容易产生社交经济。2016 年 4 月,LV 最新品牌代言人让所有人眼前一亮,她不是任何明星,而是一位动漫终极幻想的女主角——雷霆。LV 请雷霆做形象代言人对于年轻人来说是一个非常具有震撼性的事件。对于那些沉迷于二次元世界的年轻人来讲,LV 以这个动漫人物做代言也就代表着它在接纳这个年轻人市场,认可和尊重这个年轻人群体。它就这样闯进了年轻人的市场,让不少年轻人一夜之间就知道了 LV 的大名。

在社交营销中,网红无疑占据着非常大的优势,因为网红群体的特殊性,多多少少都拥有着自己固定的粉丝。那些正当红的网红们,其粉丝数量更是动辄上千万。小米科技的 CEO 雷军曾提过一个概念——粉丝经济。未来,一个人只要拥有足够多的粉丝,就能创造出巨大的经济效益。的确,在这个互联网科技高度发达、粉丝当道的今天,你光是有好产品还不够,还要有人肯喜欢你。那些真正成功的品牌,从来不会是只有人买而没有人爱。比如苹果公司每一次产品发布之后,都会有无数的果粉为之疯狂。

网红经济正在做的事情，就是发展粉丝，挖掘出粉丝的巨大消费潜能。比如著名作家韩寒，最初他的粉丝可能只是他的读者，可是当韩寒转而拍电影的时候，这些读者迅速转化成了观影者。这些读者为什么会义无反顾地去支持他，很显然，是因为他们对韩寒的热爱已经超越了那张电影票的价值。实际上，商业经济与网红结合，网红无形中就充当了品牌的推手，将品牌推送给自己的粉丝，让更多的粉丝愿意为品牌买单。而当前最炙手可热的网红们，也将开启一个全新的营销时代。网红，从一个单纯的称呼，到现在发展成为一种经济模式，以至于现在形成产业链条，很多关键要素发挥着极大的助推作用。

第三节　移动互联网时代的网红经济

随着时代的发展，物质生活越来越丰富，年轻人越来越崇尚个性、独立，不受传统规则的束缚，有强烈的表达和成名欲望。草根文化盛行的当下，出现了大批美丽、个性的网络明星。而电子产品的普及和智能手机的升级，各种美拍技术越来越精致，发布美图和视频直播变得容易，人人都可以分享自己的日常生活，人人都可以随时随地直播，这意味着每个人都有成为网红的可能。

商业模式也在逐渐成熟。网红聚集了大量粉丝后，可以通过电商、广告、打赏、付费服务和线下活动变现，商业链条比较完整。资料显示，目前网红经济市场发展乐观，短期内行业或将加速扩张。可见，网红市场有着非常广阔的前景。目前，网红经济已经初具规模。从淘宝网红到电竞主播再到移动视频，网红经济衍生的产业链越来越长。从资本市场角度看，至少有服装类电商平台、视频直播平台、电子竞技及美容医疗板块可能会受益于网红经济。

网红的出现改善了目前供应链效率较低以及客户精准营销的问题。从供应链端，网红作为一个重要的引导者，通过其自身对时尚潮流的理解和把握对接供应链厂商，向粉丝主动推荐经过筛选的服装款式，增加粉丝的购买率，提高供应链生产效率，缓解了库存高、资金周转慢等问题。虽然网红经济业已初具规模、逐步形成产业链条并受到投资方和网民青睐，但前景并不十分乐观。网红的火爆依托于其独特的个性和明星的个人特色，过于商业化后，不一定还能保持以前的独特性和风格，也不能保证网民是否会被其他新事物吸引。

网红实际上是"快消品文化符号"。每三到五年就是一个网民迭代期，由于每代网友的喜好不同，网红可能只是"短暂火爆三五年"。网红经济能否形成持续的商业价值仍需具体情况具体研究。同时，网红走红的基础是特定的粉丝群体，而获取粉丝的根本则是个性鲜明、持续稳定的优质内容。综观那些大红大紫的网红大咖们，能够从此前单纯拼颜值的淘宝店网红中脱颖而出，正是凭借其对社会现象的精准分析和表达，在粉丝心中激起了强烈共鸣。网红要红得持久，必须具备既持续稳定又新意迭出的创作能力。

此外，不少网红传播的内容严重脱离主流价值观。网红经济仍处于眼球经济阶段，一些网红为了增加粉丝数量和黏性，利用不雅、低俗的话语和行为来搏出位，这与社会风气和主流价值观有明显冲突，将受到大部分人的抵制以及有关部门的监管，这种行为本身有一定的风险。虽然投资方几年前就开始关注网红，但由于粉丝热情的持续时间短、发展面临不确定，还没有投资方会大规模投资。由于变现渠道相对有限，网红经济热度有待进一步观察。目前，除了服装行业、网络直播和广告等领域，不少网红变现平台并没有真正获利。

一、淘宝平台孕育网红经济

经济学家认为，网红经济的兴起是必然的。这得益于淘宝平台的开放性，使网红们有了开设淘宝店、将人气变现的机会。根据淘宝平台提供的数据，红人店铺的女性用户占 71%，其中有 76% 为 18—29 岁的女性用户，集中在上海、北京、杭州等一线城市。网红们选择淘宝平台的原因，不仅仅是因为淘宝是全球最大的网购平台。以淘宝店主张大奕日常新品上架为例，第一批 5000 多件商品在两秒钟内就被顾客"秒光"，热销状况如同"双 11"，所有新品在三天内基本售罄。短短三天时间，这个漂亮女孩便完成了普通线下实体店一年的销售量。如此特殊的峰值销售也只有经历过多年大促考验的淘宝平台才能够承接。

另外，淘宝生态无限可能更是深深地吸引了网红们。网红们深植于淘宝平台这块土壤，未来还可以发展得更好。据淘宝工作人员介绍，淘宝平台将为网红店铺提供一系列支持和帮助，专门配合网红店铺的产品也正在研发中。此外，平台还将通过 iFASHION 频道（淘宝首页的潮流推荐频道）、星店（指有影响力的名人经营的网店）、淘宝达人 [①] 等丰富的形式，让更多人了解网红店铺。淘宝还会组织网红店铺和"中国制造"厂商之间的洽谈，以达到强强联手的目的，实现网红经济与实体经济的进一步对接。2015 年淘宝女装品类中国排名前 20 的网红店铺，见表 5-1。盈利能力较强的部分网红店铺，见表 5-2。

[①] 淘宝达人是淘宝网上对相关领域有专业认识的乐于购物乐于分享的一群人，他们可以帮助客户选择更优质的产品。

表 5-1   2015 年淘宝女装品类中国排名前 20 网红店铺

排名	互联网店铺名称	排名	互联网店铺名称
1	戎美	11	ALU
2	张大奕	12	MALI
3	毛菇小象	13	笑涵阁
4	CC 皮草	14	茉莉雅集
5	小虫米子	15	妍儿家
6	大喜	16	vcruan
7	于 MOMOv	17	林珊珊
8	dimplehsu	18	云上生活
9	LIN	19	BOB
10	MIUCO	20	Titi 小静

资料来源：淘宝 . 国泰君安证券研究。

表 5-2   盈利能力较强的部分网红店铺

网红	淘宝店铺情况
张大奕	知名模特、微博网红张大奕拥有 377 万名粉丝，其淘宝店铺于 2014 年 5 月开张，不到一年即达到五颗皇冠。每当店铺上新，其当日销售额常常是淘宝女装类目的第一名。
雪梨	据淘宝后台数据显示，截至 2015 年 8 月，雪梨的淘宝店当年有评价的成交单超过 87 万单，产品单价在 220—240 元，销售额超 2 亿元。按照服装零售 50% 的利润率计算，全年可净赚 1.5 亿元。
赵大喜	大学时开始开网店，每天花大量时间在微博与用户互动，挑选受欢迎的款式打版投产后上架淘宝店。2013 年毕业后她已经拥有一个 100 多人的工厂。
张林超	张林超开的红人店铺 LIN 家，在 2015 年 4 月的一次上新中，仅仅 1 分钟就有数万人进店抢购，15 款新品现货被抢购一空，平均客单价超千元。
金怜佳	签约莉家后粉丝迅速扩张，供应链得到改善，店铺年销售额少则百万元，多则过亿元。

二、网红经济带来的行业发展机遇

（一）电商可以利用网红引导消费时尚

一般来说，做电商的店家都会有自己的目标群体。然而，不管这家电商如何火爆，却无法引领消费时尚，尤其是服装行业类电商。但是，网红加入后情况就有所改观。因为每个网红都有自己的一群铁粉，他们对于这些粉丝来说极具影响力。网红的一招一式，甚至服饰习惯都可以成为粉丝模仿的对象。

比如，重庆双胞胎姐妹——呛口小辣椒，通过博客晒自己的生活，突然火了起来。只要她们买过的东西，很快就会被人跟风买断货；她们每发一个帖，都会吸引上百万人点击跟帖；她们随手拈来的网络日志则成了无数白领丽人的穿衣宝典。姐姐 Vivian-dan、妹妹 Miumiu 以甜美热辣的时装搭配风靡网络，真诚又谦虚的性格赢得了无数辣椒粉的支持，只要是她们身上穿的裙子、牛仔裤、披肩，在网上都会被很多网友热捧与分享，姐妹俩还被众多大牌邀请站台和代言。

（二）网红为美容、减肥行业注入新的活力

对于广大爱美的女性来说，美容和减肥永远是不变的话题。在符合广大群众审美的情况下，网红的脸型和身材自然而然是众多粉丝追捧的对象，这也给美容和减肥行业带来不少商机。例如兴起的郑多燕减肥操，几乎每个女孩子晚上都在用她的视频练习。

（三）视频直播平台成就了网红，同时也成就了自己

papi 酱的爆红其实也跟短视频 UGC（用户原创内容）井喷式发展有关。视频直播平台利用自己的平台及流量为广大的草根群体打造舞台，捧红一个又一个网红；当大众认识了网红，这又为直播平台吸引了更多用户。网红与网络平台逐渐形成了相互依存、共融共生的状态。

网红是一种全新的经济形式，网红的发展是粉丝经济的最大体现，同时也是粉丝红利的体现。它正以强大的活力影响着我们的生活，并为经济注入新鲜的血液。

第四节　网红经济典型案例分析

伴随着网红经济爆发出巨大的经济潜力，越来越多的人开始将目光聚焦在网红这个新兴的经济领域。从目前网红的变现方式来看，主要有电商、广告、直播平台的打赏等。利用不同的变现方式，网红们在各个不同的平台上充分发挥出了自己的智慧，为网红经济领域创下了一则又一则经典的网红变现案例。

一、直播代购，新晋电商网红首月销50万元

随着直播软件开始泛滥，代购直播已经成为人们生活中非常熟悉的内容。如今打开手机，连接网络，只要你想看，随时都能看到各种类型的直播，代购就是其中的一种。

2016年8—9月，蘑菇街红人"sasa罗"就玩了一把代购直播，在短短一个月的时间里，她的红人店销售额达到了50万元。sasa罗未曾爆红之前，只是一个拥有着模特梦，却不被绝大多数人看好的女孩，然而她从未放弃过努力。和绝大多数女孩子一样，sasa罗从小就非常爱美，她曾经想过要考电影学院，去当明星。然而在高中毕业前夕，她深思熟虑了一个星期，最终还是瞒着家人报考了一所化妆学校。在那里，sasa罗认识了做模特的男友仲鹤，仲鹤热爱日系摄影却又默默无闻。两个人一个学摄影，一个学化妆，联手接网店的单子拍平面广告。

然而，sasa罗并不是一个天生的美女，大嘴、宽脑门、小个子，这几乎都是模特的致命伤。在最艰难的时刻，仲鹤不断地鼓励她："你所遭遇的是当年舒淇的待遇，你早晚会红的。"后来sasa罗成为蘑菇街的专属模特，她甜美的笑容就好像阳光一般温暖闪耀。2015年，sasa罗参与了《时尚芭莎》杂志所发起的致敬经典封面活动。sasa罗选择了向影后李冰冰致敬，这张复刻自李冰冰在《时尚芭莎》24周年艺术纪念刊的封面，sasa罗充满了女性的睿智与优雅。

积攒下一定的名气之后，sasa罗开始朝着"电商网红＋时尚直播"转型。

2016年4月，蘑菇街直播功能上线，sasa罗与粉丝相约直播间，在直播间展示穿衣搭配、化妆等，开始直播代购。她对粉丝热情认真的态度，赢得了粉丝们

对她最真挚的喜爱。她成功完成了从一个平面模特向网红的转型。在蘑菇街，她所开设的个人直播专栏"sasa美妆间"拥有粉丝近80万人。

sasa罗不断的努力终于换来了丰硕的成果，不少品牌商以及电商对sasa罗表示出了特别的关注。经过红人平台uni引力的数据分析以及技术支持，sasa罗与蘑菇街一家排名前十的美妆商家达成合作，开办了红人店。

sasa罗的主要身份是主理人、时尚买手以及红人主播，利用自己的专业时尚知识，为粉丝们挑选更加优秀的产品，同时产出更优质的直播内容。与之对接的商家则主要负责支持店铺运营以及供应链的打造。因为sasa罗拥有专业的美妆知识，还能制造有创意的内容，很快她就受到了粉丝们的热捧。

2016年8月9日，sasa罗在蘑菇街的红人店开店第三天，sasa罗飞韩国首尔，通过手机直播了对金秀贤化妆师的现场访问，向粉丝们介绍了那些鲜为人知的明星妆容技巧。这场直播活动，打通了"逛、播、买"，韩剧中的取景地、免税店、明洞以及韩妆的品牌工厂店，全部都出现在了sasa罗直播的镜头里。在sasa罗直播的过程中，她红人店中的韩系商品链接也被粉丝们一遍一遍地打开。这一次单场直播活动，sasa罗拿下的成交额超过了10万元。

有合作店铺补充上自己的供应链环节，加上场景化的消费模式，sasa罗在蘑菇街的红人店上线仅仅一个月，就取得了可喜的成绩。在近80万粉丝的拥戴下，她一个月所收获的点赞超过了500万次，月成交额更是达到了50万元，平均客单价是蘑菇街全平台美妆类目总平均客单价的2.41倍，日均加购的人数则是惊人地达到了全平台美妆类目平均数的5.43倍。

如今的sasa罗可谓是一个真正的大忙人，拍广告、开直播、挑款式、经营红人店，生活过得多姿多彩。不仅如此，她还给自己提出了更高的要求：在不久的将来，拥有完全属于自己的个人品牌。从一个不被别人看好的女孩，到与李易峰合作拍广告大片，再到拥有近百万粉丝的时尚女主播，sasa罗通过互联网这个平台完成了华丽的蜕变转身，也开启了属于自己的网红新时代。

二、淘品牌起家的"如涵电商"

说起电商网红的经典代表，非如涵电商莫属。如涵电商最早是一家淘品牌店，叫作"莉贝琳"，一年的时间内，"莉贝琳"成功跻身淘宝集市商家的前10名。2012年，如涵电商成立。从2014年开始，如涵电商开始转型，以网红电商为发展方向，致力于打造个人化品牌。如涵电商这一转型，使其成为国内第一位规模化的网红电商。

2015 年 10 月，如涵电商获得了由君联资本领投、赛富亚洲跟投的数千万 B 轮融资，开始了其网红电商发展的新征程。

在谈及投资如涵电商的原因时，君联资本给出了这样的说法：第一，自从 2014 年阿里巴巴在美国上市，电商的运营环境正在恶化，流量费用日渐提高。这就好比线下一些实体店为了获得更好的客流，需要不断地调整自己的地段。黄金地段抢手，也就造成了好位置的成本不断提高。这条规律反射到线上的店铺则表现为流量成本开始不断增加，流量分配不均。这个规律所导致的直接结果就是，超过八成的网店收益其实并不好。而如涵电商，利用网红为网店引流，这也是君联资本投资如涵的一个重要原因。第二，在"大众创业，万众创新"的时代，内容产业开始爆发出巨大的潜力。长久以来，国内的内容产业需求一直都很旺盛，但内容供应却始终处于一种供应不足的状态。究其根本，就是因为国内对盗版的监管不到位，导致了很多内容创作者缺乏动力。近些年来，国内的监管体系开始不断完善，盗版得到了清理，内容产业开始出现一种井喷式的爆发趋势。在这种情形下，投资原创内容比较丰富的如涵电商也是一个不错的选择。第三，社交网站的集体式爆发，以及移动互联网技术的不断迭代，使得社交变得更加简单化、垂直化、碎片化。需求导向更加明显，通过社交网络，网红与粉丝的交流壁垒被打破，网红能够更好地帮助电商引流，而粉丝也能更直接地找到自己想要的商品。

基于这三个方面的考虑，君联资本领投了如涵电商此次 B 轮融资，为如涵电商的进一步发展添了一把火。

如涵电商的崛起，让不少网红赚得了人生的第一桶金。改变张大奕命运的就是如涵电商。在没有成为如涵电商的电商网红之前，张大奕是瑞丽的模特，在事业上一直都没有什么起色。直到遇到如涵电商，张大奕才找到了真正的发力点，打开了一个属于自己的新世界。

那么如涵电商为什么能够在成立这么短的时间内，就成功造就了这么多的电商网红呢？其中一个非常重要的原因，就是如涵电商借助网红的知名度成功地降低了线上店铺的获客成本。简单举个例子，如果我们在淘宝开一个店铺，为了获得流量，就需要采用一些必要的宣传推广手段，比如直通车。淘宝的直通车是根据顾客点击进入店铺的次数来进行计数收费，假如每次点击需要商家付出 0.5 元的宣传成本，每点击 1000 次有一位转化顾客，消费 100 元。那么，推广所需要付出的成本是 500 元，而收入仅仅只有 100 元。很显然，推广所需要的费用要远远大于营业的收入。但是如果是店铺与网红合作的方式，结果就会大不相同了。我们简单假设一下，假如每一位网红都自带 20000 名粉丝，其中会有十分之一的粉丝完成转化。网站与网红合作的方式是分成模式，那么，电商的营收就是

10%×20000×100=200000 元。就算网店与网红是五五分成，网店的收益仍旧是非常可观的。网红因此而受益后，也会更加积极地去增加自己的内容，吸引更多的粉丝，为网店转化更多的流量，最终形成一种良性循环。

网红与电商的合作可谓是优势互补。电商缺乏流量，拥有完善的运营体系与商业逻辑；而网红拥有粉丝，却没有管理运营经验以及产品供应链。就比如张大奕，她之前不重视打造粉丝圈，也缺乏与粉丝的互动，但是她拥有一个非常好的优点，就是喜欢和别人分享自己的好东西。她这个优点也成为她开网红店最大的优势。

如涵电商的高层负责人曾这样说："网红有想法，也有粉丝，但是缺少运用内容留住与扩大粉丝的能力，以及更深层对数据的分析以及对技术的把控。这些恰恰是我们所擅长的。"

电商与网红合作，二者都取得了不错的收获。但另一方面，我们又不能否认，如涵电商的商业模式在某种程度上可能会形成商业壁垒。就拿京东来说，对于那些低毛利的领域，规模大小非常重要；但是对那些高毛利的领域，规模就显得没有那么重要了。比如，旅游类的轻服务。

而在淘宝大肆盛行的年代，流量不属于任何人，想要胜出就必须要拼运营，到最后会越拼越难。拥有去中心化的内容就可以很好地解决这个问题。当完成去中心化以后，每个网红都能够发挥自身的能动性，网红也可以直接从销售额中获得分成。在利润的驱使下，网红就会非常积极地制造吸引人的内容与粉丝互动。

网红在电商发展过程中的关键作用也就不言而喻了。当然，我们需要注意的是，让流量变现的一个重要方面是，网红能够与网友顺利建立起社交属性。从微信与微博的发展来看，这一点很好理解。微信自其问世之后，其活跃用户就在持续增长，始终处于高位，而微博的活跃用户却在逐渐下降。这其中最重要的原因就是微博的社交属性不如微信。

从社交属性方面来说，在未来，那些真正能够创造优质内容，与用户建立起强关系，并且非常"接地气"的网红才可能如同张大奕一样，凭借着优秀的电商平台，成为一名出色的网红电商，否则，则极大可能被庞大的网红电商队伍所吞噬。

第六章　网红经济的可持续发展

就目前的发展态势和参与度来看，网红经济大潮才刚刚开始，千亿市场也只是一个开端。在个性化、碎片化的趋势下，网红作为一个特殊群体，将变成未来经济产业重构的重要力量。

第一节　一个迅速延伸的新业态

网红时代的到来，既是对潮涌而来的新媒体的顺应，更是对传统传播渠道的去魅①。网红实际上是资本决定论和互联网风口论的产物，由网红带来的商业变现升级，必将催生出更多特征不一的网红以及聚焦网红经济的风险资本。发一条微博可获得上万广告费，上千万的风投，开网店年总销售额过亿元……这些令人咋舌的数字，便是网红创造的商业奇迹。

有数据统计，截至 2015 年底，国内大大小小的网红人数已经超过 100 万人，相当于一个普通地级市的全部人口数。无论身在何处，我们随手翻翻微信朋友圈，就能看到这种新业态的迹象。

在苏州，我们也不难窥见这一迅速衍生的新业态。江苏有个叫孟琦的女孩，26 岁的她在网上看到一个叫 lulu 的美妆博主定期推送视频，在视频中 lulu 会教大家根据不同场景来塑造自己的妆型，还会对比不同化妆品的好坏。从那以后孟琦开始化妆，并且每期不落地看。很快 lulu 的方式得到认同，看过视频的人大多会买 lulu 推荐的化妆品而不再去门店，她们通过互联网平台挑选自己中意的产品。

①"去魅"也可称"脱魅"。"去魅"的最终指向，应是日常的生活情感，这种情感既不狂热躁动也不阴冷冰寒，而是温静和谐的；既不是纯粹逻辑的推理，也非盲目迷狂执著着，而是很实用的人生理性，是很理性的价值观念。

另外还有一个"姐姐张",媒体行业出身,成为朋友圈的活跃人物后,也具有一定影响力。一次公司活动,需要用网红举行现场签售,结果人气出乎意料地爆棚。"姐姐张"也因此有了很多粉丝,她还利用网红的号召力为受伤男孩筹集手术费。如今,发动献爱心也可以如此简单。互联网已经深入到了我们生活的本质,我们离不开它,它也不能缺少创业者们源源不断的活力。

一、注意力经济将被迅速效仿

在互联网时代,传播能力本身代表了流量,将流量转化成商业变现,这便是传播运用于商业的最好诠释。网红经济仅仅指以"网红"为工具的变现模式和变现能力,与"国民经济""资本经济"等常见词汇中的"经济"不是一个概念。

我们应有超越商业本身的社会学思考。流量的商业变现是基于注意力基础上的,其核心是注意力经济,而与人格魅力带来的经济效应无关。真正的人格魅力是经过实践和岁月的磨砺造就的,这是大多数网红们难以具备的。虽然很多网红只是外在高雅,且总是在吐槽或炫富,但另一方面,一些网红的行为逻辑也具有一些可接受的社会价值观。传播就是传播,商业就是商业,极致的个体形象和言论,是符合传播学理论的。不可否认,这种注意力经济正存在着,并被很多人所接受。

二、受众群体偏重更加年轻的新一代

2016年1月,一份调研报告指出,1995—1999年出生的"95后"总量约为1亿人,从出生就与互联网为伴,与"80后"相比可谓是移动互联网的原住民。他们在网上最爱做的是点赞、分享、评论和吐槽,最认同当下互联网上流行的宅、逗比、呆、高冷等流行价值观,追求敢想、敢说和敢做,注重娱乐和社交,热衷于弹幕和美颜,聊天必备"表情包"。业内人士指出,作为移动互联网和网络社交平台最重要的用户,以"95后"为代表的年轻一代所具有的这种心态为网红的成长提供了社会基础。

三、网红经济是融入互联网世界的新业态

上班能拼车、在家能看病,一条微信登门洗衣、上门烤全羊……滑动指尖,跟随网络红人的步伐,减少信息的挑选时间,找出自己满意的服务,网红经济从侧面来说是引导我们的生活更新业态化,被称为"网上一代"的我们正享受着来自互联网无微不至的"呵护"。

网红加入互联网经济势必会起到推波助澜的作用，优质的东西经得起时间的推敲，昙花一现的事物往往在剥离任何形式上的东西之后，内容的好坏决定了其生存的期限。

第二节　网红经济的可持续发展

网红经济的大规模爆发，要源于 2015—2016 年直播平台的兴起。而在那之前，就已经存在着诸多网络名人，活跃在贴吧、论坛，但还没有形成现象级的规模。如今的网红经济，更有多平台发展的趋势，直播平台、电商平台、微博、微信、抖音等，都成为网红经济发展的沃土。作为商界衍生出的一种新生事物，全社会理当给予足够的包容。只有在一个理念开放和商业规范的环境下，网红经济才能走得更远，才能涌现出更多顺应经济发展新形势的商业形态。

互联网商业时代，只要买东西就一定逃不出网红模式的宿命。在传统产业被迫与互联网融合的情况下，不能单纯依靠"卖产品"的思维，而陷入"网红模式"的魔咒。

虽然网红经济迎来爆发式增长，但一时的繁荣并不代表此类新业态可以一帆风顺。任何风口的形成都会有投机泡沫的存在，"无泡沫不欢"是很多昙花一现的互联网经济现象的共同特征。事实上，网红经济必须克服的最大难点是：可持续增长和规模化发展。虽然能否将受众的好感度转化成消费率是网红内容以外的功夫，但是缺乏踏实的内容创作会成为网红经济持续增长和健康发展的最大绊脚石。当今社会，人们使用信息工具的效率和信息传播的速度日新月异，粉丝的无厘头追捧也在回归理性。在这种情况下，网红内容很难杀出重围，成为真正持续盈利的网红经济。

火爆一时的新闻应用 Circa[①] 宣布关停，它曾经是一家创业型新媒体公司，擅长标新立异。当互联网媒体市场充斥着大量大而全的新闻客户端时，Circa 则做起了小而美的 APP 来打动用户群体。切准市场要害、扣紧市场脉搏造就了一时的脱颖而出，但很快用户就会发现其实它与主流媒体没有太大差异，并不是什么特例。产品爆红后如何长线运作是困扰创业新媒体的难题。许多新媒体能做到的仅仅只

---

① Circa：2012 年创立于旧金山，它的理念是不让用户花费时间去阅读全篇新闻，而是通过算法加人工编辑的方式，将一篇完整的新闻中最主要内容以摘要或是短消息在手机屏幕上呈现给读者。

是吸引而非留住用户，对于自媒体的网红而言道理同样如此，持续发展和商业变现将是挡在其前面的两座大山。

网红想要实现经济变现，维持生存，满足用户不断提高的期望值，持续性产出好的内容，并且满足甚至超出用户的期望值，将会是巨大的挑战。对于视频网红来说尤其如此，拍一个短视频容易，但要围绕主题持续生产就困难得多。因此，团队的策划能力、配套的制作能力都很重要。网红经济的可持续发展对网红们提出越来越高的要求，同时检验着各类型网红的寿命周期。

（1）做足刺激源的更换工作，升级网红。很多人提到过更换刺激源这个问题，首先从心理学方面分析：任何外部刺激（无论是电击，还是金钱给予），最终都会被"适应"（也就是让人无感）。人之所以产生审美疲劳，无不源于一个经典的心理学概念——刺激适应。比如，突然被打一棍子，你当然很不爽，但是连续每天被打一棍子，打了一年后，你就不会感觉到不爽了，它变成了你生活的一部分，没有感觉了。这是刺激适应最通俗易懂的解释。作为人，你只能接受这样的心理变化，任何让人欣喜的事情，比如金钱、升职或者美食，都只能提供短暂的幸福感。说到网红经济就更是如此，没有个性化设计、没有新鲜的刺激内容，谈何可持续性？

网红经济必须转型、不断升级，才能找到可持续发展强有力的突破口。在网红与品牌设计师的大力推广下，产品直接赢得了消费受众的喜爱，从而推动了品牌价值、个性设计和运营渠道等多方面的内在变革。所以，网红经济必须变革创新、回归理性、杀出重围，成为真正可持续盈利的经济模式。

例如，《罗辑思维》的运营模式就是在知识电商的大方向上，投入全部资源做好每一个项目、每一段语音、每一篇文章、每一场演讲，每一次都全力以赴，做足了内容和形式的新鲜感，团队的用心为《罗辑思维》带来了巨大的经济收入。再者，《罗辑思维》很懂得节制。以罗胖为核心，从甄别、筛选到生产，留下了最有价值的知识产品，并且是全网独家，稀缺性和价值性都能保证，溢价也有了。在拥有如此巨大客户资源的前提下，依然保持着敬畏和节制，这是很不容易的。同时，《罗辑思维》真正为粉丝着想，挑选书的内容和质量都很好，省去了粉丝挑书的成本，从而获得了很多忠粉。持续性运营对《罗辑思维》来说根本不是难事。

伟大的公司从不遵从用户的习惯，罗振宇从央视出来，总是选择独特的路径与形式，用高举高打的方式，虽然并不保证每个人都能看得懂，但这种取舍，却成了《罗辑思维》的符号。一个坚持每天早上6点推送语音的胖子，如果不间断地发了几年，就像某某街有家卖卤肉的店，我们提起它都是：门口排了好长的队。

从某种意义上讲，我们真的还会再担心他们家的卤肉吗？做别人坚持不下去的事情且以独特的方式进行着，这本身就已经在网红经济时代站稳了脚跟。

（2）让网红工具化，实现利用价值。一个事物如果想要持续存在，必然要让其变成日常生活中无法被取代的工具。使网红不仅限于"提供感官的体验"，而是赋予其实实在在的用途。在 ZEALER（中国科技测评网站名称）创始人王自如的手机测评视频节目登录媒体之后，就满足了该需求的"工具"，体现实用性。

很多网红其实都只是在提供"感官体验"，被"工具化"的少之甚少。我们知道，用户总是先想到某件事情或某个情景，才会联想到一个品牌。例如先感觉到辣的吃太多，要上火了，才会进一步联想到"喝加多宝降火"，正是源于广告词的朗朗上口和接地气才会脱口而出——"怕上火，喝加多宝"，其中的怕上火感受，便是加多宝植入的"触发器"，每次当用户产生这种感受，便第一时间想到加多宝。

把你的触发器变为来源于用户的某个任务，而不是你自己，就说明你已经把自己"工具化"了。网红如果想在互联网时代"永垂不朽"，就必须具备能够解决任务的能力，立于不败之地并不是因为它可以带来源源不断的感官刺激，而是因为我们在另一件任务上需要它来帮助完成。通过发挥事物的"工具属性"，来造就网红的可持续发展。

（3）让用户主动做出内部刺激反应，降低审美疲劳。让用户由被动接受到主动了解信息，从而得到反馈并形成的内部刺激，远比外部刺激（在没有主观能动性的前提下得到的回馈，例如工资）更不容易形成"刺激适应"。

作为网红，如果只提供用户某种外部刺激，多数人都非常容易产生审美疲劳，但如果促使他们主动做一些事情，并且给予回馈，性质就不一样了。所以，网红不仅要向用户施加刺激（无论是愉悦感还是搞笑），最好还要引导用户主动做出努力，以得到"内部刺激"（比如经常被使用的抽奖换积分升级）。总之，在创造内容方面，网红要做的不是单纯给用户提供产品，而是策划各种活动去刺激他们实现自己的目标。

至于任何事物发展的可持续性，天底下却没有永动机一样的商业模式。腾讯到今天都是战战兢兢，马化腾每个晚上也都在思考未来。可持续性通常不来自于模式，而来自运营团队对一件事情的持续投入和迭代精进，产品爆红之后，还需耐心。方法用对，总会找到可持续发展的路子。

第三节　亟须道德校准的商业模式

网红是自媒体时代活跃在网络世界的明星，他们的出现改变了我们这个时代的"造星机制"，成名的门槛降低了很多。网红不必受传统规则的约束，有个性、敢出位成了扬名的基本条件。网红需要面对的只有用户，这也是互联网对社会更深刻的平面化影响。

一、网红的商业模式

"网红"从词义上看并无褒贬，但"网红"经历的几个阶段却将其赋予了负面含义。此前出现的凤姐等这一类型的网红，就更多是被人嘲讽和鄙视的笑料。如今的"网红"包含的人群更广泛，从"国民老公"王思聪，到喜获资本青睐的papi酱，再到直播平台的网络"主播"，他们都可被冠以"网红"之名。

一项调查发现，76.2%的受访者认为现在有很多追捧"网红"的人，绝大部分受访者对"网红"的评价都是"搏上位""骗子""庸俗"和"没有节操"等贬义字眼；40.5%的受访者觉得"网红"是搞粉丝营销、卖低劣品的淘宝卖家。综观社会乱象，逐步看出"网红们"传递的是一种扭曲的价值观。即使如此，"网红"依然成为众多年轻人效仿的"榜样"，年轻人期待"一夜成名"和瞬间拥有大笔财富的惊喜。这导致了众人以少数人的成功作为范本，每个人都想成为他们的复制品，并在模仿他们的道路上一去不复返。

二、"网红经济"快速发展的隐忧

（1）观众人数造假，网络吸金成骗局。2015年9月，原WE（中国首家职业电子竞技俱乐部）队员微笑在斗鱼TV直播时，显示的观看人数超过13亿人，这样庞大的数据，意味着全中国人民都在同一时间通过网络观看微笑直播。当人们还在惊叹这个数据时，有消息爆出斗鱼TV为每个直播房间的观众人数都设置了不同的倍数增值，这无疑是一种诈骗行为。

（2）主播打擦边球，情色裸露难以监管。每个直播平台播出的内容不甚相同，部分并不适宜大众观看，比如软色情擦边球甚至成人影片，虽然直播平台大多数时候会及时处理，但依然造成了不良影响。何况，平台无法把控主播的素质，有些人员经常发出不当言论，对观众造成错误引导。

（3）平台之间恶意竞争，导致市场混乱。各大平台之间的恶意竞争，导致主播身价虚高。2013年顶级主播身价为20万～30万元，后来最高达到了3000万元，千万签约金已经远远偏离主播的真实身价。游戏直播平台便是行业内恶意炒作的产物，一旦一家平台挑起"挖墙脚"大战，其他家只能无奈跟进。

（4）主播成名有技巧，各种炒作催生产业链条。目前存在的"网红孵化公司""网红培训中心"就是利用这个产业链条"创造"出一个个网红。平台、金主、主播则是以各种炒作、砸钱、诋毁对手等方式使自己的节目得到更多的认可和推荐。

三、"网红经济"飞速发展需道德校准

目前有大量网红以意见领袖或行业达人的身份长期活跃在微博、微信等各大社交平台上，他们分布在游戏、动漫、美食等各大领域。他们凭借一个账号就拿到了巨额融资，这些铁铮铮的实例说明网红实现商业变现的可能性很大。如今，网红们通过扩大自己的影响力一步步实现商业变现，方法也越来越多样。除了通过树立自身在互联网的传播力和影响力而获得广告收入，还有很多其他途径。

第二种是在拥有大量粉丝的基础上，通过经营自己的淘宝店获利。有大批网红在社交平台获得关注后，转战淘宝平台。据淘宝平台公布的数据显示，截至2015年8月，淘宝已经有超过1000家"网红"店铺。这些网红在社交媒体中积攒的人气，一下子在淘宝爆发。就在2016年的"双11"，一些实力强劲的网红店铺成绩非常可观，仅仅30分钟收入就破了百万元。

此外，还有一些网红来自用户众多的网络直播平台——任何人都可以在注册后成为直播平台的"主播"。"主播"通过PC（个人计算机）或移动端与网友实时分享自己的生活和想法，并以弹幕的形式与网友实时交流。用户在直播平台购买虚拟货币为喜爱的"主播"打赏，购买虚拟货币的金额再由"主播"与平台协商分成。这其中不乏大批"急功近利"的人为了获得更多粉丝量和关注度而"剑走偏锋"。为了成为网红，一些人突破底线，炫富、色情等内容随之成为监管的难题。由于网络直播行业刚刚兴起，没有形成系统的行业规范，频频出现的低俗现象亟须整治。此前，有关部门已严肃处理了斗鱼"直播造人"等涉嫌传播淫秽视频事

件中的责任人和责任单位。此外，熊猫 TV 也在 2016 年 3 月被网友爆出不雅视频截图。

　　一种经济现象、一个商业链条想要持久地发展，就需要一次次及时的道德校准和内容净化，以及业内人士自觉遵守职业道德。除此之外，相应的监管机制也亟须建立。"网红经济"这种新形式才刚刚起步，未来还有很长的路要走，但它到底能走多远，就不得而知了。除了市场经济的需求，这也取决于它在整个社会精神文化中的定位。

第四节　网红经济背后的惊人产业链

　　网红经济是时代发展的必然产物。自 2015 年起，网红成了最风光的"全球范围内独一无二的新经济物种"，他们的一言一行都成了赚钱噱头，甚至他们发布的每一张照片都是经过精心处理并且带有很强的目的。不得不说，他们的存在激活甚至带动了一整条产业链。

　　首先，网红们利用互联网快速传播的渠道，不断打造和提升自身的"品位与形象"来吸引消费者，以达到名利双收的目的；其次，由于信息的大量增加，消费者在丰富的选择之中，需要找到一些"信赖的支点"，来慰藉或证明他们的"明智选择"，网红的出现正为他们提供了这样的倚靠；最后，有经验的幕后推手们正是看到了双方彼此需要的关系，才大做文章，不遗余力地介入对网红的包装和运营，促成了当前网红模式的繁荣。也正是这样，网红经济才成了一个多元的经济链条。

一、网红生产力

　　从"网红"到"网红经济"，加了"经济"二字，势必将形成强大的影响力，在文化产业繁荣区域，网红经济已初具规模，并形成了"造红产业气象"。据资料显示，网红张某手握 377 万粉丝，淘宝店肆开业一年就拿下五颗皇冠，其收入甚至超越许多一线明星；"国民老公"前女友的淘宝店单月成交 87 万单，按照估算，整年可净赚 1.5 亿元；2014 年 5 月成为淘宝东家的网红董某，每月收入可以至六位数……网红的一次淘宝上新，数千件商品几秒钟即可售罄，成交额可破万元！可见，一套商业逻辑正在将网红经济打造成完整的互联网产业链，最终实现巨大利润。

在这样的商业逻辑下，网红既帮助商品实现了品牌溢价，还成了商品的销售渠道。网红成为品牌的宣传人、代理商和销售员。他们的商业价值远远不止于美貌。资本市场看好网红的经济价值和变现能力，建立网红经纪公司的初衷是因为网红能带动品牌。相比传统的广告渠道，网红确实是一个成本可控的媒介渠道，也许未来还会带来比品牌更大的收益，经济生产力不可估量。

网红经济的商业价值正在被逐渐挖掘，平民化、廉价、精准营销等特点是"精灌"营销；而粉丝经济却没有精准的产品导向性，相对于网红经济来说是"漫灌"营销。网红经济的广告或流量费相对便宜并更为平民化，人人都有成为网红的可能，例如善于自我营销的美女或长期活跃于某个领域的达人。

某知名互联网网站的标语曾说道，"在微博时代，每个人的生活都深深地被知识浪潮所影响，而互联网则是永不过时的课堂"。在疯狂迭代的互联网世界里，新的媒体平台、新的爆点、新的增值方式正在不停地刷新人们的认知高度。

二、网红产业链的组成

（一）社交平台

在整个产业链中，小社交平台由于其在某领域的专业性，往往会有部分在该领域有特殊才能的网友，在回帖互动的过程中逐渐受到其他兴趣相同网友的关注。随着关注人数的增多，该具有特长的网友逐渐成为小型网红。然而，各个具有专业性或功能性的社交网站的日常流量相对有限，为了持续提高自身知名度，小型网红会持续向流量较大的综合性社交平台聚集，并在综合性社交平台上以网红身份长期活跃。

（二）网红经纪公司

其运作模式基本是寻找签约现有的合适网红，并组织专业团队维护网红的社交账号。网红经纪公司需要定期更新吸引粉丝注意的内容，以及保持与粉丝的互动来维持黏性，从而引导粉丝点击相关的店铺链接或者关注网红推广的产品。

（三）供应链生产商或平台

网红对时尚性和独特性的要求，促使其寻找能够灵活应对下游消费者需求，并能做到随时生产、随时发货的供应商。因此，网红经纪公司自身或者其对接供应链的服务平台，需要通过大数据分析供应链人脉，为网红对接到在具备了一定规模后依旧能够保持快速反应和高品质的供应商。由于这对供应链提出了较高的要求，部分品牌上市公司也想借助自己已有的成熟供应链体系参与到这个环节之中。

三、众多的供应链平台

在快时尚消费背景的社会潮流中，越来越多的传统品牌商意识到网红销售模式提升供应链效率和吸引客流的作用，它们有可能会将自己擅长的供应链管理与组织植入网红经济，从而开启新一轮增添网红经济产业链的模式。

（一）红人电商模式的前途和"钱途"都有无限空间

如今网红已经离不开社交电商平台，这是网红真正实现经济变现的地方，在网购模式之外，网红尚有一万种方法让你掏钱。电商平台会成为未来网红抢夺的重点，而电商也会做出更多吸引优质网红加入的行动，正如淘女郎推出的《网络红人》推广报名活动。

2015年"双11"过后，有媒体报道称，排名靠前的几家网红店铺，在没有任何会场资源和流量倾斜的情况下，单日销售额均突破了2000万元，第一名张大奕更是卖出了6000万元。即便没有"双11"助澜，他们平日上新一次也能实现500万～1000万元的惊人销售额。这与知名实体服装品牌股价常年下跌、商铺打折、花大钱请一线明星代言，却依然难掩消费颓势的景况形成了鲜明的对比，网红经济正呈现出空前的魅力。

（二）视频直播模式将占领网红经济市场

目前网红经济市场规模过千亿元，短期内行业或将加速扩张。长期而言，实力不同的网红群体将出现内部分层，各自配合不同的变现模式，形成较为稳定的金字塔结构。

美拍、秒拍等短视频APP出现后，视频制作门槛几乎为零，每个人都可以成为视频的原创者。这带来了人人参与的热潮，视频直播平台也已经支持用户用"打赏"功能来表明自己的喜欢与厌恶。在全民直播的潮流中，以映客、易直播为代表的APP更符合大众的娱乐审美，最受热捧。看来无论是全民直播还是垂直直播领域，都将诞生许多网红新星。2016年"我拍TV"被巴士在线打造为移动端视频直播的娱乐平台，结合公交移动电视屏幕，实现差异化的线上线下联运模式，孵化优质的"网红＋网生"内容。

（三）电竞模式的未来发展不可小觑

2015年末，《每日经济新闻》曾独家报道羊年最吸金的八大行业，其中网红与电竞主播均上榜；到了猴年，它们仍是市场关注的焦点。目前，网红经济市场规模过千亿元，短期内行业或将快速扩张，从服装淘宝网红到电竞主播再到移动视频直播平台，网红经济衍生的产业链已经比较庞大了。

数据显示，中国电子竞技的用户群达1.24亿人，中国作为全球第一大游戏市场，产值同样超过千亿元。光大证券指出，随着电竞的持续火爆，很多知名主播已经摆脱了最原始的个人视频模式，开始组建团队制作一些精彩的游戏视频。很多女性主播更是会对自身及场景进行修饰，电竞行业也逐渐涌现出一批专门服务主播的经纪人团队，电竞主播经济逐步开始专业化、系统化。

电竞相关产业，如电竞战队、电竞主播、电竞直播平台等都发展迅猛。从目前来看，网红圈里，知名度及商业价值最高的还是电竞主播。电竞主播赖以生存的前提是：涉及的游戏长期火爆，电竞行业持续发展，承接电竞直播平台载体。

网红经济迅速崛起，众多投资商逐渐看到了其中的利益，作为一种新的经济形式，网红经济的前景非常可观，一旦形成一套完整的产业链，相信网红经济会越走越好。

第五节　网红经济的十大发展趋势

当下，网红发展十分迅速，其火爆程度令众多业内人士惊讶。在"互联网＋"的时代背景下，人们对网红及网红经济的担心显得有些多余。"未来互联网的发展趋势是屏幕、分享、注意力和流量"，这是美国著名的《连线》杂志创始人、《失控》的作者凯文·凯利在2013年腾讯智慧峰会上海站的经典概括。可以说，互联网的发展变化，为网红及网红经济的发展带来了极大的便利，也改变着网红经济的发展趋势。随着互联网发展，网红经济也将找到自身的发展优势，不断扩大自己的影响力。下面，我们将根据网红经济本身的特点，结合其在当下的发展情况，对网红经济的发展趋势进行探讨。

一、网红观念不断更新

在网红的定义出现之前，网红便已经产生。只不过，在互联网的快速发展中，特别是"互联网＋"时代，网红经济的理念才逐渐被人们提出并得到广泛的关注和认可，成为新经济下一个重要的发展趋势。

之所以如此，是因为人们的社会价值观念在发生着变化。如今是以消费为主导的社会，在物质产品极大丰富的情况下，人们开始重视个性化需求与自我展示；互联网技术的变化和互联网平台的多元化，使得信息的交流和传播速度大大提升，降低了人们获取这些信息的成本。这是网红经济能够从理论变为具体社会现象的前提。

就目前的情况来说，要想实现传统产业和消费方式的重构，建立起全新的经济发展模式，网红经济是一种必然的选择。互联网新媒介的不断发展，为新经济发展模式的实践提供了便利条件。

二、网红经济的规模不断扩大

目前,网红经济的市场规模超过了千亿元。在短期内,整个行业还将持续扩张,从电商平台的网红到电竞主播、再到移动视频，网红经济的产业链变得非常的庞大,其规模可想而知。国内的网红经济在2015年才迅速发展,且取得了惊人的成绩。随着人们个性化需求的不断提升以及互联网平台更加的专业化，网红经济的规模将会进一步扩大。

三、网红经济范围不断拓展

互联网的普及和技术的升级，改变了人们的消费行为和思维方式，在"互联网＋"的背景下，网红经济颠覆了传统经济学中的一些理论。

网红经济最初的范围十分狭窄，主要是电商领域内的价值创造，即在网络上实现人们对产品的选择，以节省时间和经济成本。随着互联网技术的发展以及移动终端设备在人们生活中的普及，更多人可以通过移动网络平台展示自己和获取信息。这给网红经济的发展带来了极大的便利。网红经济的范围也远远超过了原有的实物范围和电商领域，拓展到了知识、数据、应用等方面。

四、网红经济内容不断丰富

庞大的数据支撑和云计算技术精确的把控，网红经济在电商领域实现了协同式的高效发展。移动互联网作为媒介平台，通过物流、生产厂商、包装等行业的系统合作，实现了网红经济的快速发展。仅以电商领域为例，网红经济涉及的内容，不仅包括买卖商品，还包括提供商品售后服务；同时，商家还可以为客户打造一款独家定制的商品，附赠一些商品使用的建议和信息。

在移动互联网技术的不断发展下，网红经济涉及的内容也在不断地丰富。这不仅满足了客户的日常需求，又维护了客户资源，提升了消费者购买的愉悦感，挖掘出一大批潜在的客户。

五、网红经济形式不断创新

在"互联网+"的时代背景下，网红经济是颠覆与重构传统经济产业的重要力量。作为一种新的经济理念和商业发展模式，起初网红经济的形式主要表现在将数量庞大的粉丝变现上。例如，火速发展的电商平台中，商家将自己长期积攒的粉丝数量变为实际的购买力，从而将粉丝变为资本。网红经济在不同领域渗透也使得网红经济的形式不只限于通过生产商品达到变现，还能通过其他方式（例如服务等）达到变现的可能。

在网络技术不断发展的时代，经济的发展更加离不开不同主体间的协作。网红经济正是在这种情形下发展和兴盛起来的。网红经济的发展必须在形式上不断创新，才能适应时代的发展需求。

六、网红经济增量不断做大

在以生产为主的社会中，资源的稀有不能满足人们多方面的需求；而在消费盛行的现在，社会资源不仅能够满足人们多方面的需求，更可以满足人们个性化的需求。因此，如何利用有限的资源，达到利益的最大化，并通过个性化需求的满足，来增加付费内容，创造出更多的价值就变得尤为重要。

在互联网技术的支持下，人们可以更加方便地展示自己，也可以依据专业的信息定制出独一无二的专属产品。这让更具活力的网红经济成为可能。通过了解客户的要求，网红可以快速地做出相应的反应，生产出客户喜欢的产品，让定制不再只属于高级人士，而是属于每一位消费者。这就开拓了消费的另外一个领域，网红经济的增量因此不断变大。

七、网红经济的价值不断提升

在满足个性化和多元化需求方面，传统经济已经开始走下坡路；而以互联网技术为支撑的网红经济在这一方面却更加得心应手。依托互联网技术和社交平台，网红经济实现了资源的及时沟通并满足了面向客户的个性化服务，它是向创新型和服务型发展的重要途径。网红经济的发展，颠覆了传统价值理念和经济模式，实现了对传统经济的升级和重构，为"大众创业、万众创新"的理念提供了更真实的例子，拓展了新时代经济发展的途径。

八、促成网红经济发展的技术不断优化

信息技术的发展和互联网的变化使得网红经济快速兴起，并促成其爆发式的发展，焕发出巨大的发展潜力。云计算的出现，更是为商家或者内容生产者提供了相对精确的网络访问数据，这些资源的快速提供减少了商家和内容生产商的工作量，提高了服务的品质和速度。互联网和云计算等技术的不断优化，为网红经济提供了极大的便利条件，从而创造了更大的价值。网红经济从单纯的社会现象，发展成为一个新的经济增长模式。

九、网红社交不断扩大

网红经济关注信息交流，关注消费者的购买需求，从而实现个性化定制。智能终端技术和移动互联网的发展为网红社交的扩大铺平了道路。人们不仅可以使用文字信息，还可以获取图片和视频信息。网络社交形式和网络社交平台的多样化，也使得网红经济涉及的领域不断地拓宽。

当微信尚未出现，QQ还处于开始的阶段时，网络信息基本上通过文字交流。在QQ急速发展的时候，图片信息可以通过网络传递与共享，这时的社交无论从形式上还是内容上都得到了极大的扩展。进入视频时代，人们不仅可以通过视频了解更加真实的信息，甚至可以通过直播的形式获取更加直观的信息。网红经济不仅仅渗透到社交通信，还在网游、电商等平台上也占据着重要的地位。可以说，无论是形式还是内容，网红社交都在不断地扩大。

十、网红经济中的主体不断换位

在互联网技术不断拓展"互联网+"的概念并不断深入的情况下，交易主体的持续融合成为商业活动的最大变化，卖家和买家的界限变得模糊不清。用户可以在网上买一件衣服，这时是买家；如果用户对这件衣服不满意，想卖出去，那么就成了卖家。借助互联网的发展，用户可以通过发布信息，公布自己的需求，快速便利地找到商品；也可以瞬间变为"卖家"，将自己购置或是闲置的商品有偿出售。卖家和买家的界限变得不清晰，网红经济使得每一个"买家"都有可能成为"卖家"，反之亦然。

在"互联网+"这种新的经济模式下，"大众创业、万众创新"将不再是口号，而将真正地成为现实。可以说，在网红经济时代，企业或者商家比拼的不再是产品和服务的创新，而是对瞬息万变的市场信息的把握、精确的定位和快速的反应。

参 考 文 献

[1] 曾华群. 论中国特色国际经济法学 [J]. 国际经济法学刊, 2018 (01): 1—16.

[2] 朱学山. 从国际经济新秩序之外看国际经济新秩序 [J]. 国际经济法学刊, 2009, 16 (03): 49—54.

[3] 王彦志. 国际经济新秩序的必要反思与中国的战略定位 [J]. 国际经济法学刊, 2009, 16 (03): 112—136.

[4] 朱学山. 经济全球化与中国的国际经济法学 [J]. 国际经济法论丛, 2002, 5 (01): 1—6.

[5] 徐泉. 中国的"互利共赢开放战略"与国际经济新秩序的建构 [J]. 国际经济法学刊, 2009, 16 (03): 97—111.

[6] 胡宇齐. 以大国定力适应经济新常态 [N]. 北京日报, 2014-12-10 (003).

[7] 左凤荣. 苏联在发展观问题上的教训及其对中国的启示 [J]. 新远见, 2008 (12): 31—39.

[8] 郑家佳. 从改革开放与列宁新经济政策之比较看马克思主义中国化 [J]. 中国西部科技, 2008 (30): 50—52.

[9] 林毅夫. 中国如何追求新技术新产业发展 [N]. 中华工商时报, 2017-08-18 (003).

[10] 姜奇平. 新的新经济之我见 [J]. 互联网周刊, 2016 (14): 70—71.

[11] 赵晋平. 全球经济新形势与中国新机遇 [J]. 中国社会组织, 2018 (11): 9—11.

[12] 魏加宁. 改革与经济增长 [J]. 河南社会科学, 2015, 23 (05): 8—9.

[13] 徐靖. 共享数字化未来 [J]. 互联网经济, 2019 (05): 20—27.

[14] 李强. 云计算: 开启数字经济转型新篇章 [J]. 互联网经济, 2019 (08): 100—101.

[15] 李勇坚. 把握数字经济提质升级大方向 [N]. 经济日报, 2017-09-08 (014).

[16] 吴基传，暴媛媛．共创数字经济健康发展环境 [N]．经济日报，2018-05-19（006）．

[17] 张影强，张瑾．发展数字经济创造更多就业 [N]．经济日报，2017-05-31（015）．

[18] 刘子琳．自媒体背景下网红经济的发展探析 [J]．传播力研究，2019,3（09）：215.

[19] 金晶，王丹．网红，互联网时代新符号？[N]．经济日报，2016-08-14（007）．

[20] 马梅若．网红经济的背后是信任经济 [N]．金融时报，2017-03-25（004）．

[21] 蔡凯龙．网红经济引领消费趋势 [N]．企业家日报，2016-12-09（W02）．

[22] 吴可量．浅析网红与网红经济 [J]．新经济，2016（36）：23.

[23] 刘玎璇．从网红经济看PGC的商业变现路径 [J]．今传媒，2016，24（12）：77-79.

[24] 张天驰．网红经济背景下市场营销转型策略 [J]．成功营销，2018（12）：79.

[25] 毛勇兵．新媒体"去实体化"现象的表征及其隐忧 [J]．福州大学学报（哲学社会科学版），2018，32（06）：23—28.